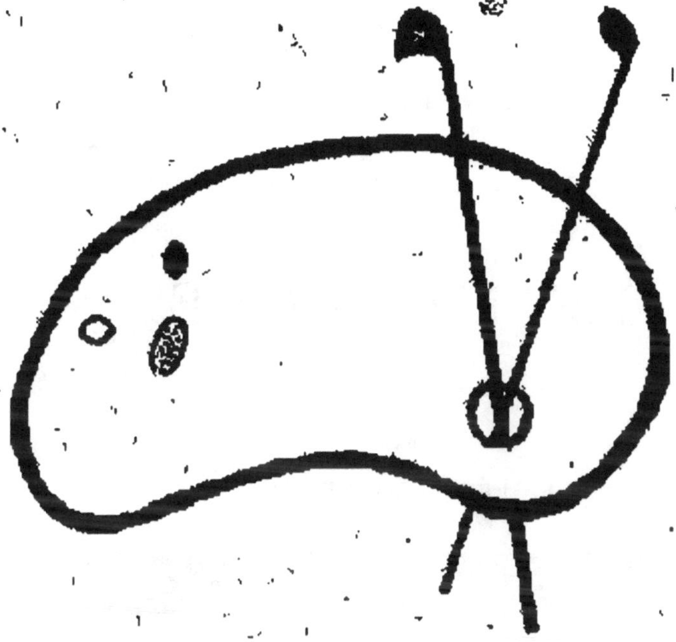

DÉBUT D'UNE SÉRIE DE DOCUMENTS
EN COULEUR

SOUVENIRS ET IMPRESSIONS DE VOYAGE

DANS

LES PAYS DU NORD

DE L'EUROPE

PAR

L. LÉOUZON LE DUC

PARIS

LIBRAIRIE CH. DELAGRAVE

15, RUE SOUFFLOT, 15

A LA MÊME LIBRAIRIE

Collection de volumes illustrés, format in-8° cavalier.

BLOCH.............	Les Mères des grands hommes, illustrations par GODEFROY-DURAND, ED. MORIN, etc.
COCHERIS.........	Histoires sérieuses sur une pointe d'aiguille, illustrations par GAILLARD, LIX.
FÉNELON..........	Les Aventures de Télémaque, illustrations d'après MONET.
FRÉDÉ (P.)........	Voyage au Cap Nord, illustrations par HUBERT-CLERGET, LIX, WEBER.
HAMEAU (Mme)...	Une Enfant sans mère, illustr. par LIX, MORIN, B. DE MONVEL, etc.
LA BLANCHÈRE (H. DE)	Les Amis des plantes et leurs Ennemis, illustrations par A. MESNEL.
—	Récits de pêche et de voyage, illustrations par DE BAR et LIX.
LA FONTAINE......	Fables choisies, illustrations par OUDRY.
MULLER (E.).......	La Science familière, illustrations de CLÉMENT, CLERGET, GILBERT, ED. MORIN, etc.
THIERRY (AUG.)...	Récits des temps mérovingiens, illustrations de GODEFROY-DURAND, LIX.

Collection de volumes illustrés, format in-8° carré.

CAPENDU (E.).....	Ango le Dieppois, illustrations par THORIGNY, DE BAR, HUBERT-CLERGET, etc.
FRÉDÉ (P.)........	Chasse aux Castors dans l'Amérique russe, illustrations par KIRCHNER, DE BAR, etc.
—	Chasse à l'Éléphant à Ceylan, illustrations par SPEECHT, LIX, DE BAR, etc.
LA BLANCHÈRE (H. DE)	Choses et autres, *Causeries de l'oncle Tobie*, illustrations par MOREL, MESNEL, TRAVIÈS, etc.
—	Une Histoire de tous les jours, illustrations par MOREL, GILBERT, etc.
COMTESSE MARIE...	Histoire de Brigitte et de son cousin Jacot, illustrations par GAILLARD.
MANGIN (A.).......	Les Mémoires d'un chêne, illustrations par BRETON, VIERGE, etc.
MEYLAN (A.).......	A travers l'Albanie, illustrations par GILBERT, DE BAR, etc.
ROBERT (S.-E.)....	Contes Chinois, illustrations par SCOTT, VALENTIN, etc.

Collection de volumes illustrés, format petit in-4°.

DANIEL BERNARD...	La Chasse au phénix, illustrations de H. CLERGET, VIERGE, etc.
DUPUIS (EUD.).....	Les Disciples d'Eusèbe, illustrations de COURBOIN.
—	Les Entreprises d'Harry, illustrations de BEARD, JUSCLING, ROOKHOUT.
LÉOUZON LE DUC...	Impressions et Souvenirs de voyages dans les pays du Nord, illustrations de BRETON, CLERGET, LIX.
NARJOUX (F.)......	Histoire d'une Ferme, illustrations de l'auteur.

Collection de volumes illustrés, grand in-8° pittoresque.

CARLO DU MONGE...	La Guerre suivie du Secret du fer, par PROTCHE DE VIVILLE, et des Lansquenets, par E. D'HERVILLY, illustrations de POINSON, ATALAYA, ROCHLING.
LEBLANC (ED.).....	A la recherche de la pierre philosophale, illustrations de BESNIER.
MANGIN (A.).......	Voyage scientifique autour de ma chambre, illustrations de LIX, A. MARIE, ROUYER, etc.
MÉRY.............	La Comédie des animaux, illustrations de BOMBLED, KIRSCHNER, ED. MORIN, SPEECHT, etc.

Paris. — Imprimerie G. Rougier et Cie, rue Cassette, 1.

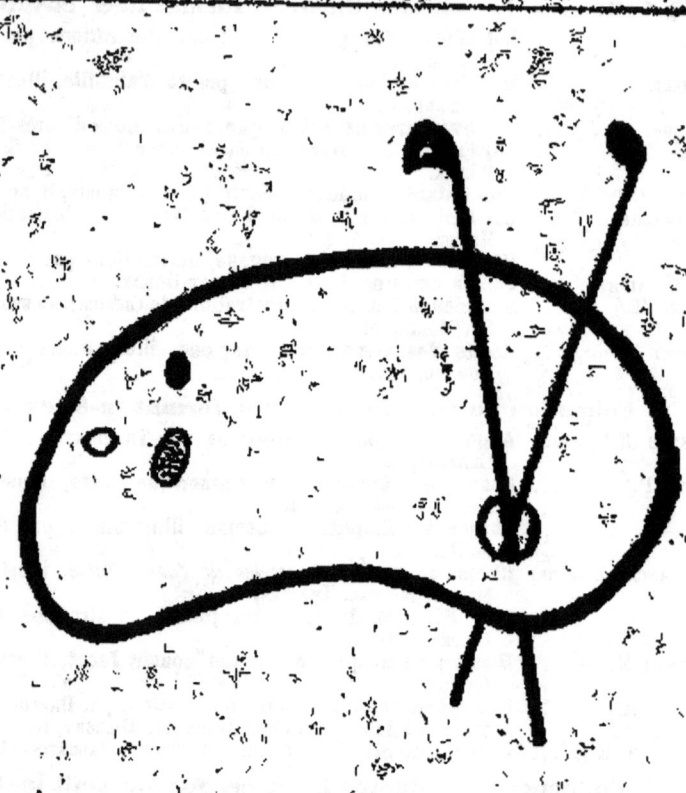

SOUVENIRS
ET
IMPRESSIONS DE VOYAGE
DANS
LES PAYS DU NORD

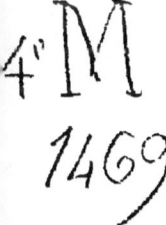

SOCIÉTÉ ANONYME D'IMPRIMERIE DE VILLEFRANCHE-DE-ROUERGUE
Jules BARDOUX, Directeur.

SOUVENIRS ET IMPRESSIONS
DE
VOYAGE
DANS
LES PAYS DU NORD
DE L'EUROPE

SUÈDE — FINLANDE — DANEMARK — RUSSIE

Par L. LÉOUZON LE DUC

DEUXIÈME ÉDITION

PARIS
LIBRAIRIE CH. DELAGRAVE
15, RUE SOUFFLOT, 15

1896

NOTE DE L'ÉDITEUR

Suède, Finlande, Danemark, Russie, — nous voulions qu'un même volume présentât de ces divers pays à notre jeune public des images éparses s'il le fallait, mais vives, colorées, prises sur le vrai. Nous n'avons eu qu'à choisir parmi les abondantes publications de M. L. Léouzon le Duc ce qui se trouvait le mieux fait pour plaire à la jeunesse des écoles.

Il y a près de quarante ans que cet infatigable voyageur a fait de ces pays du Nord sa province à lui et son sujet d'étude spéciale. Très jeune encore, il résida en Finlande et commença là cette riche moisson de matériaux, qu'il a depuis continuée à travers vingt voyages et plus de trente ans d'études. Le *Kalevala*, le poème épique national de la Finlande, traduit, annoté, commenté, est peut-être le plus beau fleuron de sa couronne d'érudit et d'écrivain. Nous devons rappeler aussi entre autres un volume sur le Tzar Alexandre II; l'*Histoire littéraire du Nord*; les *Poèmes nationaux de la Suède moderne*; deux volumes sur la Finlande; une foule de *Contes*, *Légendes* et *Nouvelles* répandus dans les journaux et revues; les *Prisons cellulaires de la Suède*, étude administrative rédigée à la suite d'une mission officielle, et qui, présentée à la commission d'enquête de l'Assemblée nationale, a été utilement consultée à propos des réformes introduites, il y a quelques années, dans notre régime pénitentiaire. Enfin il nous a le premier révélé l'existence de nombreuses lettres et dépêches provenant des manuscrits enlevés à la Bastille en 1789 et conservés à Saint-Pétersbourg. Il en a enrichi le *Recueil des documents inédits de l'histoire de France*.

La plupart de ces écrits ont été composés pendant de courtes haltes à Paris. La vie de M. L. Léouzon le Duc s'est passée jusqu'ici en allées et venues consacrées à d'importantes missions officielles, missions compliquées de diplomatie, d'administration, de littérature et de science qui, dans chaque pays, l'ont fait se mêler à tous les mondes, et l'ont maintenu en relations suivies avec tout ce qu'il y a d'hommes considérables dans les nations du Nord de l'Europe.

Tel est l'auteur que nous voulions en deux mots présenter aux lecteurs de ces *Impressions et Souvenirs de voyage*. C'est un voyageur, un érudit et un chroniqueur, mais, comme on l'a dit, « un chroniqueur diplomatique, cravaté de blanc, constellé de décorations, » qui a passé sa vie sans repos ni trêve dans les cours, les chancelleries et les salons, quand il ne courait pas dans une chaise de poste.

Juin 1886.

PRÉFACE

Ce volume est une véritable mosaïque ; mais, chaque morceau formant un tout a son intérêt spécial et déterminé. Une certaine unité, d'ailleurs ce qu'on pourrait appeler, ce, semble, sans trop de paradoxe, l'*unité de lieu*, relie les diverses parties ; car en passant d'un sujet à un autre, le lecteur ne sort point des mêmes pays; il est, il reste dans *les Pays du Nord*.

Bien qu'embrassant une période de vingt-cinq à trente ans, mes *Souvenirs et Impressions* n'en constituent pas moins une suite de tableaux qui s'encadrent parfaitement dans la situation contemporaine. Même les récits de voyages de la date la plus ancienne vivent d'une réelle actualité. Sous ces latitudes polaires, en effet, l'évolution est lente ; et malgré le souffle qui pousse au progrès, on y hésite à brusquer trop violemment les idées et les habitudes traditionnelles ; on s'y applique à transformer le passé tout en respectant ce qu'il a de typique et de vraiment national.

Aussi bien, ceux de mes lecteurs qui, alléchés par ce que j'en raconte, seraient tentés de les visiter eux-mêmes, n'y trouveraient-ils rien, j'en suis certain, surtout en ce qui concerne le mouvement de la vie sociale, les mœurs et les usages populaires, qui contredise essentiellement mes observations personnelles. Mes écrits ont eu souvent cette bonne fortune : que de fois, en Suède, en Danemark, n'ai-je pas rencontré des touristes français ou étrangers qui me disaient : « je vous ai lu et je suis venu ! » Et je ne sache pas qu'aucun d'eux se soit repenti de son excursion ; ils regrettaient plutôt d'être forcés de l'écourter.

PRÉFACE

Dans ces *Souvenirs et Impressions* le pittoresque domine ; c'est le caractère obligé des relations de voyages, ce qui les rend généralement abordables à tous, et en particulier à la jeunesse de nos lycées et de nos écoles. Toutefois, pour satisfaire aux esprits d'une culture plus avancée, et par conséquent plus sérieusement curieux, j'y ai joint quelques études propres à donner une idée du génie scientifique et littéraire de chaque pays. Je signalerai entre autres : *Les formes primitives de la monnaie en Suède*, pouvant servir comme de prélude aux divers problèmes que soulève actuellement dans tous les États de l'Europe la question monétaire ; la *Découverte de l'Amérique par les Scandinaves avant Christophe Colomb*, dont les documents originaux exposés à Paris, en 1875, dans la section danoise, lors du Congrès international de géographie, excitèrent si vivement l'attention du monde savant ; enfin *l'Esclave*, drame scandinave, une des œuvres les plus caractéristiques, les plus émouvantes de Frederika Bremer, l'écrivain suédois si justement célèbre tant dans l'ancien que dans le nouveau monde.

Le volume se termine par un compte rendu sommaire de l'une de mes missions officielles les plus importantes : celle qui avait pour but de *rechercher en Russie le porphyre rouge antique destiné à la construction du Sarcophage de Napoléon I*er. Bien des erreurs, bien des inexactitudes répandues sur cette affaire du sarcophage impérial déconcertaient les visiteurs du Tombeau des Invalides ; je me suis appliqué à les rectifier

Cette mission qui m'a occupé près de trois ans, m'a obligé à de longs et pénibles voyages à travers des régions inconnues ou tout au moins fort peu fréquentées de la Finlande et de la Russie. Ils m'ont donc laissé des souvenirs, des impressions ineffaçables ; et mes lecteurs, je l'espère, s'y intéresseront d'autant plus spécialement qu'ils offrent des tableaux toujours instructifs et souvent d'une originalité des plus saisissantes.

L. LÉOUZON LE DUC

Paris, Juin 1886.

SOUVENIRS ET IMPRESSIONS DE VOYAGE

DANS

LES PAYS DU NORD

STOCKHOLM. — LA VIE SUÉDOISE

I

La situation de Stockholm est d'un pittoresque que rien n'égale[1]. « Stockholm, dit un auteur suédois, trône comme une reine sur ses montagnes et ses îles, se drapant avec grâce dans son manteau de verdure, pendant que la mer et le Mälar, courtisans fidèles, viennent doucement lui baiser les pieds. » Stockholm réunit dans son enceinte et autour d'elle les beautés particulières aux plus célèbres capitales de l'Europe : les terrasses de Constantinople, les rochers d'Édimbourg, le lac de Genève, les voies limpides de Venise, etc. La nature, telle que ce grand peintre de l'antiquité, s'est plu, ce semble, à la former de tous les types d'élite semés dans l'univers. Partout où vous portez les regards, vous y

---

[1]. Stockholm vient du mot suédois *stock*, qui signifie poutre. La légende a poétisé cette étymologie. Elle raconte qu'après la destruction du Sigtuna les habitants de cette ville s'embarquèrent, avec leurs effets les plus précieux, sur une poutre creuse (*ihålig stock*) ; ils naviguèrent pendant longtemps ; enfin ils arrivèrent à une île (*holm*) située à l'embouchure de la mer ; cette île leur parut d'une situation excellente, et ils y bâtirent une ville qu'ils appelèrent *Stockholm* (île de la poutre), en souvenir du singulier bâtiment qui les y avait conduits. La légende fait encore un autre récit. Un pêcheur au service de l'évêque de Strengnäs prit un jour un saumon qui lui parut si beau et si bon, qu'il le garda pour lui et le mangea. L'évêque l'ayant su jura par sa mitre qu'il ferait enfermer le pêcheur dans la tour de son château. Celui-ci monta aussitôt dans son bateau et gagna le large. Il arriva à l'endroit où est aujourd'hui Stockholm, dont il fut le premier habitant.

trouvez des sites curieux à admirer. De même que Rome, Stockholm pourrait s'appeler la ville aux sept collines, car elle est située sur sept îles [1], vastes rochers escarpés ou onduleux, plus ou moins ombragés ou émaillés de jardins et de vertes pelouses. Ici le torrent bondit, le golfe se déploie; là le granit étale sa pourpre nue, tandis qu'à ses pieds des palais se mirent dans l'azur, flanqués de maisons fraîches et coquettes ou de vieux édifices portant sur leurs murs noircis les stigmates imposants des siècles. Quelle vérité pleine de caprices! Stockholm n'est point, comme Pétersbourg et Berlin, une ville régulière et tirée au cordeau, une armée tirée en ligne de parade. Elle est là avec tous les accidents de son histoire, droite ou tortueuse, plane ou ardue, épaisse ou clairsemée. Voulez-vous la voir à ses débuts? entrez dans la cité *Staden*; c'est le coup de marteau de 1256: monuments inégaux, serrés, solides; camp retranché et sombre. Suivez-la maintenant: elle franchit tous les obstacles, elle escalade les rocs, elle creuse, elle défriche; les pierres roulent au fond de la mer, les forêts flamboient, les loups, les ours prennent la fuite; des rues, des places surgissent, la ville se dilate, rayonne. Aujourd'hui Stockholm a cinq lieues de tour, elle abrite plus de cent soixante mille habitants: mais sa ceinture n'est pas une ceinture de fer; elle peut s'élargir encore suivant le mouvement ou le caprice de sa population.

Stockholm a été de tout temps une ville royale: le château des rois y tient la place d'honneur par sa situation aussi bien que par sa magnificence. Du haut de son piédestal de granit, il domine au loin la mer; c'est le premier objet qui s'offre au voyageur, au moment où son navire franchit les dernières barrières de rochers. Superbe frontispice! Puis le panorama se déroule: quel luxe d'églises, de palais, de monuments, de colonnes et de statues! On débarque enfin, aussi heureux, aussi transporté de la possession immédiate qu'on l'avait été de la vision lointaine.

Lorsque, pour la première fois, j'entrai dans la radieuse enceinte, un contraste saisissant s'offrit à mes regards. Tout le peuple était en deuil: Bernadotte venait de mourir. Quelques semaines auparavant, on avait célébré ses obsèques, et l'église de Riddarholm avait à peine dépouillé

---

[1]. Gustafsholm, Helgeandsholm, Riddarholm, Kungsholm, Blasiiholm, Skeppsholm, Kastelholm.

Suède.

ses crêpes funèbres. Monument plein de glorieux souvenirs, c'est le

Saint-Denis de la Suède : tous les rois y reposent, et à côté d'eux les chevaliers du premier ordre du royaume [1]. On y voit l'écusson de l'empereur Napoléon. Sous ses voûtes silencieuses, on croyait entendre encore les derniers échos de cette *drapa* solennelle chantée sur le cercueil de Charles-Jean, au moment où on l'avait descendu dans la tombe :

« O grands Charles ! ô grands Gustaves ! nobles ombres ! voici que, dans votre enceinte, la Suède désolée ensevelit un autre Charles. Vos étendards de héros, séparés pendant la vie, viennent enfin se rencontrer ici, parmi ces drapeaux qui tombent en poussière et que la main du temps ne déroulera plus ; nul ennemi ne tremblera désormais à votre aspect, à votre nom ; le temple de Riddarholm roulera en paix au-dessus de vos têtes ses voûtes mystérieuses. O vous qui régniez sur de vastes pays, vous partagez ici une couche étroite ; vous n'avez occupé le trône que tour à tour, vous êtes réunis dans le même tombeau. Et *lui* aussi, le dernier, il va prendre place au milieu de vous ; il dormira sur son lit de lauriers, au milieu de ses trophées en pleurs.

» Le temple est fermé. Personne, personne ne restera auprès du mort. Il sera seul. La nuit se fait autour des illustres étendards. Silencieux rendez-vous des rois ! Il a rapproché l'un de l'autre Gustave-Adolphe et Charles XII.

» Dans un doux silence, ces âmes sublimes murmurent des paroles que nul mortel ne peut entendre. Aucun bruit ne trouble leurs conseils. Mais, quand le jour de l'éternité se lèvera, alors la mort deviendra la vie, et la vie ne sera plus brisée par la mort. »

II

En arrivant à Stockholm, il faut, comme partout ailleurs, si l'on n'a déjà passé par une ville frontière, subir la visite de la douane. Cette visite n'a rien d'alarmant ; les douaniers suédois sont peu farouches : ils devinent facilement à qui ils ont affaire, et, à moins qu'ils ne flairent en vous le contrebandier de profession, ils ne vous tourmenteront point de leurs persécutions ni de leurs défiances. Gardez-vous donc, si votre

---

[1]. L'ordre des Séraphins.

conscience n'est pas très nette, de leur adresser d'insidieux sourires, ils ne s'y laisseraient pas prendre ; gardez-vous surtout, au moment où ils explorent vos colis, d'agiter intentionnellement dans votre poche une monnaie trop sonore. Vous n'êtes point ici à Pétersbourg. Le douanier suédois s'irrite d'une mélodie à laquelle le douanier russe prête si finement et si amoureusement l'oreille.

Nous voici dans la ville même et, je dois prévenir le lecteur qu'en la décrivant, pour donner à mes appréciations plus d'ensemble, plus de vérité, je fondrai désormais dans mon récit les souvenirs des divers voyages que j'ai faits en Suède.

Les hôtels sont nombreux à Stockholm. On y trouve des appartements et des chambres, un service actif et intelligent. Ce qui manque, toutefois, à ces hôtels, c'est le confortable ; c'est cette entente merveilleuse des aisances de la vie qui distingue si brillamment les hôtels d'Allemagne et d'Angleterre, et jusqu'à un certain point les hôtels des principales villes de France [1]. On peut y camper, rarement y demeurer. Aussi la plupart des étrangers qui viennent passer quelque temps à Stockholm s'empressent-ils, une fois qu'ils se sont un peu orientés, de chercher à se loger dans quelque maison particulière. Sous ce rapport, ils n'ont que l'embarras du choix, tellement les appartements garnis abondent à Stockholm. C'est une spéculation que se permettent non seulement les logeurs de profession, mais encore beaucoup de riches bourgeois. J'ai occupé pendant plusieurs mois, rue de la Paix, *Fredsgatan*, c'est-à-dire dans le plus beau quartier de la ville, chez un capitaine de la garde, un appartement fort joli, ouvrant sur la rue et composé d'une antichambre, d'un petit salon, d'un grand salon et d'une chambre à coucher ; le tout parfaitement meublé, avec lustres, bronzes, tapis, etc. Quel en était le prix ? Soixante-six francs par mois. Cinq ans auparavant, j'avais payé, à Pétersbourg, deux chambres d'hôtel assez sales et d'un mobilier plus qu'élémentaire, cent vingt francs par semaine. La différence est grande, comme on voit, entre les deux capitales du Nord, dans le prix qu'elles attachent à leur hospitalité. Tout est chez elles sur le même pied. La même somme qui vous suffirait à peine

---

1. Il faut en excepter cependant deux ou trois grands hôtels de construction récente, entre autres l'*hôtel Rydberg* et le *Grand Hôtel*, tenus par un Français nommé Cadier.

pour végéter à Pétersbourg vous permettrait à Stockholm de trancher du prince. Une seule chose m'y a paru chère comparativement, ce sont les voitures ; il est vrai qu'elles sont fort élégantes et admirablement tenues.

Une fois établi dans une maison particulière, vous y vivez à votre guise ; nul ne vient contrôler votre indépendance. Vous êtes consciencieusement et proprement servi ; chaque semaine votre linge de lit et de toilette est soigneusement renouvelé, vos parquets lavés à grande eau. On frotte rarement à Stockholm ; le savon y remplace la cire ; les tapis, le brillant de la brosse. Gardez-vous, par exemple, de rentrer chez vous au moment de l'ablution, vous tomberiez en plein déluge ; du reste, c'est l'affaire d'une heure ou deux. Pendant l'été le soleil, pendant l'hiver le feu des poêles sèchent instantanément les planchers les plus impressionnables. La saison la moins favorable à ce genre d'opération, c'est l'automne : il est vrai que l'automne ne dure guère à Stockholm ; le climat y est plutôt sec qu'humide. Quant à l'hiver, il y est charmant : un froid vif, un froid de 15, de 20, de 25 degrés, mais des chambres bien closes, bien chauffées, des fenêtres doubles, des traîneaux, des fourrures. Un habitant de Stockholm qui sait se conduire n'a jamais rien à démêler avec les catarrhes ou les rhumatismes.

Je professe pour les portiers, en général, une très mince sympathie ; cependant je les ai regrettés plus d'une fois pendant mon séjour dans la capitale de la Suède. Ces utiles industriels y sont à peu près inconnus. Il résulte de là, pour l'étranger qui habite une maison particulière, certains embarras assez graves. Qui lui dira, s'il s'absente, les visites ou les invitations qui lui sont arrivées ? les propriétaires ne s'en chargent pas. Il faudrait donc avoir un domestique à demeure ; mais c'est là un superflu dont très peu de voyageurs se soucient. On supplée à tout cela par une boîte métallique en forme de tirelire, que l'on suspend en dehors de sa porte. Les visiteurs y jettent leurs cartes ou leurs lettres ; quand vous rentrez, vous ouvrez la boîte, et vous dressez le bilan de vos relations.

Le soir ou la nuit, le manque de portier se fait plus désagréablement sentir. Si vous ne voulez pas coucher à la belle étoile, il faut de toute nécessité que vous emportiez avec vous, en même temps que la clef de votre appartement, la clef de la maison. Or, sait-on ce que c'est que cette clef? Figurez-vous un engin grossièrement façonné, long de neuf à dix pouces, et d'un poids à l'avenant : voilà l'instrument dont on se sert à Stockholm pour fermer les portes des cours ou même des simples allées. J'ai habité pendant quelques mois une maison de la rue de la Reine, *Drottnings-gatan,* qui possédait dans ce genre quelque chose de formidable. On eût pu certainement, si le trou de la serrure eût été trop difficile à découvrir, s'en servir comme de levier pour soulever la porte. Obligé presque chaque soir de me charger de cette arme, je la logeais dans un grand fourreau que j'avais fait pratiquer dans la doublure de ma pelisse. Une fois il m'arriva de l'oublier. Je rentrai un peu après minuit; tout le monde dormait déjà dans ma maison : j'appelai, je criai, je frappai; personne ne bougea. Comme alors je soupirais après mon horrible clef! comme elle me semblait préférable au plus joli bijou! mais l'ingrate resta suspendue à son clou. Je dus aller demander l'hospitalité à un de mes amis, qui heureusement demeurait sur la rue, ce qui me permit de l'avertir de ma détresse en cassant une de ses vitres d'un coup de pierre.

Bien que les maisons particulières ne donnent que le logement, il n'est cependant pas difficile d'y obtenir le café du matin; c'est là une très petite dépense. Quant au dîner et autres repas plus solides, il faut les aller prendre ou les envoyer chercher au restaurant. La cuisine suédoise est déplorablement fade. Le sucre y domine partout. Elle en met dans la salade, dans le bouillon, dans les sauces, jusque dans les œufs à la coque. Avez-vous jamais entendu parler d'un certain potage à l'avoine, aux pruneaux, aux raisins secs? C'est le potage aimé des Suédois. Ils raffolent d'émollients comme les Anglais de toniques. Il va sans dire que l'usage allemand de mêler des confitures avec le rôti a chez eux droit de cité; ils y ajoutent des compotes. Cependant, parmi les objets de consommation qui figurent dans les menus suédois, il en est qui, lorsqu'ils ne sont pas trop déformés, flattent singulièrement le palais. Je citerai le coq de bois ou de bruyères, la gélinote, l'élan, le renne fumé; pourquoi pas aussi le jambon d'ours? Le jambon d'ours, à mon avis, peut marcher de pair avec tous les jambons du monde. Est-il rien aussi de plus délicat, de plus succulent que ce petit hareng appelé *strömning?* Il faut en dire autant de tous les poissons de Suède : du saumon, de la perche, de la brême. Une tête de brême froide à la sauce au raifort est un plat de roi. Quoi qu'il en soit, je soutiens qu'en général la cuisine suédoise est la plus fade de toutes les cuisines. Vous qui avez la santé disloquée et que votre Esculape a mis au régime, faites vos malles et allez dîner en Suède !

On sert à une table suédoise quatre espèces de pain : pain noir, pain bis, pain blanc, dit pain français (*franskbröd*), pain dur et cassant, en forme de galette, nommé *knöckebräd*. Le pain noir, dit-on, est un excellent antidote contre le scorbut, maladie très fréquente dans les pays septentrionaux. Quant au *knöckebräd*, l'étranger qui le voit pour la première fois est tenté de croire qu'il n'est là que pour aiguiser les dents, comme ces morceaux d'écume dont les oiseaux en cage se servent pour s'affiler le bec. En effet, on le grignote pendant presque tout le repas; mais, quand on l'a pratiqué quelque temps, on finit par lui reconnaître une véritable force nutritive. Pour ma part, vers les derniers mois de mon séjour à Stockholm, je le préférais à tous les autres pains.

Dans les campagnes, on ne mange guère que du pain de seigle, que l'on cuit seulement une ou deux fois par an. Les miches de ce pain sont très minces, et en forme de couronne; on les enfile dans une longue gaule que l'on suspend au plafond de la chaumière. Elles se durcissent tellement qu'on est obligé de les casser à coups de hache ou de marteau; le pain n'en est pas moins excellent et bien préférable, selon moi, à nos biscuits de mer. Il est encore une autre espèce de pain, le pain d'écorce (*barkbröd*). C'est le pain du malheur. On n'y recourt qu'en temps de disette. On le fait avec de l'écorce de pin ou de sapin; mais de cette écorce on ne prend que les parties les plus fines, les plus savoureuses, celles qui tiennent le plus immédiatement au tronc. Mélangé d'un peu de farine et trempé dans du lait, le pain d'écorce n'est pas seulement d'un goût supportable, c'est encore un aliment assez solide. Les Dalécarliens n'attendent pas les temps de disette pour en faire usage; ils en mangent presque journellement : et certes les Dalécarliens ne sont pas les hommes les moins vigoureux de la Suède. Pendant les guerres du XVe siècle, un général danois, battu par eux, s'écriait pour excuser sa défaite : « Il fallait s'y attendre ; le diable doit infailliblement combattre avec ce peuple mangeur d'écorce et buveur d'eau ! »

Sauf les nouveaux hôtels cités plus haut, il n'est dans tout Stockholm que deux restaurants où un étranger puisse dîner convenablement : l'hôtel du *Phénix* et l'hôtel de *Suède*. Partout ailleurs, la cuisine a un caractère de nationalité tellement exagéré, qu'elle est tout à fait inabordable à un estomac tant soit peu habitué aux menus méridionaux. Ceci doit se dire surtout de ces sortes d'établissements appelés caves (*källare*), qui se trouvent dans presque tous les quartiers. Ils ne sont fréquentés, il est vrai, que par la partie la moins cosmopolite de la population. Je prie le lecteur de ne pas confondre ces caves avec les tavernes souterraines de Varsovie ; ces tavernes fêtent leurs hôtes avec tout le luxe et la délicatesse de nos meilleurs restaurants, et l'on a le plaisir de s'y rencontrer avec la société la plus distinguée de la ville.

La vie de restaurant à Stockholm est peu coûteuse. Ce que nous nommons table d'hôte y est inconnu ; on y mange à la carte. Le prix des plats varie généralement de 25 c. à 1 fr. ; mais ces plats sont si abondants et, quelque bien préparés qu'ils puissent être, si peu excitants, qu'on n'est guère tenté de les trop multiplier. Quant aux boissons dont on les arrose : c'est le porter de Gothembourg, c'est la svagdricka, c'est la bière d'Upsal ou de Stockholm. Il faut y ajouter aussi la bière de Bavière, et, pour les bourses plus opulentes, les vins de France et d'Espagne. Ces derniers se payent assez cher : une bouteille de champagne clicot, de 12 à 15 fr. ; une bouteille de château-laffitte, 10 fr. ; de saint-julien superfin, 6 fr. ; de chambertin, 8 fr. ; de beaune, 5 fr. Le madère et le xérès coûtent 5 fr. ; le porto, 6 fr. Les vins supérieurs ne se boivent guère au restaurant que dans les dîners ou les soupers extraordinaires. Habituellement, les consommateurs se bornent à un simple verre de porto ou de xérès. S'ils voulaient prendre l'équivalent en bordeaux ou en bourgogne, il leur en faudrait au moins une bouteille, ce qui décuplerait leur dépense.

Il existe à Stockholm une espèce de club appelé Grande Société, *Stora Sällskapet*, où l'on est admis sur la présentation d'un membre, et moyennant une cotisation mensuelle de 6 francs. Le local occupé par ce club est peu vaste, mais fort beau ; on y trouve toute sorte de jeux, des journeaux suédois, allemands, français et anglais, et une bibliothèque assez bien montée. Le restaurant qui en fait partie est bien servi; on y boit, à raison de 3 francs la bouteille, un petit vin rouge très naturel, qu'on ne rencontre que là, et que l'on appelle *Sällskapetvin*. La Stora Sällskapet est le centre d'une société choisie; à l'époque des diètes, leurs membres les plus distingués viennent y prendre leurs repas; j'y rencontrais souvent un des évêques députés, et je n'étais pas peu étonné de le voir, après un copieux dîner, s'étendre lourdement sur un sofa, une longue pipe à la bouche, puis peu à peu s'endormir, troublant de ses vénérables ronflements tous ceux qui jouaient ou causaient autour de lui.

On ne connaît point à Stockholm ces brillants établissements que nous appelons cafés. Ils sont remplacés par les caves ou *Küllare* dont j'ai déjà parlé, et par de grandes boutiques de confiseurs, dans le genre suisse et allemand. On peut y demander, du reste, tout ce qui fait la spécialité de nos limonadiers : du café, du chocolat, du thé, des œufs frais; voire même ce qu'on ne saurait trouver chez nous, des *sexas*[1] parfaitement entendues, de l'hydromel et du punch froid. Pendant l'été, il s'y fait une effrayante consommation de *soda water* mêlée à divers sirops; et ce qui paraît singulier dans un pays où l'on fête si volontiers l'alcool, c'est d'y voir des individus très mûrs, très barbus et d'une humeur fort peu pastorale, passer des soirées entières à tremper un léger biscuit dans un innocent verre de lait.

En dehors des restaurants, l'art culinaire est moins monotone; je connais certaines maisons de Stockholm où l'on dîne au moins aussi bien qu'à nos premières tables de Paris. C'est que la cuisine française y a presque complètement détrôné la cuisine nationale. Par exemple, un tel luxe est horriblement cher; je pourrais citer tel gourmet blasonné dont la fortune, et elle est des premières, passe presque tout entière aux festins qu'il se donne à lui-même ou auxquels il convie ses amis. Voulez-vous seulement manger des huîtres? elles coûtent deux francs, trois francs la douzaine; car il faut les faire venir de la mer du Nord, c'est-à-dire de Gothembourg : la Baltique n'en produit pas. Si du moins elles

---

[1]. Une *sexa* suédoise est une espèce de goûter. On y sert avec diverses boissons, du beurre, du fromage, du poisson, de la viande, du gibier, tout cela sur de très petits plats, et en tranches excessivement minces.

étaient fraîches! On fait alors comme les Russes, qui les payent, eux, quatre et six francs; on corrige à force de poivre et d'autres épices le parfum nauséabond qui s'exhale de leur chair trop faisandée.

L'heure et l'importance des repas varient à Stockholm suivant les familles; généralement on prend le matin, à son lever, deux ou trois tasses microscopiques de café noir légèrement argenté de lait, avec quelques tartines de beurre; à dix ou onze heures, du jambon ou du poisson arrosé d'eau-de-vie; à deux heures, on dîne; à quatre heures, on prend le café; à six heures, on goûte; enfin, à neuf heures, on soupe. Un Suédois pur sang passe donc presque toute sa journée à ingurgiter et à digérer. Il est vrai que la quantité d'aliments qu'il se met à chaque repas sur l'estomac est si légère qu'il ne saurait en être incommodé. Quant aux maisons qui ont adopté les mœurs de l'Occident, elles vivent comme à Paris. Ces maisons sont déjà nombreuses, et elles tendent chaque jour à se multiplier.

III

Je me trouvais en mission officielle à Stockholm lors de la naissance de la princesse Louise, fille du prince royal, depuis Charles XV. C'était le 2 novembre 1851; le 8 du même mois fut désigné pour le baptême. Je fus invité à la cérémonie et au grand dîner qui devait la suivre.

La veille, dans la journée, un brillant cortège parcourut les rues de la ville, annonçant aux habitants la solennité qui se préparait. Ce cortège était composé de la musique de la garde à cheval, du timbalier de la cour, à cheval, portant, suspendues de chaque côté de la selle, ses deux timbales ornées de riches draperies; d'un héraut en costume de gala, chargé de faire la proclamation; enfin d'un détachement de dragons fermant la marche. Une foule immense suivait, préludant par ses bruyants hourras à l'allégresse du lendemain.

Le lendemain, à midi et demi, le ministre de France, accompagné de son secrétaire, vint me prendre dans sa voiture, et nous nous dirigeâmes vers le château. On nous introduisit, avec les autres membres du corps diplomatique, dans un salon d'attente où le grand maître des cérémonies nous reçut. Tout le monde était en uniforme, mais en uniforme libre ; les dames en costume de cour, costume fort simple, consistant, suivant les circonstances, en une robe de moire blanche ou noire à longue traîne.

Au bout d'une heure environ, le grand maître des cérémonies nous invita à nous rendre à la chapelle du château ; nous dûmes traverser plusieurs salles, entre autres la salle des États. Partout des grenadiers, dont l'uniforme rappelait l'ancienne garde impériale, formaient la haie et portaient les armes. Derrière eux, une foule compacte ; car, dans les cérémonies comme celle dont il s'agit, le peuple suédois a le droit de pénétrer dans l'intérieur du château partout où il peut : On ne met d'autres limites à l'exercice de ce droit que celles qui sont imposées par les réserves de l'espace.

Nous arrivons à la chapelle ; trois tribunes y sont préparées : l'une à droite, destinée au corps diplomatique ; l'autre à gauche, aux dames présentées à la cour ; la troisième, sous le buffet de l'orgue, pour les chanteurs et autres artistes du roi.

Nous attendons quelques instants : j'en profite pour examiner l'intérieur de la chapelle. C'est un superbe vaisseau à la voûte élancée, à la nef vaste et solennelle. La peinture et la statuaire l'ont enrichie de remarquables chefs-d'œuvre. Les toiles sont de Pasch et aussi, dit-on, de Caravac, artiste français qui résida quelque temps en Suède ; les statues et les groupes, de Bouchardon, de Larchevesque et de Sergell. Un magnifique baptistère en argent massif est placé, pour la circonstance, devant l'autel.

Le cortège du baptême arrive enfin : la reine, marraine de l'enfant, ouvre la marche, de front avec la reine mère ; elle porte dans ses bras sa petite filleule enveloppée de gaze et de dentelles ; son costume est éblouissant ; c'est le même qu'elle avait au jour de son couronnement. Après les deux reines, la princesse Eugénie, en longue traîne de velours bleu bordée d'argent, et les dames d'honneur. Viennent ensuite le roi, le prince royal et les autres princes de la famille royale, en grand uniforme, suivis des ministres, des grands officiers de la couronne, des chambellans, des pages, en un mot, de tout le personnel de la cour. Or ce personnel est nombreux ; il ne compte pas moins de huit cents dignitaires de divers grades. Chacun prend la place qui lui est désignée par les maîtres des cérémonies.

Stockholm.

Au moment où le cortège fit son entrée dans la chapelle, l'orchestre placé sous le buffet de l'orgue exécuta une marche brillante. Puis le clergé, composé de sept évêques, dont trois en chape et en mitre et quatre en dalmatique, étant monté à l'autel, il se fit un grand silence et la cérémonie religieuse commença. Elle s'ouvrit par un discours que prononça l'un des prélats ; pendant l'administration du sacrement, les choristes, accompagnés de l'orgue, chantèrent des psaumes ; enfin, les dernières prières du rituel étant dites, il y eut un second discours, après lequel le héraut royal, s'avançant à l'entrée du chœur et se tournant vers l'assemblée, proclama les noms de la jeune princesse en disant d'une voix haute : « Vive Louise-Eugénie-Joséphine, princesse de Suède, de Norwège et des Wendes ! » A ce moment, le canon qui avait grondé pendant toute la durée du baptême, tira son quatre-vingt-seizième et dernier coup.

Je fus frappé du ton sérieux et recueilli qui régna dans cette cérémonie. Rien n'y sentait la représentation profane ; c'était une de ces pompes vraiment nationales, où l'idée de patrie, se confondant avec le sentiment religieux, élève au-dessus de ce monde périssable les esprits et les cœurs.

Le cortège se remit en marche dans le même ordre qu'auparavant, au milieu des admirations respectueuses de la foule et des fanfares de l'orchestre. Nous quittâmes notre tribune pour retourner dans le salon qui nous avait reçus à notre arrivée. Il était trois heures. Nous attendîmes là quelque temps, nous demandant avec une certaine anxiété ce que nous allions devenir, car le programme de la journée ne nous était qu'imparfaitement connu. Le grand maître des cérémonies ne tarda pas à paraître ; il nous invita à monter dans les appartements particuliers du prince royal. Ces appartements occupent une partie de l'aile orientale du château ; ils sont bas de plafond et très simplement quoique richement meublés ; le grand luxe et les voûtes élevées sont réservés à l'étage inférieur, qui est habité par la princesse royale. Nous devisions de diverses choses, assez étroitement pressés, quand tout à coup la reine mère vint se mêler à notre cercle. « Prenez patience, messieurs, nous dit-elle ; bientôt vous verrez la petite princesse. »

En effet, sur un avis du grand maître des cérémonies, nous descendîmes dans les appartements de la princesse royale, où l'on nous introduisit dans un vaste salon tendu en brocart rouge. Là, dans un berceau de parade placé sur une estrade, était la nouvelle baptisée ; deux dames d'honneur et un chambellan veillaient sur elle, faisant aux visiteurs les honneurs de sa petite personne. Chacun s'approcha pour la regarder ;

elle était rose et fraîche, et ressemblait trait pour trait au prince royal, ce dont les chefs de mission se promirent de lui faire compliment.

Un gentilhomme de la cour se trouvait auprès du berceau, au moment où nous l'entourions, observant notre attitude et écoutant nos réflexions, mais sans y prendre part. Il avait l'air soucieux. Je le rencontrai le lendemain.

« Vous étiez au château hier? me dit-il.

— Sans doute.

— Vous avez été voir notre jeune princesse?

— Comme les autres.

— Eh bien, n'avez-vous pas été frappé du sans-gêne avec lequel on la regardait, et de la manière cavalière dont on en parlait?

— J'ai remarqué qu'on l'avait trouvée charmante et qu'on se l'était dit très franchement.

— On eût dû y mettre plus de réserve et de respect.

— Avec une enfant de huit jours !

— Ce n'est pas l'enfant de huit jours qu'il fallait voir dans la jeune princesse, c'est le sang royal, c'est le principe de la légitimité ! »

Ce trait méritait d'être cité.

Notre visite à l'enfant étant terminée, il nous restait encore une heure environ avant le dîner. Nous en profitâmes pour retourner chez nous prendre un peu de repos.

A cinq heures, nous étions de retour au château ; le dîner était servi. Deux tables : celle du roi et celle du grand maréchal. La table du roi réunissait la reine mère, la reine Joséphine et ses enfants, les ministres, les chefs de mission et les dames d'honneur ; la table du grand maréchal, les secrétaires de légation, les consuls, les conseillers d'État, les chambellans, etc. Je faisais partie de cette dernière. Le dîner fut très bon ; il était servi à la française ; on y mangea d'excellent chevreuil venu de la Suède méridionale et de l'Allemagne ; on y but du bordeaux et du champagne des meilleurs crus. Sept cents personnes avaient été invitées. Un orchestre nombreux et choisi exécutait des morceaux de musique vocale et instrumentale dans la salle où dînait le roi. C'était d'un entrain superbe.

Vers la fin du dîner, deux toasts furent portés : l'un à la jeune princesse nouvellement baptisée, l'autre à la reine mère, qui ce jour-là accomplissait sa soixante-dixième année.

On prit le café et les liqueurs, partie chez le roi, partie chez le grand maréchal. Il y eut ensuite cercle, pendant lequel tous les invités se mêlèrent. Vers huit heures, on se sépara pour se retrouver encore au bout de quelques jours, à une sorte de baisemain qui eut lieu à l'occasion des relevailles de la princesse royale.

IV

Je ne connais décidément pas de ville plus charmante. C'est un éblouissement merveilleux, un tourbillon fantastique. On y est étourdi, emporté, enivré. Recherchez-vous les salons aristocratiques, les cercles bourgeois ou les simples réunions populaires ? Partout à Stockholm, ils vous offrent de délicieux enchantements : aucune tige qui n'y porte sa fleur, aucune fleur qui n'y exhale son parfum.

Stockholm est à la fois une ville de la nature et une ville de l'art.

Voulez-vous vous distraire au milieu du plus vaste et du plus pittoresque horizon qui fut jamais ? Montez la colline de Mosebacke ; elle domine la ville au midi. De là, Stockholm n'a plus de mystères : ses rochers, ses îles, ses torrents bondissants, ses nappes d'eau limpides, ses bosquets parfumés, ses bois sombres, ses châteaux et ses palais, ses églises, ses rues rocailleuses, ses places sonores, sa belle rade, son port aux mille mâts ; vous avez tout cela sous les yeux : regardez ! Et, si votre vue se fatigue à embrasser tant de splendeurs, retournez-vous : un réflecteur sphérique est placé là sur un pivot, qui vous met sous la main le panorama tout entier.

Mosebacke n'est pas seulement un théâtre pour les phénomènes de l'optique, c'est encore un lieu de joyeuse réunion. La foule s'y porte de toutes les parties de la ville, riante, épanouie, avide de spectacles, de danses, de festins et de jeux. Mosebacke pourvoit à tout. Ici, c'est un carrousel ; là, une salle de bal, plus loin des boules, des quilles. La musique vous plaît-elle ? Mosebacke met à vos ordres un orchestre, deux orchestres. Préférez-vous le silence, la solitude ? Mosebacke vous ouvre ses frais bocages, ses grottes mystérieuses; pas de désir qu'il ne puisse satisfaire et au-devant duquel il ne coure.

J'allais souvent, les soirs d'été, respirer l'air pur sur cette ravissante colline. Pendant la semaine, elle n'est fréquentée que par quelques oisifs, ou par des étrangers curieux de jouir de ses beaux points de vue. Son vrai jour est le dimanche : c'est ce jour-là qu'il faut la visiter, si on veut la voir dans son triomphe. A dire vrai, la société qui la hante n'est pas aristocratique; le *populaire* y domine. Mais qu'importe? l'occasion n'en est que meilleure pour étudier ce peuple de Stockholm, qu'il faudrait autrement aller chercher au fond de ses ateliers. Mosebacke se met à la portée de sa bourse avec une admirable complaisance; aussi, quand vers minuit, rassasié de plaisirs, il songe à retourner chez lui, n'a-t-il jamais à déplorer d'avoir trop ébréché le budget de famille.

Comme les danses sont animées sur la verte pelouse, à l'ombre des grands arbres, ou sur l'aire battue, aux lueurs de fanaux multicolores ! Le populaire suédois se plaît infiniment aux sauts et aux gambades. Pendant les intervalles des entrechats, la bière et le punch froid circulent, rafraîchissant les lèvres et ranimant les jarrets. Puis la trompette résonne; c'est le signal du spectacle : la foule se précipite vers une vaste tente servant de salle, et à l'extrémité de laquelle s'ouvre la scène. On joue là des comédies, des drames, des opéras; des acteurs qui ont figuré sur de grands théâtres, mais qui n'ont pas su captiver la fortune, viennent y produire leur dernier crépuscule; ce n'est donc pas trop mal : que faut-il de plus au public naïf qui y cherche son plaisir?

En certaines circonstances, Mosebacke déploie une splendeur inaccoutumée. Je m'y suis trouvé le jour de la fête de la princesse royale; toute la montagne était en feu; ce n'était dans ses jardins et ses bosquets que flammes de Bengale, qu'illuminations éblouissantes ; les orchestres avaient été triplés, des acteurs d'élite remplaçaient la troupe ordinaire. Je pris plaisir à me mêler aux divers groupes; il y régnait une gaieté superbe; le nom de la princesse Louise était dans toutes les bouches, et aux toasts multipliés qu'il provoquait, on pouvait juger de la popularité dont celle qui le porte jouissait dans le royaume.

Un des hommes les plus heureux de cette société en liesse, c'était le maître du lieu. En même temps qu'il aidait les autres à fêter la princesse royale, il la fêtait pour son propre compte. On vint lui dire qu'un Français était parmi ses hôtes, et que ce Français, étant un écrivain, ne manquerait pas sans doute, à son retour dans son pays, de raconter dans quelque journal les merveilles de Mosebacke. Aussitôt il demanda à m'être présenté, et m'invita, ainsi que les personnes qui m'accompagnaient, à une *sexa*. Cette sexa se prolongea fort tard ; l'amphitryon était on ne peut mieux placé pour en faire magnifiquement les honneurs. Étrange personnage que cet amphitryon ! Il avait été poëte, me dit-on, il l'était encore ; du moins professait-il un culte enthousiaste pour les maîtres de la poésie. Quand Runeberg, l'illustre barde de la Finlande, était venu quelques semaines auparavant visiter Stockholm, il avait voulu le traiter lui-même, à ses frais, à Mosebacke. De longtemps la pittoresque montagne ne verra aussi belle fête. Tel est, du reste, le caractère national des Suédois ; jamais la spéculation n'étouffe chez eux les instincts du cœur ; ils aiment à gagner de l'argent, mais c'est pour le dépenser noblement. A leurs yeux, la matière n'a de prix qu'autant qu'elle sert à l'exaltation de l'intelligence.

Descendons maintenant dans la plaine. Ici, c'est Norra Tivoli, dont le nom seul révèle la destination ; j'ajouterai qu'il la remplit à merveille. Là, Humlegården, vaste parc où l'on trouve un théâtre avec une excellente troupe, une salle de bal et de concerts, et des pelouses dignes de Versailles. Humlegården, situé dans l'enceinte de la ville, est assidûment fréquenté ; le dimanche, surtout par les jours de beau soleil, la foule s'y porte. On y mange, on y boit, on y danse, on y tire des feux d'artifice, on y fait des ascensions en ballon. J'ai été témoin d'une de ces ascensions, qui se recommandait par une assez curieuse originalité. Le compagnon de l'aéronaute n'était ni un être humain ni un cheval, comme cela se pratiquait alors. C'était un renne, un renne de Laponie. Pauvre animal, habitué aux sombres retraites des solitudes polaires, il se voyait lancé, en présence d'un bruyant public, à travers les vastes clartés de l'azur ! Comme il regimbait lorsqu'on l'attacha dans la corbeille destinée à lui servir de nacelle ! On tremblait qu'il ne crevât le ballon d'un coup de ses cornes sauvages. Mais enfin la machine gonflée de gaz prit son essor : le renne s'agitait convulsivement, ses yeux hagards s'abaissaient vers la terre comme pour s'y rattacher ; cependant le ballon montait, montait toujours ; il touchait déjà aux nuages, que le coursier lapon n'était pas encore revenu de sa stupeur. Stupeur fatidique ! quelques semaines après cette ascension, la renne et l'aéronaute périssaient ensemble près d'Elseneur, engloutis dans les eaux du Sund.

J'aurais encore à citer beaucoup d'autres lieux de plaisance ; car les jolis sites abondent aux environs de Stockholm, et il n'en est peut-être pas un seul qui ne soit un but d'agréable pèlerinage. Je les résumerai tous en m'arrêtant à Djurgården. Djurgården est en effet l'écrin sans rival, où l'art et la nature ont réuni leurs plus précieux diamants. C'est à la fois un bois, un parc, un jardin, une promenade, un champ de Mars et un turf, une réunion de villas champêtres et de luxueux édifices ; des rochers nus et des bosquets verts, des ruisseaux murmurants et des lacs qui dorment ; des bois calmes et des gouffres orageux ; des collines et des plaines ; des chemins droits et découverts et de mystérieux labyrinthes. Djurgården rassemble tous les contrastes et sourit à tous les goûts. Vous y trouvez trois ou quatre théâtres, des restaurants exquis, des établissements de confiseurs et de limonadiers à ne pouvoir les compter ; depuis quelques années on y a fondé un Tivoli, avec tous les appareils de plaisirs et de fête qui distinguent ces lieux d'enchantement. Aussi, pendant la saison d'été, Djurgården est-il le rendez-vous privilégié de toute la ville, surtout de cette partie de sa société qui recherche les jouissances d'élite et sait les apprécier.

Djurgården est situé à environ un kilomètre à l'est de Stockholm. On s'y rend par terre et par eau. La route de terre est constamment sillonnée de brillants équipages, de fiacres, de droschkis, d'omnibus de toute forme. Parmi ces derniers, il en est un qui frappait singulièrement mon attention : on l'appelait *Napoléon*. Pourquoi ? Je n'ai pu le savoir. Ce qui le distinguait entre tous, c'était la beauté de ses ornements, le confort de ses banquettes ; c'était surtout sa forme sphérique, on eût dit d'un ballon sur roue. Le prix des omnibus pour aller de

Stockholm à Djurgården est de 50 centimes; il faut y ajouter un droit d'entrée de 9 centimes que l'on paye à la porte du parc.

La route par eau est plus animée encore. Du quai ou de l'île de la Marine (*Skeppsbro, Skeppsholm*), de petits bateaux à vapeur, de légères barques à roues peintes en vert et souvent ornées de fleurs et de feuillages s'élancent à chaque instant, emportant de joyeuses sociétés. Le trajet dure tout au plus dix minutes, et il ne coûte que 9 cent. Le service des barques constituait jadis un monopole qu'exploitait despotiquement une compagnie de femmes dites Matrones à la rame, *Roddar Madamerna*. Ces matrones étaient généralement d'humeur assez maussade; elles ramaient ou elles ne ramaient pas, suivant leur convenance, en sorte que les passagers n'arrivaient au but qu'après un long exercice de patience, qui parfois dégénérait en violentes scènes de colère. Plus tard, les odieuses matrones furent détrônées par de charmantes filles de Dalécarlie. Intéressantes créatures! fiancées pour la plupart, elles sont venues là, quittant les montagnes de leur beau pays, pour gagner de quoi monter leur ménage, tandis que leur fiancé s'est dirigé vers d'autres provinces pour préparer la corbeille. Au prochain hiver, elles retourneront dans leur pays, où bientôt le mariage les enchaînera à tout jamais au foyer domestique. Les rameuses dalécarliennes sont robustes, infatigables. Elles s'acquittent consciencieusement de leur tâche; ce n'est pas elles qui feraient languir le voyageur sous le soleil brûlant de la traversée. Quoi de plus pittoresque que leur costume? elles portent un court jupon brun ou vert, un gilet rouge à la turque débordé par les plis d'une blanche chemise, des bas écarlates, des souliers en cuir à épaisses semelles. Ce dernier article jure singulièrement avec le reste du costume. Tel est le défaut général des femmes du Nord: elles savent se coiffer, s'habiller; elles ne savent pas se chausser.

La principale entrée de Djurgården, du côté de la mer, est assez étroite: c'est une longue allée entre deux murs couronnés d'arbres verts; elle débouche sur une belle route qui conduit à la partie du parc appelée la plaine (*Djurgårdsslätten*). Là, faisant cortège au théâtre et au Tivoli, s'élèvent de nombreuses villas de tout style, habitées par de grands seigneurs, des ministres et d'autres personnages illustres par le

Les belles vallées de la Dalecarlie.

rang ou la fortune. Quelques-unes de ces villas sont entièrement voilées par des massifs odoriférants. La plus remarquable est celle du sculpteur Byström, bâtie par lui-même sur un emplacement que lui donna le roi Charles-Jean. Elle est dans le genre italien et presque toute en marbre. Depuis la mort de Byström (13 mars 1848), on en a fait un musée où l'on conserve une partie des œuvres de cet artiste célèbre.

Non loin de la villa Byström, sur une éminence ombragée, apparaît le buste de Bellman, le Béranger de la Suède. Chaque année, le 26 juillet, ce buste est l'objet d'un pèlerinage populaire : on l'orne de fleurs ; toute la ville vient lui rendre hommage. La fête est conduite par les membres de la société dite *Par Bricole*, société bachique s'il en fut, fondée en 1779 par un littérateur nommé Kexel, le plus gai et plus fou des hommes. Kexel disait de lui, comme Cervantès, qu'il avait été créé et mis au monde pour boire et pour rire. La société de *Par Bricole* répond de son mieux à la devise de son patron et si l'ombre de Bellman se plaît encore, comme le poète en son vivant, au triomphe du punch et de l'eau-de-vie, elle doit se pâmer d'aise. Au dernier toast, le président de la société arrose solennellement l'image de bronze de la divine liqueur.

La société de *Par Bricole* a un passé glorieux ; elle a compté parmi ses adeptes les premiers personnages du royaume. La plupart des cités provinciales se faisaient un plaisir de lui ouvrir des centres qui rivalisaient souvent par l'affluence des initiés et par l'éclat des fêtes avec le siège de la métropole. La société de *Par Bricole* constituait un ordre véritable ; elle avait des commandeurs et des chevaliers. Ses actes étaient scellés d'un sceau officiel. Aujourd'hui, son importance tend de plus en plus à décroître ; mais il s'écoulera de longues années encore avant qu'elle ait entièrement disparu. En Suède, l'esprit d'association est d'une fécondité merveilleuse. Vous n'y trouverez peut-être pas un seul attribut de la vie publique qui n'ait son foyer d'action dans une société spéciale.

Naturellement, toutes ces sociétés ont leur secret. Point de secret, point d'adeptes ! Aussi le gardent-elles avec le plus grand soin. Cependant, il n'est rien de si caché dans ce monde qui parfois ne transpire. Funeste accident pour le prestige ! On raconte que, dans ces dernières années, une société du genre de celles dont il s'agit, s'étant compromise par de graves excès, fut officiellement dissoute. Quel était son secret ? Cette société était divisée en deux classes : le secret consistait en ce que la première classe, c'est-à-dire la classe la plus élevée, mangeait les fonds versés par la seconde. On ajoute que, jusqu'à l'acte de dissolution, les membres de la première classe ne s'étaient jamais trahis par la moindre indiscrétion.

Djurgården n'est pas seulement un lieu d'agrément pour le peuple de Stockholm et pour les riches particuliers; la famille royale vient encore de temps en temps y promener ses loisirs. Autrefois, toute la cour assistait à la fête de Bellman ; aujourd'hui elle s'en dispense, ou n'y fait guère que de courtes apparitions. L'air qu'on y respire est si frais, si salutaire, que le prince royal, quand j'étais là, passait à Djurgården tous les mois de la belle saison qui succèdent à l'époque périodique des grandes manœuvres. Un charmant petit château nommé Rosendal (vallée des roses), situé au fond du parc, était affecté à sa résidence. Ce château a été bâti par Charles-Jean, en 1823, sur les plans de l'architecte Blom ; le roi Oscar l'a enrichi à son tour de nombreux embellissements. Rosendal lui doit, entre autres, une magnifique orangerie, un jardin d'hiver, et une vaste serre où s'élève plein de vie et d'éclat, au milieu d'un bassin d'eau chaude, le célèbre lis appelé *Victoria Regina*.

Mais la merveille de Rosendal, c'est le vase colossal en porphyre, apporté en 1825 des carrières d'Elfsdal[1]. Celui qu'on a vu, en 1850, à la grande exposition de Londres, et dont le roi de Suède a fait présent au prince Albert, peut, quoique d'une forme différente et d'une moindre dimension, en donner une idée. La qualité et le ton de la matière en sont identiques. Le vase actuel de Rosendal a été taillé dans un seul bloc pesant 800 skeppunds (196,000 kilogrammes); sa coupe contient

---

[1] L'exploitation des carrières de porphyre d'Elfsdal a été organisée, en 1795, par une compagnie. Charles-Jean ayant acheté ces carrières, elles font aujourd'hui partie du domaine privé du roi.

1077 kannes suédoises (environ 32 hectolitres) de liquide ! C'est certainement le plus bel ouvrage dans ce genre que l'on puisse voir en Europe. Que de sommes fabuleuses n'ont pas été offertes au roi Charles-Jean par de riches seigneurs étrangers, désireux d'en orner leur palais ! Charles-Jean n'a jamais voulu s'en dessaisir, le considérant moins comme une propriété particulière que comme une propriété nationale.

Le transport du vase d'Elfsdal à Stockholm fut une marche triomphale. Plus de deux cents ouvriers y concoururent. Il traversa toutes les paroisses de la Dalécarlie et de l'Upland, c'est-à-dire un espace de 430 kilomètres, précédé d'une troupe de musiciens et escorté par les autorités du lieu d'origine; les populations se pressaient sur son passage, revêtues de leurs habits de fête ; jamais général romain montant au Capitole ne recueillit tant de gloire ! Son arrivée fut célébrée par des réjouissances publiques.

Les carrières d'Elfsdal sont peu fécondes ; le travail du porphyre est trop long, trop rude ; les moyens locaux de transport, qui pourraient faciliter l'écoulement des produits, trop imparfaits. Les ouvriers attachés à l'exploitation sont misérables.

Sous le règne de Bernadotte, un administrateur courtisan avait inventé, pour exciter leur émulation, un singulier système de récompense. Il faisait venir de Stockholm les fleurs artificielles qui avaient servi à orner la table du roi. Ces fleurs étaient conservées avec soin dans un coffre à double serrure. Puis, quand dans les familles des employés des carrières il se présentait soit un mariage, soit un enterrement, l'administrateur ouvrait le coffre et en tirait les fleurs : les fiancés y trouvaient leurs bouquets de noces, les morts leurs guirlandes funèbres ; mais, après l'une et l'autre cérémonie, les fleurs étaient remises consciencieusement à leur place, en attendant qu'il s'offrît une nouvelle occasion de les produire. Je ne sais jusqu'à quel point le peuple d'Elfsdal était sensible à une pareille faveur; quant à l'administrateur, il la traitait fort au sérieux. J'ai sous les yeux le règlement qu'il promulgua à ce sujet; il porte la date du 13 septembre 1836. Quant au nom de cet homme ingénieux, il mérite d'être connu ; il s'appelait

C. G. Roslein, membre du conseil de guerre et chevalier de l'ordre royal de Wasa.

J'ai parlé des restaurants de Djurgården : la cuisine y est plus soignée, plus délicate, que dans ceux de la ville ; elle y est plus chère aussi. On y fait des repas de corps. Jadis Pierre y tenait le sceptre : c'était un Provençal pur sang, établi depuis longtemps dans le pays, à la grande satisfaction des gourmets indigènes ou étrangers.

La vie de société, à Stockholm, est fort accidentée. Les bals y sont nombreux, les dîners fréquents ; on y joue des comédies et des charades. Pas de luxe, mais une simplicité élégante ; les dames y suivent de loin les modes françaises, ce qui, du reste, importe peu ; car, au lieu de les copier servilement ou de les exagérer jusqu'au ridicule, elles tempèrent avec goût ce qu'elles ont de trop outré, de trop exotique, pour les accommoder à la grâce plus naïve et plus réservée de leur allure.

En dehors de leurs salons, les dames de Stockholm se livrent avec activité et vigilance aux soins domestiques. Elles font de leur intérieur un petit empire où elles règnent sans contrôle ; mais leur sceptre n'a rien de terrible : c'est une houlette ornée de fleurs. Elles se plaisent aux travaux d'aiguille, aux arts d'agrément, aux lectures instructives, aux paisibles entretiens. Je ne connais rien de charmant comme de passer une heure dans l'intimité de leur sanctuaire de famille. On y apprend à apprécier cette vie du *home*, si sympathique aux habitants du Nord, et que Frédérika Bremer a décrite avec tant d'intérêt dans ses célèbres romans.

De leur côté, les hommes vaquent à leurs affaires : car, à Stockholm, tout le monde est occupé. Les bourgeois sont à la Bourse et à leurs comptoirs, les nobles à la cour et dans les chancelleries. Le soir venu, on se réunit et on s'amuse. Or, à Stockholm le soir commence à deux ou trois heures. C'est un moment plein d'animation et de bruit. De toutes les villes de l'Europe, Stockholm est certainement celle où l'on sacrifie le plus au plaisir ; je n'en excepte pas même Paris. Si l'on y gagne de l'argent, c'est pour le dépenser. Aussi les grandes fortunes y sont-elles rares : on y est trop pressé de jouir pour amasser. De là cette sociabilité charmante qui distingue les Suédois, et qui rend le séjour de leur pays si cher aux étrangers.

Ce désintéressement des Suédois et un des traits les plus marqués de leur caractère national. Il se retrouve jusque chez les paysans, d'ordinaire si âpres au gain et d'autant plus attachés à leur trésor qu'ils l'ont gagné à la sueur de leur front. Aussi bien que les nobles et

Gustave Wasa.

les bourgeois, plus encore peut-être, ils se montrent hardis et faciles à la dépense. Qu'un accident vienne à les ruiner, ils s'en émeuvent à peine. « Dieu me l'avait donné, Dieu me l'a ôté ; que son saint nom soit béni ! » Et ils se remettent au travail.

N'est-ce pas là une des causes principales de cette admirable force d'âme qui éclate dans les Suédois, et qui donne à leurs facultés naturelles un si merveilleux essor? Quand un peuple s'absorbe trop dans la préoccupation des intérêts matériels, il perd bientôt toute vertu, toute spontanéité. Le désintéressement, au contraire, élargit en lui le champ intérieur et y fait éclore les germes glorieux. Le peuple suédois en est la preuve. Où trouver plus de générosité, plus de grandeur d'âme, plus de bravoure ? Charles XII est et sera toujours son héros de prédilection ; car nul autre que lui ne reflète mieux le type national. Le peuple suédois est avide de liberté et d'indépendance ; il est fier de ses droits et ne les abdique jamais. Plein d'ardeur pour le progrès, il ne se détache néanmoins que difficilement de ses usages traditionnels, il se complaît dans son histoire et adore son pays. Une chose qui l'honore, et qui est la suite de cette expansion d'âme que j'ai signalée, c'est que, de tous les peuples du monde, il est peut-être celui qui s'abandonne le plus naïvement aux inspirations de la poésie. La poésie ! elle est non seulement le convive obligé de toutes ses fêtes, mais encore sa compagne de tous les jours ; le grand seigneur et le bourgeois, l'ouvrier et le paysan lui vouent un culte égal.

Cette exaltation poétique du peuple suédois explique la présence, dans les phases même les plus sérieuses de sa vie nationale, de tant de *sagas*, de tant de légendes. L'histoire n'est point pour lui une muse sévère ; elles ne lui apparaît qu'entourée des plus saisissants prestiges. Ceci est frappant surtout dans les campagnes. Excepté Gustave Wasa, dont le type traditionnel est resté conforme à la réalité, il n'est peut-être pas un roi, pas un héros qui n'y ait pris des proportions surhumaines. Habitué à une nature grandiose et par conséquent blasé sur des phénomènes qui partout ailleurs exciteraient l'enthousiasme, le peuple suédois a besoin, pour s'émouvoir véritablement, de grandir encore, par la force de son imagination, les actions les plus sublimes. Cette disposition réagit jusque sur sa foi religieuse. Quelques efforts qu'ait faits la Réforme pour le pétrifier sous l'étreinte de ses dogmes arides, elle le voit s'en échapper chaque jour pour s'aventurer à travers les fantaisies les plus transcendantes de l'illuminisme. Svédenborg n'était-il pas un fils de la Suède ? Son esprit s'inspirait beaucoup plus qu'on ne le croirait au foyer national. On l'y sent encore tressaillir aujourd'hui.

Du reste, pour être avide d'idéal, le peuple suédois ne s'en maintient pas moins dans les limites rationnelles, imposées au génie humain. Les cas sont rares où il les franchit violemment. C'est ce qui le distingue du peuple allemand. Comme ce peuple, il s'élève, il rêve ; mais il ne flotte pas comme lui dans les nuages. Aussi, au milieu de ses délires les plus osés, le peuple suédois se distingue-t-il toujours par une raison souveraine et un imperturbable bon sens.

Le peuple suédois, ai-je dit, s'attache avec ténacité à ses usages traditionnels. De là tant de croyances superstitieuses, souvenirs de son âge d'enfance. De là aussi l'extraordinaire amour-propre qui le caractérise et qui souvent dégénère en jalousie flagrante.

J'ai été cent fois témoin de cet orgueil jaloux des Suédois, non seulement dans les campagnes, mais encore dans les villes, dans la capitale surtout. Avec quel enthousiasme ils offrent à votre admiration les choses souvent les plus insignifiantes ! En vain leur citez-vous des objets analogues, mais bien plus éclatants, qui vous ont frappé ailleurs ; c'est précisément pour cela qu'ils tiennent à vous faire admirer les leurs. Comme ils ont la prétention d'être au niveau de tout, ils ne souffrent pas que vous leur objectiez la moindre rivalité. Il y a dans ce sentiment de la petitesse et de l'injustice. Sans doute l'esprit de nationalité est fort louable ; je suis le premier à le reconnaître. Je n'aime point les peuples qui, faisant bon marché d'eux-mêmes, se précipitent à corps perdu dans le culte de l'étranger. Mais est-ce une raison d'approuver ceux qui, exagérant leur propre importance, s'attribuent exclusivement toute gloire, et ne regardent qu'avec une indifférence systématique, si non avec une malveillance opiniâtre, les privilèges supérieurs qui resplendissent en dehors de leur sphère ?

Il est vrai que chez eux, et notamment chez les femmes de leur pays, ils ont beaucoup à admirer : la femme du Nord apparaît dans sa splendeur traditionnelle, chaste, sévère, dévouée à sa famille, aimée et respectée de tous. Quel type enchanteur ! On a beaucoup parlé des belles Suédoises, elles le méritent. Il y a tout à la fois dans leur beauté un éclat qui éblouit et une candeur qui émeut. Une chevelure d'un blond lumineux, des yeux bleus et limpides comme l'eau des lacs, des joues où semble se refléter le pourpre rosé de l'aurore boréale, une peau veloutée et transparente, une taille charmante : voilà la statue ! Une vie douce et calme la pénètre, et de son intelligence épanouie jaillit comme une sainte auréole qui la transfigure et fascine tous ceux qui l'approchent.

Dans tous les temps, les Suédois ont traité leurs femmes avec honneur. Au siècle d'Odin, ils leur donnaient un trône dans leur Olympe et les plaçaient sur le trépied fatidique. Ce que la législation issue d'une inspiration barbare leur enlevait alors de privilèges, ils le leur rendaient, entraînés par la spontanéité de leur amour et par l'influence plus douce de leurs mœurs. Aussi chacun de leurs pas dans le progrès a-t-il été marqué par de nouveaux tributs payés au culte de la femme. Ils ne s'arrêteront que lorsqu'ils auront élevé sa position sociale à la même hauteur que celle de l'homme[1].

La femme suédoise s'est appliquée à se rendre de plus en plus digne de cette déférence. Mère dévouée, fille soumise, épouse aimante et fidèle, elle fait l'ornement du foyer de famille aussi bien que des cercles du monde. Entrez dans un salon de Stockholm, vous y serez saisi d'un vif sentiment d'admiration. Il y a dans toutes ces femmes qui en font l'ornement quelque chose de si pur et en même temps de si magnétique ! Elles sont bien là, il est vrai, parmi les meubles de Paris, les modes de Paris, les usages de Paris ; mais qu'importe ? le type national domine fièrement ces décorations d'emprunt, et une observation même fugitive vous convaincra aussitôt que ces belles et dignes personnes n'ont pas de goût pour la contrefaçon, le postiche.

Jamais leurs sympathies ne se manifestent avec plus d'ardeur que lorsqu'il s'agit des choses de leur pays. Voyez-les au bal, au théâtre : quelles sont les danses auxquelles elles se mêlent le plus gaiement, les drames qu'elles applaudissent le plus volontiers ? Leurs danses tradi-

---

1. Conformément à une résolution prise par la Diète en 1845, la femme est admise à l'héritage dans la même proportion que l'homme. Depuis Birger Jarl jusqu'à cette époque, elle n'avait eu droit qu'à la moitié. Il naît en Suède beaucoup plus de garçons que de filles, mais il en meurt aussi beaucoup plus ; en sorte que, à l'âge adulte, la proportion des garçons aux filles est de 15 à 16. Forsell fait cette remarque curieuse, que, sur 47 892 individus du sexe féminin qui naissent chaque année, 38 000 atteignent l'âge nubile, dont 18 890 seulement se marient ; il reste donc en Suède, chaque année, 13 000 filles condamnées au célibat.

tionnelles, leurs drames indigènes. Jenny Lind, ce rossignol du Nord, et plus tard la Nilsson, ne doivent-elles pas leurs plus chers triomphes aux mélodies nationales de la Scandinavie?

La direction des théâtres a pu s'apercevoir à ses dépens de ce goût exclusif des Suédois pour ce qui est de leur pays. C'est avec violence que le public de Stockholm a parfois protesté contre l'engagement d'artistes étrangers et les artistes indigènes n'étaient pas, comme on pense bien, les derniers à se plaindre.

Jenny Lind.

On vit même un jour deux chanteuses aimées du public, Mlles Bergwald et Boije, donner leur démission et aller chercher fortune en Allemagne.

Plus tard, Mlle Bergwald revint, le directeur lui ayant proposé de doubler ses appointements. Jamais peut-être rentrée d'actrice ne fut plus triomphale. On jouait la *Norma* : chaque fois que Mlle Bergwald, chargée du rôle d'Adalgise, parut sur la scène, on eût dit que le théâtre allait s'écrouler, tant les applaudissements étaient frénétiques, les cris éclatants et prolongés. Quant à la Normani venue d'Italie, qui remplissait le rôle de Norma, elle ne recueillit que quelques bravos isolés. Le public suédois avait là sa chanteuse à lui ; que lui importait la chanteuse étrangère ?

Le prix des places au théâtre Royal de Stockholm est peu élevé : on y loue une loge entière de trois ou de cinq places pour 10 ou 12 fr.; le parterre assis coûte 2 fr. 75 ; le parterre debout, 1 fr. 25 c.; il est certaines places de côté qu'on ne paye que 50 c. Après les loges voisines de la loge royale, les places les plus estimées sont celles de l'amphithéâtre supérieur, dont le prix est de 4 fr. Elles sont habituellement occupées par de hauts fonctionnaires, de jeunes élégants et par les membres du corps diplomatique ; les dames et les messieurs s'y rencontrent également.

Le théâtre Royal est ouvert pendant neuf mois de l'année, savoir du 1er septembre au 1er juin. On y joue tous les jours alternativement le drame et l'opéra. Il est assidûment fréquenté ; en sorte que, eu égard au taux modéré des places, les recettes y sont bonnes. Cependant le théâtre Royal, quelque vaste qu'il soit, ne saurait suffire à l'avidité du public de Stockholm pour les spectacles. Aussi, indépendamment des théâtres de Djurgården et de Humlegården, que nous connaissons déjà, la ville possède-t-elle encore plusieurs autres salles.

Les théâtres de Stockholm sont rarement distraits de leur destination naturelle. Les bals masqués, par exemple, se donnent dans un grand salon dit salon Lacroix, du nom de son propriétaire. Ces bals n'ont rien de commun avec nos bals de l'Opéra ; on n'y trouve ni le même luxe, ni la même variété de costumes, ni surtout le même entrain. La plupart du temps, ils ont pour patronne quelque dame de la ville qui en fait une sorte de spéculation. Elle en est presque toujours pour ses frais ; mais son nom a brillé sur l'affiche et l'on a parlé d'elle : cela lui suffit.

Le salon de la Bourse, magnifique local, s'ouvre aussi à divers genres de réunions. C'est là qu'a lieu chaque année, au 1ᵉʳ janvier, le grand bal de la bourgeoisie. La famille royale et toute la cour y sont invitées, de même que les membres du corps diplomatique. Ces derniers toutefois, par une bizarrerie assez étrange, payent, malgré leur invitation, un droit d'entrée de deux riksdalers. On se rend au bal de la bourgeoisie en habit de gala; toutes les dames sont en noir; c'est le costume officiel : le roi et les reines président aux quadrilles du haut d'une estrade ornée de draperies. Les princes et les princesses dansent avec l'élite masculine ou féminine de la bourgeoisie. Cette superbe fête, où tout est admirablement ordonné, se prolonge fort avant dans la nuit.

Les Suédois sont très avides de ces sortes de solennités. Ils les multiplient le plus qu'ils peuvent, et conservent avec un soin jaloux toutes les institutions propres à y donner prise. J'ai déjà parlé du nombre incroyable de sociétés, *d'ordres*, comme on dit à Stockholm, qui fleurissent parmi eux : chaque société, chaque ordre fête son anniversaire. Quoi de plus charmant que celui de l'ordre de l'Amarante? Sa fête a lieu le 6 janvier : la cour y assiste, c'est une réunion tout aristocratique. La fondation de l'ordre de l'Amarante remonte à la reine Christine. Il était d'usage alors de célébrer chaque année, le 6 janvier, à la cour, ce qu'on appelait la fête de l'hôtellerie, *Värdskap*. Or, le 6 janvier 1651 ou 1653, cette fête fut remplacée, sur un ordre de la reine, par un ballet que l'on appela fête des Dieux, *Gudarnas högtid*. Ce ballet représentait une descente des dieux sur la terre, où ils étaient reçus par des bergers et des bergères. Christine figurait parmi ces dernières sous le nom d'Amarante. Son costume était magnifique; des milliers de perles et de pierres précieuses y brillaient; elle les distribua à la fin du ballet aux dames et aux cavaliers qui en avaient fait partie, en souvenir des joies de la soirée. L'ordre de l'Amarante ne fut fondé cependant d'une manière positive que l'été suivant, alors que l'ordre de la Jarretière ayant été offert à Charles-Gustave, la reine le refusa, disant avec hauteur : « Je ne veux pas qu'un maître étranger mette sa marque sur mes brebis. » L'ambassadeur d'Espagne, Pimentelli, fut le premier chevalier du nouvel ordre ; puis vinrent des favoris et des favorites; l'ordre devait se composer de trente membres, dont quinze hommes et quinze femmes. Ses insignes consistaient en deux A en or et diamant, entrelacés et fixés sur une couronne de laurier vert émaillé, autour de laquelle régnait une bordure blanche également émaillée, avec cette légende : *Dolce nella memoria*. On portait les insignes au cou avec un ruban de soie couleur feu. La devise des membres de l'ordre de l'Amarante était : *Semper idem* — (Toujours le même).

L'ordre de l'Amarante perdit, avec l'abdication de sa fondatrice, le caractère symbolique qu'elle avait voulu lui imprimer. Pendant quelque temps, il se maintint comme une institution dévouée à la gloire du Très Haut. Aujourd'hui, ce n'est plus qu'une société joyeuse, dont le but unique semble être de donner un superbe bal tous les ans. A ce titre, ne peut-on pas prédire encore à l'ordre de l'Amarante un long avenir?

LES FÊTES DE NOËL DANS LES PAYS DU NORD

Pour les Suédois, comme pour tous les peuples du Nord, la fête de Noël n'est que la continuation de cette antique fête païenne que leurs pères célébraient chaque année au solstice d'hiver [1]. La fête s'est transformée, il est vrai, mais elle n'en hérite pas moins de tous les caractères qui constituaient sa grandeur exceptionnelle à l'époque de son origine.

C'est dans la nuit du 21 décembre que s'ouvrait la solennité du solstice d'hiver. Les Islandais appelaient cette nuit la *nuit suprême;* les Anglo-Saxons, la *nuit mère* : double idée qui se rencontre, en effet, dans cette nuit, puisque, en même temps qu'elle couvre la terre des plus longues ténèbres de l'année, elle fait surgir de son sein le soleil, qui reprend dès lors sa course ascendante à l'horizon.

Une ancienne légende raconte qu'après trente-cinq jours d'obscurité lugubre, pendant lesquels les habitants du Nord étaient restés blottis dans leurs cabanes, en proie à la terreur et aux angoisses, ils envoyaient un messager sur la plus haute montagne du pays, pour voir de là s'il n'apparaissait pas quelque lueur, présage du prochain retour du soleil. A la nouvelle que l'astre approchait, une sorte de frémissement s'emparait de tous les êtres. Hommes, femmes, vieillards, enfants, accouraient pour le saluer; les morts eux-mêmes, secouant leur poussière, venaient

---

1. Le soleil qui en Suède se couche à peine, du 22 au 24 juin, demeure au contraire à l'état de sombre crépuscule du 22 au 25 décembre.

au sommet de leurs tertres funèbres mêler leur joie à la joie universelle.

Ce récit de la légende ne s'écarte guère de l'histoire que par quelques poétiques ornements. Rien ne saurait exprimer la tristesse dont souffraient les habitants du Nord pendant ces interminables nuits où ils gisaient inactifs dans leurs demeures enfumées. Quelle joie donc quand le solstice d'hiver venait ressusciter le jour! Ils le célébraient avec délire. C'était un luxe de festins, de jeux, de libations, de sacrifices, dont on ne saurait se faire une idée. Depuis le 21 décembre jusqu'au 13 et même jusqu'au 20 janvier, tout travail grossier était suspendu. On se visitait, on se faisait des présents, on se traitait. Les skaldes allaient de maison en maison, chantant les exploits de l'année précédente, exhortant les guerriers à illustrer l'année nouvelle. Ceux-ci aiguisaient leurs armes, polissaient leurs cuirasses et leurs boucliers et broyaient des couleurs pour en barioler leurs vaisseaux. En même temps s'échangeaient les promesses d'amour, et les jeunes filles signalaient à leurs prétendants l'action héroïque qui devait toucher leur cœur et mériter leur main. De leur côté, les hommes des campagnes apprêtaient leurs filets pour la pêche du printemps et nettoyaient leurs instruments de labour. Chacun, en un mot, oubliant les chagrins des jours ténébreux, se préparait à recueillir les trésors qu'allait faire surgir de toutes parts l'astre de lumière et de fécondité.

Un fait qui marque bien la haute antiquité ainsi que le caractère national de la fête du solstice d'hiver, telle que la racontent les *sagas* scandinaves, c'est sa diffusion, sous le même nom, chez tous les peuples de race septentrionale. Les Islandais, les Danois et les Suédois l'appellent *jul, jeul, jol;* les Angles et les Scots, *joule, jeole, yule, yu;* les Anglo-Saxons, *gehol, geol, gehuil,* les Finnois et les Esthoniens, *joulou, joulo*; les Celtes, *gwyl, gwell*; les Lapons, *joula*.

Ce n'est qu'au xe siècle que la fête de Noël détrôna définitivement dans le Nord la fête du solstice d'hiver. Cela ne se fit pas sans violence. Hommes du glaive, les Scandinaves ne cédèrent qu'à des apôtres armés, à des prédications sanglantes. Hakon, roi de Norvège, attacha le premier son nom à cette transformation. Il laissa à la fête son antique nom du *jul*, mais il la plaça à sa date naturelle, en ordonnant qu'elle fût célébrée le 25 décembre, et non le 21, comme c'était l'usage pour la fête païenne. Du reste, la fête de Noël fut, dès son établissement dans le Nord, entourée des plus beaux privilèges. Elle eut, entre autres, celui de protéger les criminels contre les poursuites de la justice. Cette trêve, que l'on appelait *Julfred* (paix de *jul*), commençait à la nuit de Noël et se prolongeait de huit à treize jours, et plus encore, suivant les localités. La loi de Gottland, par exemple, fixe sa durée à quatorze jours, tandis que celles de Westrogothie, d'Ostrogothie et d'Helsingie l'étendent à vingt jours. Cependant le *jul* chrétien ne dépassa pas le terme du *jul* païen. Il finit comme lui le 13 janvier ; et cette date coïncidant avec la fête de saint Knut ou Canut, on en prit occasion de ce proverbe, qui est encore usité aujourd'hui : « Knut met Noël à la porte, *Knut körer Julen ut.* »

Bien que les missionnaires fissent tous leurs efforts pour débarrasser la fête chrétienne des traditions païennes qui l'encombraient, ils n'y réussirent qu'imparfaitement. Les deux institutions furent obligées de se tolérer l'une l'autre et de marcher en quelque sorte de front. Ainsi, tandis que les prêtres et les moines célèbrent Noël en chantant des psaumes et en disant des messes, nous voyons un roi enjoindre à tous ses sujets, riches ou pauvres, sous peine d'amende, d'employer au moins une tonne d'orge à brasser de la bière, et de chômer la fête jusqu'à ce que cette bière soit épuisée. Quel autre édit ce roi eût-il pu rendre, s'il se fût agi d'une fête en l'honneur de Thor ou d'Odin ?

Au reste, ce que la fête du solstice d'hiver laisse de son empreinte propre dans la fête de Noël ne fait que donner à celle-ci plus de solennité. Ce qu'on y célèbre, en effet, ce n'est pas seulement la naissance du Christ, c'est encore la fin des longues ténèbres et le retour du soleil.

La fête de Noël, telle qu'on la célèbre actuellement à Stockholm, se produit tout d'abord, surtout le premier jour, comme une fête de famille. Aussi, bien que les offices de l'Église attirent ce jour-là une plus grande affluence que de coutume, le côté sérieux et capital de la solennité n'en reste pas moins réservé au sanctuaire domestique. Trois mois d'avance on s'y prépare. C'est l'époque du silence et du mystère, des travaux secrets, des visites furtives aux magasins et aux bazars, des confidences, des demi-mots. Chacun se tient sous les armes : c'est à qui déploiera le plus de splendeur, le plus d'imprévu.

Enfin le soir tant attendu, est arrivé. Chaque famille se réunit chez son chef, dont la maison a été disposée exprès pour la circonstance.

Les cérémonies sont à peu près les mêmes dans toutes les villes du Nord, la première chose qui frappe en entrant dans le salon de réception, c'est l'arbre de Noël, beau sapin nouvellement coupé, qui déploie au milieu de la pièce ses branches verdoyantes, chargées de lumières, de fleurs, de fruits et de friandises. Il faut voir avec quels cris de joie les enfants le saluent, comme ils gambadent autour de lui, comme ils le pillent à l'envi. C'est là certainement le moment le plus divertissant de la fête. Disons aussi que ces arbres de Noël sont bien propres à exciter l'admiration. Indépendamment des objets de consommation suspendus à leurs rameaux, ils portent un luxe de rubans, de guipure, de dorure, etc., qui dépasse toute idée. On en voit dont l'ornementation revient à elle seule à plusieurs milliers de francs.

L'arbre de Noël est en usage chez tous les peuples germaniques et scandinaves, et chez quelques autres qui le leur ont emprunté. Ainsi, par exemple, on le rencontre en Russie, où les Allemands émigrés dans ce pays l'ont importé; car les Russes eux-mêmes ne participent en aucune façon à la prédilection des peuples du Nord pour la fête de Noël. Leur grande fête à eux, plus encore qu'aux autres peuples de la chrétienté, c'est la fête de Pâques. L'arbre de Noël est probablement un souvenir du frêne *Ygdrasill*, cet arbre du monde célébré par l'Edda, *dont la couronne était humectée par un nuage brillant, source de la rosée, et qui s'élevait, toujours vert, au-dessus de la fontaine d'Urda*[1].

Mais voici que peu à peu l'arbre de Noël s'enveloppe de ténèbres. Ses rubans sont fanés, ses fruits abattus; squelette inutile que tout le monde abandonne. D'ailleurs, d'autres soucis montent les têtes et font battre les cœurs. Écoutez! on frappe à la porte : ce sont les cadeaux[2]; ils tom-

---

1. Une des nornes ou parques de la mythologie scandinave.
2. Les cadeaux de Noël s'appellent *julklāpper* (de *jul* et *klappa* frapper), parce qu'il est d'usage

bent au milieu du salon, jetés par une main invisible. A vous celui-ci ! à vous celui-là ! Chaque paquet porte son adresse. Mais quel travail pour dégager l'objet donné des enveloppes étranges qui le recouvrent! Car c'est ici le talent du donateur d'intriguer et d'impatienter le plus qu'il peut la personne qu'il favorise : tantôt c'est une belle épingle dans une botte de paille; tantôt un vase précieux dans un ballot monstre, un œuf de vermeil dans une poule en étoupes, un brillant dans une carotte ou dans une citrouille. Il m'est arrivé de recevoir tout un équipement de chasse dans un mannequin vêtu en chasseur.

Souvent les cadeaux sont accompagnés d'une piquante épigramme; eux-mêmes expriment parfois une allusion satirique. Ainsi tel grand seigneur, connu pour le mauvais éclairage de ses soirées, vit arriver à son adresse, un jour de Noël, plusieurs douzaines de lampions; tel autre, une meute de chiens en carton : l'avare qu'il était ne faisait-il pas chaque soir le tour de sa propriété, en aboyant lui-même de toutes ses forces pour économiser un bouledogue? A une belle précieuse on envoyait une poupée ridiculement attifée; à un causeur insipide, un oreiller ou un éteignoir; à un fat, un faux-col d'acier. Quoi de plus vaste que le champ des cadeaux symboliques? On y moissonne largement au temps de Noël. Le plus charmant de ce genre que j'aie vu faire, c'est à deux jeunes fiancés, deux blanches colombes qui s'échappèrent de la botte où elles étaient renfermées au moment où ils l'ouvrirent, et qui, après avoir voltigé un instant au-dessus de leurs têtes, allèrent se poser en roucoulant sur un des meubles du salon.

Tandis que chacun s'évertue à ouvrir ses paquets et à reconnaître ses cadeaux, ceux-ci riant de joie, ceux-là de dépit, voici que tout à coup se précipite dans le salon une sorte de quadrupède aux cornes recourbées, à la barbe hérissée, aux pieds crochus. Il fait le tour de la société, gambadant, trépignant, jouant des cornes, pourchassant les enfants, effrayant les femmes, mettant tout le monde en déroute. Puis, dépouillant brusquement la peau qui le couvre, il vient s'asseoir, simple mortel, au milieu du monde qui pousse des cris de joie, et l'applaudit. Que signifie

de les annoncer en frappant à la porte du salon où sont réunies les personnes auxquelles ils sont destinés.

cette apparition? c'est encore un reste des temps païens; c'est le bouc du *Jul Julbock* que les anciens Scandinaves sacrifiaient à leurs dieux dans la fête du solstice d'hiver. N'est-ce pas aussi à ces mêmes temps que les habitants du Nord ont pris l'usage de faire leurs cadeaux à Noël et non au premier de l'an, comme cela se pratique ailleurs? Il est certain, du moins, qu'après les grands festins du *Jul* païen, les chefs de famille comblaient leurs hôtes de présents comme pour les remercier ainsi du plaisir qu'ils leur avaient causé en venant s'asseoir à leur table.

Ce souvenir des festins du *Jul* nous conduit au souper de Noël. C'est là un des points les plus importants de la fête. Chacun s'y conforme avec autant de conscience que s'il s'agissait de l'acte religieux le plus sacré. Le souper de Noël se distingue des autres soupers de l'année par le caractère traditionnel des plats qui y figurent. On y voit d'abord le jambon de porc. Jadis c'était un porc entier que l'on apportait sur la table, le porc du dieu Frey[1], *Freys galten*. Tous les convives, l'un après l'autre, étendant la main sur sa tête ornée de bandelettes symboliques, s'engageaient par serment à quelque action d'éclat. Malheur à celui qui manquait à sa parole! Aujourd'hui, le jambon de Noël n'est plus qu'une occasion de multiplier les toasts et de s'adresser des félicitations. Après le jambon, vient le riz chaud arrosé de lait froid, plat national que chaque famille du Nord mange régulièrement le mercredi et le samedi de chaque semaine; puis le *vörtbröd*, sorte de pain fait avec de la farine de froment et de la bière non fermentée; enfin le *lutsfisk*. En dehors de ce pain et de ces trois plats, point de souper de Noël orthodoxe. Quant aux vins, peu importe le crû, pourvu qu'ils soient forts et généreux. Mais, ici, les vins de France ont le dessous, la digestion du *lutsfisk* appelant de rigueur les vins d'Espagne les plus alcoolisés. Qu'on se figure, en effet, une merluche dessalée bouillie pendant trois jours dans une eau

---

1. Frey était le dieu des moissons et représentait la puissance fécondante. Il possédait un porc appelé *gullinborst* (soie d'or), lequel pouvait marcher à travers les airs et les eaux plus vite qu'aucun cheval, sans que l'obscurité de la nuit ou du brouillard pût lui cacher sa route, tellement sa toison était brillante. Un autre porc, *schrimner*, servait de nourriture aux guerriers du Walhalla, lorsqu'ils revenaient, affamés, de leurs expéditions meurtrières. Ils le mangeaient chaque jour jusqu'au dernier morceau, et chaque jour il renaissait plus frais et plus beau.

de cendre mêlée de chaux vive, et farcie ensuite avec du poivre, de la moutarde et du raifort : voilà le *lutsfisk*.

Jusqu'à présent, nous n'avons vu dans la célébration de la fête de Noël que des souvenirs des temps païens. Voici des souvenirs d'un autre genre. On sait qu'avant d'arborer le drapeau du luthéranisme le nord de l'Europe comptait parmi les pays les plus dévoués à l'Église romaine. Cette époque a laissé dans ses mœurs, dans ses institutions, des traces profondes. Il est même constaté que certaines provinces de Suède conservent encore aujourd'hui sous leur nouvelle enveloppe une sève de catholicisme d'une singulière vivacité. Quoi qu'il en soit, nous retrouvons dans la fête du Noël septentrional une foule d'usages dont l'origine remonte à l'ancien clergé. Sans parler des rites religieux proprement dits, n'est-il pas curieux de voir des pays si fidèles d'ailleurs aux traditions du paganisme charmer leur christianisme sévère par le spectacle des mystères les plus naïfs du moyen âge ?

Il s'agit ici, en effet, d'un de ces mystères que l'on appelait jadis *fête de l'Étoile*, et qui se jouaient dans les églises après les matines ou après les vêpres de la solennité de Noël. Cette fête représentait, sous une forme dramatique, l'histoire des trois mages, ou simplement les faits relatifs à l'enfant de Bethléem. Elle eut d'abord pour acteurs des prêtres; puis le drame étant sorti du sanctuaire, le bas clergé s'en empara; aujourd'hui, il est aux mains des enfants du peuple.

C'est immédiatement après le souper de Noël que la représentation commence. Un grand coup de sonnette et des cris inaccoutumés annoncent l'arrivée de la troupe. Elle se compose de cinq personnages. Le premier, qu'on appelle *maure* ou *roi de l'Étoile*, porte, au bout d'un bâton qui lui sert d'axe, une étoile mobile en papier peint, au foyer de laquelle flambe une chandelle. Le second, vêtu d'une peau d'ours ou de loup retournée, coiffé d'un bonnet de papier noirci à l'encre et tenant à la main une bourse ou une escarcelle, remplit le rôle de Judas. Quant aux trois derniers, ils représentent les mages. Une longue robe blanche tombant jusqu'aux pieds, une écharpe rouge autour de la taille, une autre de diverses couleurs croisée sur la poitrine, une troisième roulée autour du bras gauche, tel est leur costume. Celui qui représente le roi maure s'affuble en outre d'un masque noir et d'une perruque de laine frisée.

Introduits dans le salon, où les convives ont repris leur place, les cinq acteurs se mettent en ligne, saluent profondément, et commencent par chanter en chœur :

« Bonsoir, bonsoir, hommes et femmes, maître et maîtresse de la maison, et vous tous qui êtes ici ! Nous vous souhaitons un heureux Noël. Que Dieu vous garde de tout malheur ! »

Après ce début, qui peut être considéré comme l'ouverture du mystère, la troupe continue en exaltant dans un langage à la fois lyrique et familier la bonté du créateur qui éclate surtout en ce jour et en souhaitant la bienvenue à l'Enfant-Dieu, au nouveau-né de Bethléem. Faisant appel aux voix des anges, aux harpes et aux trompettes retentissantes de ces messagers des cieux, pour louer celui qui règne dans les profondeurs éthérées, ils invitent les assistants à chasser tout souci, à suivre, pleins de joie, l'étoile qui les conduit vers l'humble crèche où les plus sages, les plus puissants d'entre les païens offrent à l'enfant de l'or, de la myrrhe et de l'encens.

Ce chœur général se prolonge tant qu'il plaît aux acteurs ou aux spectateurs. Le thème en est des plus élastiques, il embrasse non seulement la naissance du Christ, mais sa vie tout entière, sa passion, sa mort, sa résurrection. Enfin Judas est annoncé :

« Nous avons aussi un Judas, un Judas laid à faire peur. Sans doute qu'il vient du bois, avec sa tête coiffée en bête fauve, son cœur enclin à l'ivrognerie. »

Judas répond :

« Oui, je viens du bois ; je suis sorti pour chanter et pour jouer. J'ai chanté jusqu'à ce que mon gosier s'enrouât. Que ceux qui ne peuvent être aussi divertissants que moi fassent tomber leur monnaie dans ma bourse ! »

Et Judas, faisant le tour de la société, tend sa bourse ouverte, où chacun jette une pièce de cuivre. Puis il demande de la bière et de l'eau-de-vie ; après quoi toute la troupe salue et chante :

« Merci, merci, pour vos dons généreux ! Que Dieu les garde dans sa

pensée, et vous accorde un heureux Noël! Bonne nuit! bonne nuit! »
Ainsi finit la représentation.

Une rue de Christiania.

Chaque soir de la fête de Noël, les mêmes scènes ou d'autres analogues se renouvellent. Rien de plus curieux, surtout, que le drame d'Hérode réservé pour l'Épiphanie. Ce jour-là, la troupe des acteurs est doublée. C'est Hérode, couronne en tête, sceptre à la main, manteau de pourpre sur les épaules; c'est sa cour en brillants oripaux; ce sont les mages avec leur étoile. Hérode, assis sur une chaise qui lui sert de trône, donne audience aux rois étrangers qui lui annoncent la naissance du Christ. Cette nouvelle le met en fureur; il commande à sa garde de massacrer les mages. Ceux-ci dégaînent; le combat s'engage; le désordre est au comble. Enfin les mages triomphent, Hérode et les siens prennent la fuite.

Plus encore que dans les villes, la fête de Noël offre, dans les campagnes du Nord, une riche abondance de vieux souvenirs.

Entrez la veille de Noël dans l'habitation d'un paysan du Nord : un ordre parfait, une admirable propreté s'y manifestent; les ustensiles de ménage ont été frottés, les tables et les bancs de bois lavés, les fenêtres repeintes, le poêle de briques blanchi : c'est tout une restauration. Mais pourquoi cette paille fraîche qui jonche le plancher et qui donne à la chambre de famille l'aspect d'une grange après la moisson? On raconte que saint Olof, roi de Norvège, étant allé visiter sa mère Asta, celle-ci donna ordre à ses domestiques de joncher de paille toutes les salles de sa maison, voulant ainsi faire honneur à son fils. Les temples des Scandinaves païens se jonchaient également de paille à l'époque du *jul*, afin que ceux qui arrivaient pour célébrer la fête pussent s'y reposer. Est-ce là l'origine de la paille de Noël, *julhalm*, que les paysans du Nord ont conservée jusqu'aujourd'hui? Peut-être voudra-t-on y voir une allusion à la paille de la crèche? En tout cas, c'est là, parmi les habitants des campagnes, un des préparatifs obligés de la grande fête : nul n'oserait y manquer. Une croyance superstitieuse, qui règne encore aujourd'hui parmi le peuple, c'est que, si l'on donne de la paille de Noël à manger aux animaux la première fois qu'on les mène au pâturage, ils seront exempts de maladie pendant toute l'année; de même, si l'on jonche les champs de cette paille avant de les ensemencer, si l'on en couronne les arbres fruitiers, la récolte sera superbe.

En même temps que les préparatifs du *jul* s'achèvent dans les maisons, l'église orne son autel de lumières et appelle les paysans au prêche de sa cloche la plus sonore. L'église de campagne, dans les pays du Nord, est presque toujours située à quelque distance des villages; elle couronne un sommet élevé, d'où son clocher apparaît au loin. Autour de ses murs règne un vaste hangar où les paysans trouvent des bancs pour se reposer et des râteliers pour attacher leurs chevaux. On imaginerait difficilement avec quel entrain, quel fracas, ces paysans se rendent au prêche de Noël. Pas une âme ne reste dans les maisons. Qui donc pourrait songer à voler? Heureux voyage! car, ordinairement, la neige est lisse, l'air pur, la glace des lacs ferme, la lune claire, le ciel, du moins, splendidement étoilé. Qu'importe, d'ailleurs, que le vent souffle, que la tempête menace? une sorte de confiance superstitieuse entraîne ces braves chrétiens. Il vont fêter le *Jul!* Qu'ont-ils à redouter? Si, enfin, quelque malheur arrive, si quelqu'un périt étouffé sous la neige, eh bien, on le met dans la *chambre froide*, et tout est dit.

Le prêche terminé, chacun revient chez soi à la hâte. Ce moment donne lieu, en Finlande, à une scène des plus divertissantes. Une vieille croyance du pays promet la meilleure récolte de l'année à celui qui rentrera le premier dans sa maison, après l'office de Noël. C'est alors toute une conspiration contre les équipages. Les jeunes garçons, sortant furtivement de l'église pendant le prêche, détèlent les chevaux, lient les traîneaux les uns avec les autres, changent les colliers, embrouillent les harnais, etc. On conçoit le désordre qui s'ensuit; les cris de colère, les coups; souvent la place de l'église se change en champ de bataille. Enfin, les traîneaux sont retrouvés, chacun rajuste son attelage et part au galop; le combat finit par une course au clocher.

De retour au logis, on se met à table. Dans certains villages du Languedoc, on dit du jour de Noël: *C'est le jour où l'on mange tant!* Les peuples du Nord ajoutent: *C'est le jour où il faut boire!* Jamais proverbe n'a été mieux rempli. L'eau-de-vie de grains, la bière, l'hydromel, le vin même dans les localités les plus rapprochées des villes, coulent à flots. On boit jusqu'à l'ivresse.

Mais la pièce d'honneur du festin, c'est le pain ou gâteau de Noël. Ce gâteau, que les Scandinaves appellent *julkuse, julkage* (miche du *Jul*), et les Finlandais, *joulu leipä* ou *touko leipä* (miche de *Jul*, ou miche de la semence), ce gâteau représente différentes figures, suivant le caprice ou l'inspiration des maîtresses de maison. En Suède et en Norvège, on lui donne de préférence la forme d'un animal, surtout d'un porc, en souvenir du porc mythologique du dieu Frey. En Finlande, on le pétrit à l'image de quelque instrument aratoire. Après avoir figuré sur la table pendant toute la durée de la fête, c'est-à-dire depuis le 25 décembre jusqu'au 13 janvier, il est suspendu au plafond de la chambre de famille, d'où on ne le détachera pour le manger que le jour où la charrue ouvrira son premier sillon. En attendant, les convives du *Jul* se donnent libre carrière sur une foule de couronnes et de brioches, où la belle qualité de la pâte est encore rehaussée par des épices et par des incrustations de fruits sauvages du goût le plus savoureux.

Les paysans suédois attribuent une grande vertu au gâteau de Noël : ils le mêlent au grain qu'ils sèment afin d'en augmenter la fécondité ; ils le font manger à leurs domestiques, ce qui centuple leurs forces et les préserve des maladies ; ils en conservent quelquefois des morceaux d'un Noël à l'autre, afin d'avoir toujours sous la main un spécifique infaillible contre tous les maux du corps.

La fête de Noël n'est pas seulement à leurs yeux la fête de l'humanité, ils veulent encore que les animaux y prennent part. Ce jour-là ils donnent la liberté aux chiens de garde, ils servent à leurs bestiaux, à leurs chevaux surtout, un fourrage d'élite. Les anciens Scandinaves, comme on sait, regardaient le cheval comme un animal sacré ; ils le sacrifiaient à Odin. Les oiseaux du ciel ne sont pas oubliés non plus ; on répand, à leur intention, de l'orge et du froment dans les granges et sur les toits.

Tandis que le festin suit son cours, que les verres s'entre-choquent, que les paroles et les cris joyeux retentissent, l'étoile des mages apparaît tout à coup, escortée de ces mêmes acteurs populaires que nous avons vus précédemment dans les villes. Aussitôt, tous les convives de se lever pour leur offrir à boire ; puis, le silence s'étant établi, la représentation commence. Les fragments du mystère que nous avons cités plus haut ne sauraient donner une idée du spectacle qui se produit alors devant ces paysans. Ici, l'histoire n'est plus qu'une ombre. L'imagination des artistes de village tire de son propre fonds des effets bien autrement sûrs que ceux qu'ils pourraient emprunter à ses récits. Ils saisissent leur auditoire par ce qu'il a de plus cher et de plus intime. Ils lui parlent sa langue, lui redisent ses mœurs, ses idées; ils ne craindront même pas de mêler à leur drame les faits de la veille, la nouvelle du jour. Nous trouvons, dans un de ces mystères de campagne, Gustave Wasa, Gustave-Adolphe et Charles XII chantant en chœur avec les bergers, au pied de la crèche de Bethléem.

Après la représentation, les toasts commencent. Ils sont accompagnés de compliments en vers ou en prose que la prolixité des orateurs prolonge souvent en véritables discours. Il faut boire sec et serré; un mauvais buveur n'a droit qu'au mépris. Certains toasts emportent coup sur coup jusqu'à trois verres, et quels verres! En tout cas, il n'est jamais permis de laisser trace du liquide dans celui que l'on est prié de vider.

Tout le reste de la fête est sur ce ton : manger, boire et chanter. Ajoutez des jeux de circonstance, des danses traditionnelles, et les usages de ces temps anciens que les peuples du Nord rappellent toujours si volontiers.

Les vieillards, eux-mêmes, ont aussi leurs exercices particuliers. Ils s'amusent à lancer une botte de paille entre les solives du plafond de la chambre commune, en nommant chaque fois le champ qu'ils ont ensemencé à l'automne. Plus la botte de paille reste longtemps suspendue, plus la terre de ce champ sera féconde.

J'ai dit plus haut que la fête de Noël, dans les villes du Nord, était essentiellement, du moins pour le premier jour, une fête de famille. Il en est de même dans les campagnes. Chacun y passe le 25 décembre au milieu des siens. Mais, dès le lendemain, toutes les maisons sont ouvertes et les hôtes étrangers affluent. On chante alors l'histoire d'Hérode et le martyre de saint Étienne, et l'on recommence à manger et à boire. Il est aussi d'usage, à dater de ce jour, de promener les chevaux de village en village et d'y organiser de grandes courses. Dans les régions voisines de la Laponie, les chevaux sont remplacés par des rennes. Cet usage rappelle les courses aventureuses du cheval d'*Hüsi* (le diable des Finnois) à travers la terre, la mer et les airs, de même que les expéditions des héros mythologiques sur ces étalons merveilleux, dont ils activaient l'élan avec un *fouet orné de perles*. Le jour de saint Étienne, les jeunes gens de Finlande parcourent aussi les villages, s'arrêtant devant chaque maison et demandant à grands cris s'il y a quelqu'un parmi les habitants qui s'appelle Étienne : *Onko Tapani Kotona?* Il est entendu que tout *Étienne* doit, ce jour-là, faire honneur à la fête et traiter magnifiquement ses convives. L'Épiphanie vient ensuite, qui ramène l'étoile de Noël et le mystère d'Hérode et des mages. Mais, enfin, voici le 13 janvier ; saint Knut, suivant le proverbe, met Noël à la porte. La fête est terminée. Ce n'est plus que dans quelques rares familles qu'on la prolonge jusqu'au 20 janvier.

LES FÊTES DU JOUR DE L'AN DANS LES PAYS DU NORD

Les anciens peuples du Nord commençaient la nouvelle année à la mi-octobre, c'est-à-dire suivant leur calendrier, au début de l'hiver ; mais plus généralement au solstice d'hiver, dans cette interminable nuit du 20 au 21 décembre, qu'ils appelaient la *nuit mère* ou la *nuit du hibou*. Ils célébraient alors, comme nous l'avons raconté, par de grandes fêtes la fin des longues ténèbres et la reprise de l'évolution lumineuse.

Actuellement et depuis le dixième siècle surtout, la nouvelle année vient dans le Nord, comme presque dans tous les pays de l'Europe à la date du 1ᵉʳ janvier et sauf certaines particularités locales, y donne lieu à peu près aux mêmes usages. Ainsi, c'est le jour de l'an que se font les visites officielles et autres, à moins que, pour ces dernières, on n'y supplée, moyennant une légère redevance au profit des pauvres, par une inscription dans les journaux sur une liste *ad hoc*. Cet usage remonte déjà fort loin à Saint-Pétersbourg, à Helsingfors, à Stockholm, à Copenhague, etc. Ne pourrait-on l'introduire chez nous ? Tout le monde y gagnerait : il épargnerait bien des corvées, il préviendrait bien des rhumes et des rhumatismes ; il allégerait en outre l'œuvre de la poste qui, la plupart du temps, ne peut suffire en temps utile à la distribution des cartes innombrables qui lui sont confiées.

Le jour de l'an est aussi le jour des cadeaux, mais des cadeaux en argent ; ceux en nature étant réservés de préférence au jour de Noël. Naturellement les jeunes fils de famille le prisent fort, car, tandis que l'arbre de Noël, consacré tout entier aux enfants, ne leur ménage qu'une maigre cueillette, ils voient, au jour de l'an, se gonfler d'une façon souvent inespérée, leur bourse ou leur portefeuille.

Dans les maisons opulentes, on donne ordinairement, le 31 décembre, un grand bal. A minuit juste, les danses sont suspendues, et aux accords redoublés de la musique, le verre de champagne en main, on se souhaite la bonne année et l'on s'embrasse.

Pendant un de mes séjours dans la capitale de la Finlande, il me souvient d'avoir assisté à un de ces bals chez le général commandant la garde finlandaise. Toute l'élite de la société était là. Une scène curieuse se produisit. Le général avait invité un pasteur de la ville piétiste fanatique, renommé pour son éloquence, l'engageant à prononcer dans les salons un *speech* de circonstance.

Le personnage se présenta déguisé en *Temps* : long manteau blanc flottant, longue barbe, longs cheveux blancs ; une sorte de tiare sur sa tête, la faulx d'une main, le sablier de l'autre. L'assistance se rangea autour de lui et attendit. L'orchestre fit silence. Tout à coup, d'une voix tonitruante, il se met à fulminer contre les vanités de ce monde, le néant des choses périssables, le prix du temps, la nécessité de l'employer à d'autres occupations que des amusements frivoles, de se préparer sérieusement à la mort, etc. L'accent était âpre, un accent de sectaire. Stupéfaction universelle ; plusieurs jeunes dames tombèrent en pâmoison, la générale s'évanouit ; il fallut l'emporter. Déroute complète. Le général s'empressa alors de congédier le malencontreux prédicateur, et multiplia ses excuses.

Mais l'effet était produit ; le bal clos, chacun se retira mécontent, jurant qu'on ne l'y reprendrait plus.

Une fois ouverte, la période du jour de l'an, inaugurée déjà par la Noël, elle se prolonge au milieu des galas, des bals, des fêtes de toute sorte jusqu'au 13 janvier ; en certaines provinces de Suède jusqu'au 2 février, le 2 février est regardé comme coupant l'hiver en deux. C'était à l'époque du paganisme, un jour de grand sacrifice célébré en l'honneur de l'héroïne Goa ou Goja divinisée sous le nom de *Disa*, à laquelle en outre tout le mois était consacré. La légende de Goa est curieuse.

On raconte que le pays étant en proie à une effroyable disette, le *Ting*, (assemblée nationale), décida que pour y remédier il fallait mettre à mort une partie de la population, principalement les vieillards et les infirmes. Goa, indignée, jeta les hauts cris, prétendant avoir à proposer un moyen à la fois plus humain et plus efficace. Le roi ordonna de surseoir à l'exécution ; en même temps, pour éprouver la

Tycho-Brahé

sagacité de la jeune fille et confondre son audace, il lui fit savoir qu'il la recevrait, mais à la condition qu'elle ne viendrait à sa résidence, ni à pied, ni à cheval, ni en voiture, ni habillée, ni déshabillée, ni dans le courant d'une année ou d'un mois déterminé, ni en plein jour, ni en pleine nuit. Goa résolut le problème : elle arriva chez le roi en traineau attelé d'un bouc, couchée de côté, une jambe sur le timon, l'autre sur le bouc ; pour tout vêtement, enveloppée d'un filet ; et c'était à l'époque du solstice, où le mois est encore indécis, par une lune pleine, à l'ombre du crépuscule du soir. Invitée à parler, elle conseilla d'envoyer les malheureux que l'on voulait exterminer sur les régions encore inhabitées du pays, affirmant qu'il leur serait facile, sans dommage pour les autres, d'y pourvoir à leur existence. Le roi goûta ce conseil, et comme la conseillère lui plut en outre, par sa beauté et son esprit, il l'épousa.

Du jour de l'an à l'Épiphanie, presque tous les soirs, une troupe d'acteurs improvisés et affublés d'oripeaux appropriés à leurs rôles, envahissent les maisons et représentent le *Mystère de l'Étoile*. C'est l'histoire dramatisée et versifiée de la naissance du Christ, avec le cortège obligé des anges, des bergers et des mages. Judas y figure et reçoit force horions. On y voit aussi Gustave Wasa, Gustave-Adolphe et Charles XII agenouillés devant l'Enfant-Dieu.

Ceci rappelle le magnifique triptyque de Hemling, conservé à Lübeck et représentant la Passion. Les sept Électeurs d'Allemagne, accompagnés d'un fou orné de ses grelots, suivent la marche douloureuse. Dans la cathédrale de Revel, en Esthonie, j'ai vu un tableau encore plus original. C'est une *Fuite en Égypte* : La vierge roule, avec l'enfant Jésus, dans un carrosse Louis XV à quatre chevaux. Saint Joseph, en perruque poudrée, est assis sur le siège, faisant l'office de cocher, et les anges voltigent aux portières, protégeant les voyageurs contre la poussière de la route et les ardeurs du soleil. L'auteur de cette singulière composition est resté inconnu. Ne représentait-on pas, il y a quelques années, dans un musée céramique de New-York, Saül en redingote, la prophétesse d'Endor en jupe courte et en caraco, Samuel en robe de chambre et en bonnet de coton ?

Tout ce qui a été dit jusqu'ici, se rapporte presque exclusivement aux villes. Les campagnes, elles, offrent, en outre, une foule de particularités qu'il serait sans doute intéressant de faire connaître, mais dont le seul exposé m'entraînerait beaucoup trop loin. Je crois préférable de me borner au récit de quelques superstitions.

Chez les paysans de la Suède méridionale, il a été longtemps d'usage à la Noël et au jour de l'an, de tirer l'horoscope de l'année. Pour cela, on observait une certaine méthode.

Ainsi, pendant les trois jours qui précèdent les deux fêtes, les uns se cachaient dans une cave obscure, les autres dans un grenier à foin, fuyant la vue de tout être vivant et s'abstenant de parler jusqu'au coucher du soleil : d'autres encore jeûnaient la veille jusqu'au lendemain midi.

De plus on devait observer le secret sur ce qu'on projetait ; ne saluer personne, ne répondre à personne, ne pas regarder derrière soi, ne pas rire, ne pas s'émouvoir, marcher gravement et silencieusement. Si l'on apercevait au loin une flamme briller, il fallait aussitôt battre le briquet afin de conjurer l'influence néfaste d'un feu étranger.

Nul ne pouvait deviner les choses de l'année s'il ne sortait seul, tout au plus avec un compagnon, rarement avec un second. Dans ce dernier cas, il marchait au milieu d'eux, leur donnant la main et la tête ceinte d'une couronne de fleurs cueillies à la Saint-Jean.

La marche, commencée à minuit, se terminait à 8 heures du matin. Ordinairement, on se rendait à quelque cimetière ; parfois on visitait trois églises.

Et durant le trajet, que de phénomènes éclataient, précieux documents pour l'horoscope !

Par exemple, si l'année était grosse de la peste ou d'autre maladie épidémique, la terre des fosses se retournait d'elle-même, et l'on voyait plusieurs cortèges funèbres traverser le village.

Si elle promettait une belle récolte, des petits nains en foule sautillaient chargés de gerbes au milieu des champs ou des tonnes de bière, et l'on entendait le grincement des faulx, sur la pierre à aiguiser.

Si la disette menaçait, les champs se montraient déserts, et les rares moissonneurs qu'on y découvrait étaient tout en larmes.

Si c'était la guerre, les bois retentissaient des assauts de la cognée, des hommes armés chevauchaient sur les routes et l'on entendait des coups de fusil.

En cas d'inondations ou d'incendies, les maisons paraissaient en flammes, les fleuves et les rivières débordés.

Ainsi, devant les curieux de l'avenir se multipliaient les apparitions, car alors, tous les génies, bons ou mauvais, étaient déchaînés, mais sans faire de mal à personne.

Quand, pendant sept ans de suite, on s'était livré à cette promenade divinatoire, on devenait fatalement un habile sorcier.

Je terminerai par une statistique fort curieuse, dressée au jour de l'an, la statistique des jours néfastes.

Pour toute l'année, on en compte en Suède 33 ; en Danemarck, 32 ; ce sont les jours dits de Tycho-Brahé, le célèbre astronome suédois. Ils se classent ainsi : janvier, 1, 2, 4, 6, 11, 12 et 20 ; février, 11, 17, 18 ; mars, 1, 4, 14, 15 ; avril, 10, 17, 18 ; juin, 6 ; juillet, 17, 21 ; août, 2, 10 ; septembre, 1, 18 ; octobre, 6 ; novembre, 6, 18 ; décembre, 6, 11 ;

Le 11 janvier est le plus néfaste de tous.

Tycho-Brahé, qui avait stigmatisé ces jours, observait à leur égard dans sa propre famille les mêmes précautions qu'il recommandait au public. D'après sa doctrine, si un de ces jours-là on tombe malade, on guérit vite ou jamais ; si on naît, on ne vivra pas ou l'on vivra malheureux ; si l'on se marie, on n'aura point d'enfant ; si l'on entreprend un voyage, on ne reviendra pas chez soi et l'on serait exposé à toutes sortes de maux ; si on engage un procès, on le perdra ; éviter aussi de se faire saigner.

N'est-il pas étrange de voir le nom d'un savant aussi considérable, aussi universellement vénéré que Tycho-Brahé, servir d'enseigne à des croyances qui, d'ordinaire, n'ont leur excuse que dans le charlatanisme des astrologues ou l'ignorance du peuple ?

FÊTES DU PRINTEMPS ET DE L'ÉTÉ DANS LES PAYS DU NORD

I

On ne saurait décrire facilement la manière dont le printemps fait sa rentrée dans le nord. Ce n'est point cette douce et harmonieuse influence qui liquéfie peu à peu les neiges, dissout les glaces et ramène insensiblement la verdure aux arbres, le murmure aux sources, la voix aux oiseaux. C'est une explosion soudaine. Depuis longtemps déjà le règne des longues ténèbres est fini; le soleil trône quinze heures par jour à l'horizon. Mais sa lumière est froide; elle éblouit, elle ne chauffe pas. C'est à peine si, dans les villes, la neige brunit sous les pas des chevaux, si les cailloux aigus, qui pavent les trottoirs, percent sous la galoche des piétons. Rien de changé non plus sur la mer, les lacs, les détroits. Le rayon plus vif, qui tombe sur leur blanc linceul, les rend seulement un peu plus tristes.

Tout à coup un bruit immense se fait entendre. Sont-ce les montagnes qui se brisent, ou les pins des forêts qui éclatent? C'est le printemps qui arrive. Le feu s'est enfin allumé au soleil, et il en jaillit par torrents. La mer craque de toutes parts, les glaces se partagent en masses géantes, qui se heurtent les unes contre les autres, et flottent au loin sur l'abîme, comme des navires en détresse. Superbe débâcle! Voilà le signal. Tout se précipite : gazons, prairies, joyeuses semences, mélancoliques bruyères, bouleaux, sapins, ruisseaux rocailleux, cascades sonores. On démonte les traîneaux, on plie les fourrures, on décroche les doubles fenêtres. Et, comme les oiseaux chantent, comme les fleurs jaillissent de leurs bourgeons, comme le pavé des rues brille, comme les allées des jardins sont lisses, les chaussées des routes solides et retentissantes! Pas n'est besoin de pluie qui purifie et qui prépare; le printemps vient brusque, mais il vient complet; d'un seul coup d'aile il débusque l'hiver et s'installe en maître à sa place.

Ce retour du printemps est pour les habitants du Nord une époque de suprême joie. Ne le saluons-nous pas aussi avec ravissement, nous autres habitants du Midi? Et pourtant quelle différence dans le contraste! Avons-nous seulement un hiver? De la pluie, des brouillards, quelques rares et fugitives gelées, voilà tout. Nous en sommes quittes pour tisonner, fatiguer nos chevaux, maudire le macadam et lutter contre la grippe. Du reste, fêtes splendides et incessantes, bals, spectacles, soirées, etc.— Sans doute, il y a bien un peu de tout cela dans l'hiver du Nord; mais, quels terribles correctifs! Qui peut répondre à cette gracieuse reine, qui sort légère d'un salon, qu'en remontant dans sa voiture, elle ne sera pas, malgré ses fourrures, mordue à la gorge ou aux épaules par un de ces froids de trente degrés qui donnent la mort! Est-elle même sûre, en rejoignant ses gens, de ne pas trouver son cocher gelé sur son siège, son postillon gelé sur sa selle [1]? Et ces chasse-neige, qui renversent et tuent en pleine rue! Et ces loups qui viennent dans les villes manger les hommes et les chiens! Je me souviendrai toujours d'un hiver de Finlande, pendant lequel nous n'allions en soirée qu'armés jusqu'aux dents. Mais, sans parler de ces horreurs anormales, n'est-ce pas assez pour distinguer l'hiver du Nord de tous les autres hivers, que son interminable longueur? Quoi! six mois, sept mois et jusqu'à huit mois de neige, de glace, de stérilité universelle! Qui galvanisera un pareil cadavre? Et ce n'est pas seulement sur les hommes de frivolité et de plaisirs qu'il étend sa main; les hommes de science, les penseurs subissent aussi sa fatale étreinte. C'est le temps de dormir, de fumer, mais

---

1. J'ai été témoin moi-même en Russie, notamment à Saint-Pétersbourg, de plusieurs faits de ce genre. Les seigneurs russes ayant l'habitude de se faire attendre par leurs équipages attelés, des journées et même des nuits entières, il est rare qu'ils traversent un hiver sans que le froid ne leur enlève quelque cocher ou quelque postillon. En 1817, on compta neuf individus de cette classe morts gelés sur leurs sièges.

de parler, non, encore moins d'écrire. Funèbre engourdissement de l'âme, nullité, silence de la tombe.

Quelle joie donc, répétons-le, quand, soufflant sur le spectre aride, le printemps le fait enfin tressaillir et renaître à la vie! En un instant tous les maux sont oubliés. Chaque esprit se dilate, chaque voix chante son hymne de reconnaissance. Cependant, l'heure de la résurrection est loin d'être la même à toutes les latitudes du Nord. Il en est où le printemps ne s'ouvre qu'avec l'été; en sorte que les deux saisons n'en font littéralement qu'une. Mais, alors, l'intensité compense le retard et rétablit le niveau. Aussi bien, pour être exact, il faudrait supprimer du calendrier septentrional cette quadruple dénomination, par laquelle nous désignons les vicissitudes de l'année. Les anciens Scandinaves ne marquaient sur leurs tables runiques que deux saisons, l'été et l'hiver. Ces tables devraient encore faire autorité aujourd'hui.

Quoi qu'il en soit, et malgré ces différences dans le mouvement de la température, le 1er mai est généralement consacré dans le Nord à fêter le retour du printemps. Cet usage paraît étrange dans un pays où, à cette époque de l'année, on voit encore beaucoup plus de neige que de fleurs, beaucoup plus de fleuves et de détroits pris par les glaces que de ruisseaux libres et murmurants. Il aura sans doute été importé du Midi par les vieux Scandinaves. Tel est, du moins, le sentiment des historiens nationaux; et le peuple y tient lui-même comme à un souvenir traditionnel, comme à un héritage sacré! A dire vrai, le contraste qui en résulte entre le climat et les mœurs, n'est pas sans charme; chanter les roses au milieu des frimas, c'est original. Le peuple naïf n'a pas l'air de s'en douter. Que le soleil du 1er mai soit froid ou chaud, il ne l'appelle pas moins soleil du printemps, *Vâr sol*; il ne le salue pas moins comme son bienfaiteur, comme celui *qui doit remplir ses granges*. Voyez ce peuple, dès le matin du 1er mai, recueillir, s'il en trouve, dans des bouteilles, la pluie ou la rosée, excellent antidote, selon lui, contre les maladies de la peau. Voyez-le aussi ramasser les plumes que l'oie perd à cette époque, parce qu'il les estime les meilleures pour écrire.

Comment ce 1er mai est-il fêté?

Robuste de corps et d'âme, établi, d'ailleurs, dans une région de granit, de fer et de pins séculaires, l'homme du Nord imprime à tout ce qu'il touche un caractère d'inébranlable durée. Ses traditions sont toujours jeunes: et, si l'on suit la voie où le progrès a marché, on observe que le passé y coudoie presqu'à chaque instant le présent. Les fêtes qui nous occupent offrent un remarquable exemple de cette ténacité. Où trouver l'antique plus étroitement marié au moderne?

L'humeur guerrière, qui animait les anciens Scandinaves, s'est longtemps perpétuée chez leurs descendants. Seulement, comme il arrive toujours, elle s'est transformée peu à peu, jusqu'à ce qu'enfin le sérieux de l'antiquité dégénérât en parodie, et que d'une sanglante bataille on eût fait un jeu plaisant et populaire. Rudbeck et Olaüs Magnus racontent de quelle manière la bataille du printemps avait lieu.

Deux troupes de jeunes gens à cheval, l'une tenant pour l'hiver, l'autre pour le printemps, se mettaient en présence. Elles étaient costumées en conséquence, les champions de l'hiver en fourrures, les champions du printemps en habits légers. Une foule immense couvrait le champ du combat, remplissant l'air de ses cris, et faisant des vœux pour le triomphe du printemps. Au moment de l'attaque, les cris redoublaient. Vive était la mêlée: les gens de l'hiver lançaient des boules de neige, des glaçons, de la cendre chaude; les gens du printemps se défendaient et attaquaient avec des branches de bouleau et de tilleul couvertes de feuilles[1]. Enfin, la troupe de l'hiver se débandait et prenait la fuite; la victoire restait à celle du printemps. On entourait alors le chef de cette dernière, appelé *Comte de Mai*, et on le ramenait en triomphe. La fête se terminait par un splendide festin.

Le Comte de mai était un personnage d'importance; le roi lui-même lui donnait l'investiture. Ainsi, en 1526, Gustave Wasa nomme comte de Mai l'archevêque Jean Magnus, un des plus savants et des plus fiers prélats qu'ait eus la Suède. Nomination étrange, car un des principaux apanages du comte de Mai était d'être promené de village en village, couronné de fleurs, pendant tout le mois dont il portait le nom. Gus-

---

1. Ces branches ont été coupées longtemps d'avance et trempées dans l'eau, afin d'y activer ainsi des effets de végétation que la simple température extérieure eût été impuissante à produire.

tave Wasa ne plaisantait-il pas un peu en désignant un évêque, et un évêque catholique, pour une pareille exhibition ?

La bataille du printemps était encore fréquente, dans les villes de Suède, à la fin du dix-septième siècle. Maintenant on l'y chercherait en vain. Les villes sont, en effet, les premières à abandonner les usages traditionnels. La civilisation moderne les serre de sa plus forte étreinte; l'imitation étrangère y tue le caractère national. A une époque peu éloignée, les villes du Nord prenaient encore une part éclatante à la célébration des fêtes du printemps. On y voyait au 1er mai de superbes cavalcades, des festins, des tournois. Les jeunes seigneurs se rendaient en grand luxe aux parcs et aux jardins de plaisance, comme nous allions naguère à Longchamps. De toutes ces vieilles coutumes, il reste à peine quelques vestiges. On boit bien encore l'hydromel dans les salons et dans les cafés, mais plus de courses hors des murs. Tout au plus rencontre-t-on dans les avenues de méchants fiacres oranges, abritant sous leur caisse effondrée quelque bourgeois obèse, ou quelque hétéroclite rentière. Pour retrouver la tradition, il faut s'adresser, soit aux étudiants des universités, soit aux peuples des campagnes.

Que de fois, pendant mon séjour en Finlande, n'ai-je pas suivi les étudiants dans leurs expéditions printanières! On allait fêter le Mai dans les bois et jusqu'au sommet des rochers qui dominent la mer. Il est vrai que, presque partout, on piétinait dans la neige, et que chacun se gardait d'oublier ses fourrures. Mais, enfin, le soleil était déjà haut à l'horizon, et çà et là quelques oiseaux aventureux se balançaient aux branches argentées. N'était-ce pas assez pour inviter à la joie? Il semblait, d'ailleurs, qu'en fêtant ainsi le nom, on précipitait l'arrivée de la chose. Pouvait-elle se refuser longtemps à des gens si bien disposés à l'accueillir? C'était encore là, de la part des étudiants finlandais, affaire de conscience et de fidélité à l'histoire. Ils fêtaient le Mai en fourrures, en souvenir des anciens Scandinaves; ils le fêtaient aussi, disons-le, pour ne pas faire mentir le calendrier officiel, et pour consacrer les amendements printaniers du programme universitaire. Ils savaient bien, du reste, qu'ils seraient amplement dédommagés à la Saint-Jean. On chantait donc à pleine voix, on dansait, on buvait, on se livrait à mille jeux. C'était à qui piquerait son couteau aux flancs des bouleaux verts et collerait sa bouche à l'orifice pour y humer la sève mielleuse de la végétation naissante.

Le chant des étudiants finlandais a un caractère qui ne se retrouve nulle part. Les voilà qui arrivent, vous pouvez chasser l'orchestre. Voulez-vous un duo, un trio, un quator, un sextuor, laissez-les faire. Ils naissent et restent musiciens. Armé d'un diapazon, l'un d'eux donne la note; tous suivent et sans jamais détonner. Si quelque instrument paraît nécessaire, attendez! Chacun a dans son gosier une flûte, une clarinette, un hautbois, une contre-basse. Il remplaceront, s'il le faut, les oiseaux du ciel, et vous persuaderont, pour peu que vous y mettiez de bonne volonté, que tel arbre, muet et dépouillé, est peuplé de rossignols. Les étudiants finlandais sont la ressource des salons. Vous donnez un bal, ne vous inquiétez pas des musiciens; invitez ces messieurs, ils mettront danseurs et danseuses aux abois; car leur voix infatigable se prête à tout. C'est le concert incarné.

Quant aux jeux préférés par les étudiants finlandais, de même, du reste, que par tous les habitants du Nord, ce sont les jeux nationaux. Leur nombre est infini. Ces jeux ont un type particulier, et renferment pour la plupart un sens symbolique. Ils sont en général fort anciens, et tiennent, les uns aux temps païens, les autres aux temps catholiques. Le chant est leur compagnon inséparable. Chaque fête a ses jeux respectifs, que l'usage interdit de transporter à une autre fête; celles de Noël et du printemps sont les plus richement partagées.

Plus heureux que les étudiants de Finlande sont les étudiants de Suède, ceux d'Upsal surtout. Il est rare qu'au 1er mai ils n'aient pas déjà un fort à-compte sur le printemps, sinon le printemps tout entier. Aussi, comme ils le célèbrent avec transport!

En 1845, ils imaginèrent d'ajouter à tous ces divertissements une bizarre cérémonie. Ils célébrèrent les obsèques de l'hiver. Le mort, représenté par un mannequin allégorique, fut traîné par toutes les rues de la ville, sur un char funèbre colossal. Les étudiants conduisaient le douil; toute la population formait cortége. Des attributs de circonstance, des costumes fous s'étalaient aux yeux, tandis que les pleureurs d'office, vêtus de longs manteaux fourrés, faisaient retentir l'air de leurs bruyantes lamentations. Le reste se livrait à la joie et à des gambades désordonnées. Quand on fut arrivé au pied du tertre désigné pour la sépulture, le mannequin fut descendu de son char, étendu sur un bûcher et brûlé à la façon des vieux héros scandinaves. Ceci dura environ un quart d'heure, après quoi le chef des pleureurs, étant monté sur le tertre, prononça d'une voix lugubre, et au milieu d'un silence universel, l'oraison funèbre du défunt. Cette oraison était curieuse; on l'imprima et on la distribua dans toute la Suède. Je n'en citerai que le titre : il suffira pour en faire pressentir le fond. « Éloge funèbre de feu monsieur le « froid Hiver, gouverneur de la province des neiges, un des quatre de « l'Académie des Saisons, commandeur de la peau d'ours aux griffes « d'or, chevalier et commandeur du patin noir, au long bâton*, cheva- « lier de l'ordre des moufles laponnes, de la charrue à neige**, et « des doubles fenêtres avec brillants, président du Comité du claquement « des dents, président de la Société d'assistance pour les engelures, « membre honoraire de plusieurs sociétés gelées suédoises et étran- « gères, etc., etc. » Malgré d'aussi complètes funérailles, l'hiver de 1845 ne s'estima cependant pas suffisamment enterré : dès le lendemain, comme si la trompette du dernier jugement eût déjà sonné pour lui, il s'élança de la tombe et se mit à parcourir la ville d'Upsal et les environs, d'autant plus rigoureux et implacable qu'on l'avait jugé plus impuissant. Il ne fallut pas moins de quinze jours de franc soleil pour le renvoyer de nouveau chez les morts.

Sortons maintenant des villes et pénétrons dans les campagnes. Nous n'y trouvons, il est vrai, aucun de ces ingénieux artifices dont les habitants des cités sont si prodigues. Le paysan est naïf; il n'emprunte qu'à la nature et à ses croyances les éléments de sa joie. Dès la veille du

---

* Les habitants de l'extrême Nord se servent pendant l'hiver de longs patins garnis de cuir noir (en finnois *suksi*), avec lesquels ils glissent sur la neige et descendent les montagnes les plus rapides. Ils tiennent en même temps à la main un grand bâton terminé par une rondelle, dont ils s'aident pour diriger leur marche.

** *Snöplog*, sorte de triangle formé de trois énormes poutres, dont on se sert dans tout le Nord pour déblayer la neige qui encombre et efface les routes. On attèle à ce triangle jusqu'à trente chevaux.

1er mai, au soir, les jeunes campagnards revêtent leurs plus beaux habits, et vont se promener en bandes nombreuses, de village en village, précédés d'un joueur de flûte ou de violon, dansant, chantant, réveillant dormeurs et dormeuses, et faisant mille folies. Telle est aussi la coutume dans certaines provinces de France, en particulier dans le Vivarais. J'ai habité cette contrée dans mon enfance, et je me souviens encore de l'incroyable vacarme qui s'y faisait dans la nuit du 1er mai. Toute la jeunesse était debout. Elle allait de maison en maison, chantant le Mai et recueillant, pour son grand festin du jour, force poulets et douzaines d'œufs. Voici un des jolis refrains qu'elle répétait le plus souvent :

> De bon matin me suis levé,
> J'entends le rossignolet chanter
> Qui dit dans son chant
> Si gaillardement :
> « Voici le printemps !
> Ah ! joli mois de mai que tu es charmant!

Un antiquaire suédois, Nicolovius, raconte qu'autrefois, en Skanie, les œufs jouaient aussi un rôle important dans la fête du 1er mai. Ce jour-là, les enfants grimpaient aux nids des pies ; ils en pillaient les œufs et les petits, et les entassaient dans une corbeille ; puis ils faisaient la tour des villages et entraient dans chaque maison, où le chef de la bande, présentant sa corbeille aux maîtres du lieu, leur chantait les paroles suivantes :

> Je vous salue de la part de madame la pie ;
> Voici tous ses œufs et tous ses petits.
> Voulez-vous lui mettre quelque chose sur la langue?
> Autrement elle sera obligée de les manger,
> Fussent-ils cent fois plus nombreux.

Naturellement, c'était à qui préviendrait une consommation aussi barbare. Les hardis dénicheurs recevaient en cadeau de l'eau-de-vie de grain, du gâteau de porc, du beurre, du lait, du pain, et toutes sortes de friandises.

En Skanie, les vieillards se chargeaient, le jour de la fête, de toute la besogne qui incombait d'ordinaire à la jeunesse. Par exemple, en Suède, du moins dans un grand nombre d'endroits, nul autre que le chef de famille ne pouvait, le 1er mai, conduire les troupeaux au pâturage. « Que les jeunes s'amusent, disait-on, c'est aujourd'hui leur fête ! » Cet usage avait encore une autre cause, une cause morale. Le 1er mai était regardé comme un jour fatal aux animaux. On prétendait que les sorcières déchaînaient ce jour-là, contre les chèvres, leurs lièvres-teteurs, *diharar*, qui suçaient leurs mamelles jusqu'à les épuiser. Pour conjurer de tels maléfices, n'était-il pas besoin d'un gardien plus imposant que de coutume ? Ces vieilles croyances vivent encore aujourd'hui. C'est en vain que vous essayeriez de persuader à certains paysans suédois de mettre leurs chèvres dehors le 1er mai. Ils les enferment, au contraire, plus étroitement, et les parfument avec du soufre et des chiffons brûlés.

La vie pastorale tient chez les peuples du Nord une grande place dans les traditions, dans les préoccupations habituelles de tout le monde ! Il est donc bien naturel qu'elle ne soit pas absente des fêtes du printemps. Le jour où l'on mène, pour la première fois, les troupeaux au pâturage est dans presque toutes les campagnes un jour solennel. La veille au soir, d'énormes feux sont allumés sur les hauteurs. Le peuple croit que partout où rayonneront leurs flammes, les troupeaux pourront paître toute l'année sans être inquiétés par les bêtes féroces. C'est aussi pour écarter les bêtes féroces qu'en Néricie et dans d'autres provinces de Suède, les habitants parcourent les bois pendant la nuit, depuis le 1er jusqu'au 16 mai, poussant d'affreux hurlements, tirant des coups de fusil et soufflant de tous leurs poumons dans des cornes de bouc. Si à tout ce tapage vient se joindre le bruit du tonnerre, surtout pendant les trois dernières nuits d'avril et les quatre premières nuits de mai, la récolte sera superbe.

Voici donc les troupeaux qui partent. C'est d'abord le tour des moutons, la verdure n'étant pas encore assez forte pour la dent du gros bétail. Il se produit dans cette circonstance une superstition assez curieuse. Le berger n'ose point appeler les moutons par leur nom, cela pourrait attirer de grands malheurs. Quand le mouton savait parler, dit-il, voici ce qu'il chantait à l'homme :

> Si tu m'appelles *bonne bête,*
> Je t'habillerai et te nourrirai ;
> Si tu m'appelles mouton,
> Tu n'auras pas de moi un seul flocon de laine !

Enfin, le tour du gros bétail est venu. Il part lui aussi pour le bois. A cette occasion, les paysans de Dalécarlie, de Bohus et du Wermland célèbrent une sorte de fête particulière qu'ils appellent *Köra middag,* mener dîner. Voici comment. Quand le berger est parti avec ses bêtes, on tresse une couronne de fleurs que l'on suspend à l'entrée du village le plus voisin par lequel le berger doit passer à son retour. De son côté, celui-ci moissonne au bois tout ce qu'il peut de fleurs et de verdure pour en orner les cornes de ses bêtes ; puis il coupe un jeune sorbier, et l'heure du dîner étant venue, il reprend avec son troupeau la route de la maison. Chemin faisant, il détache la couronne qui a été tressée à son intention et la place à la cime du sorbier qu'il porte dès lors comme un trophée. Cependant, tout le peuple accourt à sa rencontre. On chante, on danse autour de lui ; on jette en l'air des bouquets de fleurs et de verdure. Enfin on entre dans la cour du maître. Le dîner est servi ; au berger la meilleure part, au troupeau une pâture de premier ordre. Le dîner fini, le bétail retourne au bois ; mais avant de se mettre en route le berger suspend son sorbier à un poteau planté devant l'étable. C'est là qu'il restera pendant toute la saison des pâturages.

Le sorbier que nous voyons figurer ici était regardé par les anciens habitants du Nord comme un arbre sacré. Ils lui attribuaient une merveilleuse puissance ; c'était surtout un talisman contre les sorciers. On mettait des branches de sorbier dans la quille des navires pour les préserver de la tempête et les mettre à l'abri des charmes fascinateurs des vierges de la mer. Le dieu Thor, lui-même, dut un jour son salut à l'arbre puissant. Emporté par les flots d'une cataracte qu'un sorcier avait soulevée contre lui, il allait périr, lorsque tout à coup un sorbier sembla surgir sur la rive ; le dieu se cramponna à ses branches et échappa ainsi au torrent. La foi dans la mystérieuse vertu du sorbier est loin d'être éteinte aujourd'hui. On en rencontre beaucoup dans le Nord ; le peuple aime à se reposer à l'ombre de sa verdure et à cueillir ses grappes de pourpre.

II

Les fêtes de l'été ont un caractère plus général et plus complet que les fêtes du printemps: on sait qu'elles ont lieu à la Saint-Jean. À cette époque de l'année, la température s'élance à pas de géant vers l'apogée de sa splendeur. Le soleil ne verse plus seulement de stériles rayons; c'est une mer de feu qui embrase, mais qui en même temps pénètre tout d'une merveilleuse fécondité. Quelle animation dans les bois! Les jeunes couvées y folâtrent, impatientes d'éprouver les mus-

Branche de sorbier.

cles de leurs ailes. D'un autre côté, les cascades épuisées font silence, les lacs dorment dans leur bassin mélancolique. Et puis, comme la brise s'élève légère, et comme elle agite doucement la chevelure d'or des moissons mûrissantes! Longue a été l'attente, mais enfin voici l'heure! Toutes les latitudes du Nord s'assoient ensemble au même banquet.

La fête moderne de la Saint-Jean répond à celle que les Scandinaves consacraient jadis au dieu Balder. Plein d'éclat et de beauté, ce dieu possédait l'amour de la nature; tous les êtres, à la prière de Frigga, sa mère, avaient juré de ne lui faire aucun mal; tous, excepté une toute petite plante qui croissait auprès de Walhalla et que Frigga avait crue inoffensive. Mais Loke, le mauvais génie, avait pris Balder en haine. Il le poursuivit de ses machinations; il coupa la petite plante oubliée et en fit un trait avec lequel Balder fut frappé à mort. Aussitôt un deuil immense se répandit dans le monde. Les dieux et les hommes pleurèrent, les plantes, les animaux, toutes les créatures pleurèrent. Seul, Loke ne versa point de larmes. On alluma un grand bûcher sur lequel le corps de Balder fut déposé et réduit en cendres. Mais, au jour du suprême crépuscule, dit l'Edda, le dieu reprendra vie et régnera dans un monde renouvelé, personnification lumineuse de toute bonté, de toute justice, de toute fécondité. Quant à Loke, les dieux l'accablèrent de leur vengeance. Ils l'attachèrent avec les boyaux d'un de ses fils entre trois rocs aigus, et suspendirent au-dessus de sa tête un serpent dont le venin dégouttait sur son visage.

Ainsi c'est en souvenir de la mort de Balder que les anciens habitants du Nord célébraient le 24 juin. Un certain rapport symbolique leur paraissait exister entre Balder et le soleil, et par suite entre le jour qui avait précipité le dieu dans la tombe et celui où l'astre commençait à descendre sous l'horizon. De même aussi que la mort n'était pour Balder qu'un passage à une vie plus éclatante, de même le soleil ne leur semblait se retremper dans les ombres que pour y puiser les éléments d'un plus glorieux triomphe. Les anciens septentrionaux fêtaient donc la nuit du 23 au 24 juin, en allumant de toutes parts sur les montagnes et les hauteurs de grands feux qu'ils appelaient bûchers de Balder, *Balders bal*. Seulement, le deuil s'évanouissait dans la pompe radieuse de la circonstance. Comment pleurer au milieu d'une nature rayonnante de joie? Le déclin menaçant du soleil était senti à peine; on ne songeait qu'à s'enivrer de sa lumière et à recueillir les trésors qu'il avait fait mûrir.

C'est principalement en Skanie, dans la province de Bohus et en général dans toutes les localités voisines de la Norvège, c'est-à-dire partout où le culte de Balder était en honneur, que les feux champêtres flamboyaient à la mi-juin. Il en est encore ainsi aujourd'hui. Du reste les feux de la Saint-Jean sont devenus à peu près universels. Les Scandinaves les ont importés partout où ils ont pénétré; et les peuples qui les ont reçus d'eux les ont transmis à d'autres peuples. Ainsi, certains usages prennent-ils droit de cité parmi les nations et passent-ils d'autant

Les feux de la Saint-Jean.

plus facilement dans les mœurs que leur origine est moins connue, leur signification primitive plus inexplicable.

Mais si les feux de la Saint-Jean dont jouissent maintenant les pays du

Midi viennent des Scandinaves, les Scandinaves, à leur tour, ont emprunté de ces mêmes pays l'arbre de Mai. Ils ne cherchent pas à le dissimuler; car bien que leur climat les force à n'user de ce symbole qu'en juin, ils lui conservent cependant le nom du mois qu'il porte aux lieux de son origine, *Majstang*. On ne saurait imaginer la quantité de *Mais* qui se plantent à la Saint-Jean, seulement dans la ville de Stockholm. Un vaste marché appelé Marché des feuillages, *Löfmarknaden*, se tient à cet effet sur la grande place du *Munckbro*. Toute la ville est là. On se croirait au milieu d'une forêt, mais d'une forêt enchantée, car les milliers d'arbres qui se dressent devant vous et dont les marchandes font ressortir si éloquemment tous les mérites, sont ornés avec tant d'art et de luxe qu'ils rappellent les chefs-d'œuvre des fées. Or voilà qu'ils se mettent en mouvement; c'est à qui en chargera un sur ses épaules... La forêt se répand dans la ville. D'un autre côté, sur le lac Mälar et sur le bassin du port des barques innombrables, flottes verdoyantes, amènent aux habitants de la cité tous les trésors des jardins et des parcs. Quelles belles fleurs rayonnantes au soleil! Quels suaves parfums dans les airs! La prose de la vie quotidienne s'illumine au souffle de la poétique nature.

Rien de curieux comme de parcourir les rues de Stockholm dans la matinée du 24 juin; et ce que je dis ici de Stockholm, je pourrais le dire également de toutes les autres villes du Nord. Boutiques et magasins sont ornés extérieurement de branches de feuillage disposées en forme d'arcs de triomphe autour de la porte principale. A l'intérieur, des guirlandes de verdure suspendues au plafond, des bouquets sur les comptoirs, des fleurs effeuillées sur le parquet. La moindre échoppe est transformée en temple de Flore. Cherchez maintenant sur la chaussée. Est-il un seul fiacre qui n'ait l'air d'un berceau champêtre, un seul cocher qui ne porte une rose à sa boutonnière, un seul cheval dont le front ne s'enorgueillisse d'un diadème de bluets! A chaque pas, des troupes de jeunes garçons chantant en chœur et portant les *Mais* sur leurs épaules; des balayeurs armés de balais de bouleau vert; des ménagères revenant du marché et tenant à la main, soit un pot de fleurs, soit un bouquet de myosotis, soit au moins une touffe de gazon. Partout même physionomie, même union pieuse et sympathique dans la glorification de la nature.

Dans la campagne, quelques jours avant la Saint-Jean, les jeunes garçons parcourent les bois pour y choisir les *Mais;* ils prennent les plus fins, les plus élancés. De leur côté, les jeunes filles préparent des festons de papier, des rubans, des œufs peints, des couronnes de verdure, en un mot tout ce qu'il faut pour orner l'arbre symbolique. Le travail d'ornementation commence dès le matin du 23 juin et dure jusqu'à minuit, moment de l'érection solennelle. Quels joyeux hurrahs quand le *Mai* s'élève enfin dans les airs! Il est vrai qu'il est d'un effet superbe. Dépouillé de sa robe d'écorce, il laisse voir de la base au sommet une peau blanche comme du lait. Son front empanaché déploie avec orgueil ses banderolles de pourpre et d'or; tandis qu'autour de sa tige, des couronnes superposées en pyramide frémissent au souffle de la brise qui fait sonner en même temps les œufs suspendus comme des clochettes à leurs tresses verdoyantes. A la cime du *Mai* un drapeau flotte, surmonté en certains endroits d'une girouette et portant sur son voile, en lettres de fleurs, le nom de *Saint-Jean*, ainsi que celui du village ou de la propriété auxquels le *Mai* appartient. Il est à remarquer que dans les campagnes du Nord, chaque riche paysan plante le *Mai* dans la cour principale de son habitation. Tous les membres de sa famille, mêlés à ses ouvriers et à ses domestiques, prennent part à la cérémonie à laquelle sont conviés, en outre, les habitants des métairies moins fortunées du voisinage; en sorte que la nuit de la Saint-Jean ne laisse aucune âme privée de joie; les mendiants même les plus abandonnés peuvent compter sur elle pour trouver, partout où ils voudront, une généreuse hospitalité.

Une fois le *Mai* planté, la fête prend un entrain merveilleux. On danse au son du violon ou de la flûte, on chante, on mange, on boit; puis viennent les courses à travers les montagnes, les pèlerinages aux feux allumés. Les moins curieux montent sur les toits et dans les clochers pour voir de là le magique spectacle que présente la nuit solennelle. De toutes parts, entre les rochers, des flammes géantes empourprant l'horizon, des globes de fumée roulant à travers les arbres des forêts et couvrant au loin les lacs et les détroits ; des cris de joie, des éclats de trompe, des coups de fusil. Personne ne songe à dormir. Le soleil lui-même n'oublie-t-il point l'heure de son repos? « Il ne se couche point ce soir-là, dit un poète du pays, dans le sein de la terre, il l'effleure seulement d'un baiser et remonte glorieux à l'horizon. »

Des jeux de toute sorte, la plupart restes des temps anciens, égayent ces heures de plaisir. C'est alors, par exemple, que les jeunes filles font le bouquet magique. Ce bouquet est composé de neuf espèces de fleurs, parmi lesquelles la fleur de la Saint-Jean (*hypericum*) tient naturellement la première place. En Dalécarlie, ces neufs espèces de fleurs doivent être cueillies dans neuf champs différents. Tout le temps que les jeunes filles sont occupées au bouquet, elles gardent le silence le plus absolu ; la moindre parole qui s'échapperait de leur bouche ferait évanouir le charme que recèlent les fleurs. Quand le bouquet est fini, elles le mettent sous leur oreiller. Tous les rêves qui viennent alors distraire leur sommeil s'accompliront. Les paysans suspendent aussi de leur côté, au plafond de leur chaumière, des couronnes tressées avec neuf espèces de fleurs qu'ils conservent pendant toute l'année pour être employées comme remède dans les maladies des animaux.

Cette naïve croyance à la vertu des fleurs est tout à fait dans l'esprit des habitants du Nord. La rigueur de leur climat les leur rend si rares et si fugitives qu'ils les regardent comme des phénomènes merveilleux qui apparaissent un instant à la terre pour lui faire pressentir les charmes du ciel. Où le culte des fleurs a-t-il été plus en honneur que dans le Nord? N'est-ce pas du Nord qu'est issu le premier botaniste du monde, Linné? Il faut entendre avec quelle grâce de langage les poètes du Nord célèbrent les fleurs.

« Quoi de plus beau que les fleurs! Évangile de la paix, formule sacrée dont Dieu se sert pour confirmer à l'homme la promesse qu'il lui a faite d'être toujours son père!

« Les grandes, les pieuses pensées naissent dans le sein d'Allfader, mais elles ne revêtent point la forme des paroles; elles s'incarnent dans les fleurs et se révèlent ainsi au monde.

« Et du haut de la voûte éthérée la lune abaisse son doux regard sur les fleurs de la terre, excitant les divins génies à danser autour de leurs tiges embaumées.

« Et le bon Créateur dit aux belles fleurs : Amoureuses messagères, ouvrez vos lèvres pourprées, et murmurez à l'oreille de l'homme toutes

Linné.

les suaves choses de la vie, pendant les heures éphémères de son bonheur ! »

La coutume de planter le *Mai* à la Saint-Jean n'existe pas dans la province suédoise du Norrland. Le peuple s'y contente de faire force bouquets de fleurs et de verdure qu'il suspend dans les maisons, et surtout dans les étables, pour garantir les troupeaux des maléfices. L'herbe de la Saint-Jean (*hypericum*) est réputée, en pareil cas, d'une vertu infaillible.

Nous avons vu plus haut quel souvenir mythologique les habitants du Nord attachent aux feux de la Saint-Jean. Ces traditions n'existent point chez les peuples voisins de la Laponie, entre autres chez les habitants de Luleå. Ils n'ont jamais connu le culte de Balder. Si dans la nuit de la Saint-Jean ils se rendent en foule sur une montagne appelée *Mjöl-kuddsbergen*, et s'ils y allument une quantité de petits feux, c'est tout simplement pour y faire et prendre le café. Mais on y prend soin, avant tout, de mettre le café sur le feu, au moment juste où le globe du soleil s'incline à l'occident. Il ne sera bon qu'à la condition d'être infusé entre le coucher du soleil et l'aurore. Qu'on se presse donc, car à peine le dernier atome est-il tombé dans la cafetière que déjà l'astre vainqueur remonte à l'orient. On sait déjà que le soleil de la Saint-Jean reste visible à peu près toute la nuit aux extrémités polaires.

En parlant ailleurs les fêtes de Noël dans les pays du Nord, j'ai dit qu'elles duraient au moins trois semaines. Il n'en est point ainsi des fêtes du printemps et de l'été. Dès le lendemain du jour qui leur est consacré, la vie reprend son mouvement habituel. C'est qu'alors tout loisir est impossible. La mer appelle les pêcheurs et les marins, les champs les moissonneurs. On fait diligence, car déjà l'hiver frappe à la porte; août va se couvrir de son manteau nocturne. Cependant, la superstition, la sorcellerie, si l'on veut, florissent toujours. Comment en serait-il autrement? Sans parler des prodiges de la magie païenne dont les peuples du Nord sont nourris dès leur enfance, des phénomènes légendaires issus des croyances religieuses qu'on les a accoutumés à admirer ou à craindre, sans tenir compte, en un mot, de tous ces faits moraux que j'ai déjà fait remarquer, n'est-ce pas assez pour les prédisposer au merveilleux que le caractère particulier de leur pays et de leur climat? L'hiver, les nuits longues, illuminées par les aurores boréales, ou l'éclat sans pareil des étoiles; les neiges immenses, les rocs de glaces aux formes géantes et bizarres; l'été, les jours sans fin, les lueurs fantastiques qui se jouent dans l'atmosphère, les *fata morgana*, les incendies soudains et mystérieux des forêts, les soupirs des bouleaux, le sommeil imposant des lacs, le tonnerre des cascades, les mugissements de la mer, quoi de plus propre à monter l'imagination et à la plonger dans le rêve? Certes, si les docteurs et les préfets du Nord se fussent un peu plus identifiés au génie national, ils eussent conçu moins d'effroi peut-être des manifestations de la sorcellerie, et leur aveugle intolérance ne l'eût pas transformée en extravagant fanatisme. Heureusement enfin, on a, avec raison, quoique un peu tard, laissé chacun libre de croire ce qu'il lui plaît ; et si le peuple se complaît encore dans les traditions de l'ancienne sorcellerie, ce n'est que pour prendre les plus gracieuses, les plus inoffensives qui en même temps qu'elles répandent un charme réel sur les jours ordinaires de sa vie, ajoutent à ses fêtes solennelles plus de séduction et d'originalité.

NORDENSKJÖLD, LE HÉROS DU POLE NORD ET SES ANCÊTRES

I

Le professeur Nordenskjöld était fort jeune quand je le vis pour la première fois; il avait dix ans. C'était en 1842. Je résidais alors en Finlande où j'entretenais de fréquents rapports avec son père, un des savants les plus renommés et des hommes les plus considérables du pays. Quel charmant garçon que Nils Adolphe Erik Nordenskjöld! Studieux, réfléchi, et en même temps, vif, ardent, résolu; l'avenir dans les yeux, un avenir de coups d'éclat et de glorieuses aventures. « Cet enfant ira loin », disaient tous ceux qui le connaissaient.

Plus tard, en 1850 et années suivantes, je le retrouvai à l'Université de Helsingfors, menant la vie d'étudiant avec un entrain et un succès merveilleux; j'assistai à sa double promotion, comme *magister* et comme docteur ès-sciences physiques et mathématiques. Cérémonie superbe où, à l'exemple des universités suédoises sur le modèle desquelles elle a été formée, l'Université de Helsingfors déploie l'appareil le plus imposant; toute la ville s'y associe; les jeunes filles tressent les couronnes de laurier destinées à ceindre le front des nouveaux diplômés, telles que ces Valkyries de la mythologie scandinave qui décernaient des palmes aux guerriers, sur les champs de bataille, et leur ouvraient les portes du Walhalla; un grand bal termine la fête.

Je ne sais si, au milieu de ses triomphes académiques, le jeune Nordenskjöld rêvait déjà la conquête du Pôle Nord; ce qui est certain, c'est qu'il n'avait qu'à s'inspirer de l'histoire de sa famille pour sortir de la ligne commune, et aborder la carrière aventureuse qu'il devait parcourir avec tant de constance et d'intrépidité.

II

Originaire de la Finlande et de la province de Nyland, où elle possède son domaine patrimonial, la famille Nordenskjöld commence à marquer vers les dernières années du XVII° siècle. Elle portait alors le nom de Nordenberg.

Jean Erik Nordenberg, mort en 1740, était inspecteur des salpêtrières de Finlande; on lui doit des travaux importants d'art et de constructions de guerre. En même temps, il s'adonnait à l'étude de la nature. D'après les récits de l'époque, il en possédait si bien les lois, il savait si bien prévoir les vicissitudes du temps, qu'il n'eut jamais de mauvaise récolte. Cela lui donna rang dans les superstitions populaires; les gens de la campagne le regardaient comme un grand sorcier.

S'il n'était pas un grand sorcier, Nordenberg était du moins un grand original. En 1710, lorsque la peste vint ravager la Finlande, voyant tout le monde mourir sur la terre ferme, il fréta un navire, s'y réfugia avec sa femme, ses enfants et ses domestiques et alla croiser au loin dans le golfe de Bottnie et la mer d'Åland, jusqu'à ce que le fléau eût disparu. Nul autre que lui, dans le pays, n'avait songé à ce singulier moyen de salut.

Son fils aîné, André Jean, né en 1696, se distingua comme officier du génie, et assista, en 1718, au siège de Fredrikshall, où il fut témoin de la mort de Charles XII. Il fut appelé à l'un des premiers fauteuils de l'académie des sciences lors de sa fondation. Promu au grade de lieutenant-général quartier-maître, il fut aussi un des premiers chevaliers de l'ordre de l'Épée; enfin, en 1751, il reçut des lettres de noblesse et changea son nom de Nordenberg contre celui de Nordenskjöld. Nordenskjöld, composé de deux mots suédois, veut dire littéralement *Bouclier du Nord*.

Deux ou trois ans après son anoblissement, André Jean Nordenskjöld rentra en Finlande, où il administra successivement plusieurs provinces en qualité de gouverneur. En 1761, il prit sa retraite et se livra jusqu'à sa mort (26 janvier 1763), à des travaux agricoles et économiques, sur lesquels il a laissé quelques mémoires estimés.

Son plus jeune frère, Charles Frédérik Nordenberg, né en 1702, suivit comme lui la carrière militaire, et comme lui avança lentement;

Nordenskjold.

comme lui aussi, et en même temps, il fut un des premiers chevaliers de l'Épée, et introduit dans l'ordre de la noblesse sous le nom de Nordenskjöld.

Otto Henri, son fils, né en 1747, est un des Nordenskjöld qui, au point de vue français, nous intéresse plus particulièrement. Après avoir terminé ses études universitaires, il embrassa la carrière de marin dont il parcourut tous les grades jusqu'à celui de vice-amiral. On le citait pour sa bravoure et sa magnanimité. C'est, disait-on, un capitaine qui « sait ordonner ce qu'il veut ». En 1770, le prince Henri de Prusse, qui se rendait de Stockholm à Abo, par mer, ayant été assailli par une effroyable tempête, Otto Henri le sauva, lui et sa suite, au péril de sa vie. Huit ans plus tard, il passait au service de la France; c'était le moment de la guerre d'Amérique; il y prit une part active et se battit comme un lion, dans les diverses rencontres de notre flotte avec la flotte anglaise. Rentré en Suède, il figura avec honneur à l'attaque de Revel et à la retraite de Wiborg; en 1796, la flotte suédoise et la flotte danoise furent simultanément placées sous ses ordres. Tant de services lui valurent les plus hautes récompenses : il fut nommé grand-croix de l'ordre de l'Épée, et, en 1815, créé baron. Le reste de sa vie s'écoula dans l'étude et les travaux agricoles; il mourut le 8 août 1832, âgé de quatre-vingt-cinq ans.

Otto Henri Nordenskjöld avait épousé une fille de l'illustre maison de Wrangel, Beata Jaquette. Remarquable non seulement par sa beauté, mais encore par ses qualités d'esprit et de cœur, elle faisait le charme de son foyer. C'était la providence des malheureux et des malades auxquels elle se prodiguait avec un dévouement infatigable. Son dévouement devait lui être funeste. Soignant elle-même une pauvre mendiante, atteinte d'une maladie contagieuse, elle la guérit, mais elle prit sa maladie et en mourut avec deux de ses fils et une fille. Son fils aîné, Charles Reinhold, qui heureusement échappa à la contagion, était contre-amiral et commandait la place et les arsenaux de Carlskrona en 1848.

Deux Nordenskjöld forment dans la famille des types à part : ils menèrent une existence des plus accidentées et allèrent mourir loin de leur pays.

D'abord, Charles Frédérik, fils du colonel de ce nom, né en 1756. Il cultiva les sciences juridiques et fut longtemps attaché à la Cour royale de Suède. Puis il partit pour l'étranger et visita l'Angleterre dont il étudia la constitution et les lois. A son retour à Stockholm, en 1788, il publia un journal intitulé le *Citoyen*, sur le modèle du *Spectateur* d'Addison. Ce journal ne réussit pas. Le *Magasin général*, qu'il fonda presque en même temps succomba sous les coups de la censure. Ceci dégoûta Charles Frédérik du métier de publiciste; mais il n'en persévéra pas moins dans ses idées qui étaient d'un libéralisme vers lequel l'entraînait son penchant et qui, alors, était de mode à la Cour et à la ville. Il professait les doctrines de Swedenborg et se proclamait le disciple de Björnram, une sorte de Mesmer ou de Cagliostro suédois. Le mysticisme le conduisit à l'alchimie; mais, ayant échoué dans une expérience sur laquelle il comptait beaucoup, il ferma son laboratoire et quitta la Suède pour se retirer en Allemagne. Il mourut à Rostock, en 1826. On a de ce Nordenskjöld un curieux ouvrage portant ce titre : *L'Onciromantie* ou *l'Art de diriger les rêves*.

L'autre Nordenskjöld, ingénieur des mines en Finlande, ne tarda pas à quitter sa profession et son pays pour se devouer à l'émancipation des nègres. Il s'associa, dans ce but, avec Charles Bernard Wadström qui, en 1783, fut envoyé par le gouvernement Suédois, en Afrique pour y tenter l'établissement de nouvelles colonies. Son exploration terminée, Wadström vint en Angleterre, amenant avec lui un jeune prince africain qu'il avait racheté de l'esclavage et qu'il entretenait à ses frais. Le comité pour l'abolition de l'esclavage, de la Chambre des Communes, l'appela dans son sein; il plaida avec énergie la cause philanthropique dont il s'était fait le promoteur et qu'il soutint dans de nombreux écrits. En 1795, espérant trouver en France un puissant appui, il arriva à Paris: On le reçut avec honneur, on lui décerna même le titre et les droits de citoyen français. Le général Bonaparte lui portait une estime particulière et le protégeait ouvertement. Malheureusement quatre ans après, la mort vint le surprendre sans qu'il eût vu se réaliser aucun de ses projets. Quant à Nordenskjöld, il s'était établi en Guinée et mourut à Sierra-Leone, où il travaillait à fonder un État nègre libre.

Avec Otto Gustave, nous revenons à la carrière vers laquelle jusqu'ici les Nordenskjöld semblaient attirés de préférence. Otto Gustave, né en 1780, entra, dès l'âge de dix ans au corps des cadets de marine de Carlskrona, puis il passa à l'école de Carlsberg où il fit ses études militaires. En 1795, c'est-à-dire à l'âge de quinze ans, il était déjà enseigne; de grade en grade il monta jusqu'à celui de vice-amiral. En 1841, il fut créé baron et nommé commandant supérieur à Carlskrona, poste qu'il occupa jusqu'à sa retraite en 1846.

Dans sa jeunesse, Otto Gustave Nordenskjöld avait commandé plusieurs expéditions dans la Méditerranée; en 1801, il fut fait prisonnier par les Anglais; en 1802, à bord de la frégate *Ulla Fersen*, dont il était capitaine, il combattit contre trois galères tunisiennes et, en quelques instants, il les mit en déroute. En 1808, 1809, 1814, 1828, partout où il porta son pavillon, il se signala par son habileté et sa vaillance. Un événement douloureux avait préludé à sa retraite du commandement de Carlskrona : son fils, jeune homme de grandes espérances, se noya sous ses yeux en plein port, et sa femme en mourut de chagrin deux jours après.

III

Tels sont les membres de la famille Nordenskjöld qui, depuis près de deux siècles, ont le plus contribué à son illustration : des savants, des militaires, des marins, tous hommes de conception hardie, d'intrépidité résolue, de noble caractère. Il faut y joindre Nils Gustave Nordenskjöld, père du célèbre professeur qui occupa pendant plus de trente ans, en Finlande, le poste d'intendant général des mines.

Nils Gustave était fils d'un colonel, frère aîné de l'amiral baron Otto Henri. Il naquit dans la province de Nyland, à Frugård, domaine patrimonial des Nordenskjöld, le 12 octobre 1792. Après de sérieuses études au gymnase ou collège de Borgå et à l'Université d'Abo, il s'appliqua à la jurisprudence; mais bientôt son goût et ses aptitudes le portèrent vers les sciences naturelles. Il se rendit en Suède à l'Université d'Upsal où il passa l'examen des mines; puis demeura quelques années à Stockholm, suivant les leçons de Berzélius et fondant dès lors sa grande réputation de savant minéralogiste.

J'ai beaucoup connu Nils Gustave Nordenskjöld et je le voyais fréquemment lors de mes divers séjours en Finlande. En 1846, quand je reçus du gouvernement de Louis-Philippe la mission de rechercher en Russie le porphyre rouge antique destiné à la construction du sarcophage de l'empereur Napoléon, il m'aida obligeamment de ses conseils.

J'ai parlé plus haut des premières années du professeur Nordenskjöld ; je n'y ajouterai que quelques mots. Le héros du Pôle Nord est connu du monde entier. Nils Adolphe Erik, né en 1832, est Finlandais comme son père et comme lui né à Frugård. Ce domaine de Frugård, soit dit en passant, a son histoire, histoire digne des Nordenskjöld, car elle se rattache aussi à un trait héroïque. En 1605, dans la guerre de Pologne, le roi de Suède Charles IX, vaincu, fuyait à toutes brides ; une balle atteignit son cheval et le tua. Le roi allait tomber aux mains de l'ennemi, lorsqu'un gentilhomme de sa suite, Henri Wrede sauta à bas de son cheval et le pria d'y monter, en lui recommandant sa famille. Quelques minutes après, il était massacré. En reconnaissance de cet acte de dévouement, Charles IX donna aux héritiers de Wrede le domaine de Frugård, qui un siècle plus tard devint la propriété des Nordenskjöld.

Par son blason, datant de 1751, le professeur Nordenskjöld, quoique né en Finlande, appartient à la noblesse suédoise. Avant la réforme parlementaire, il avait donc le droit de siéger à la diète comme un des représentants de l'ordre héraldique. Il usa de ce droit en 1861. Toutefois, ni les débats politiques, ni l'étude des affaires communes, ne pouvaient, on le comprend, le captiver sérieusement ; son esprit, depuis son voyage au Spitzberg, était agité de préoccupations autrement grandioses. Aussi, se fit-il le promoteur ardent, le porte-drapeau de ces expéditions polaires, qui, grâce à lui et au puissant concours qu'il sut se rallier, prirent en Suède le caractère d'une entreprise nationale.

LES PREMIÈRES FORMES DE LA MONNAIE DANS LES PAYS DU NORD

Dans l'antiquité, les peuples du Nord, comme généralement tous les autres peuples, échangeaient marchandise contre marchandise. Ils finirent par sentir le besoin de remplacer ce procédé, trop élémentaire et trop encombrant; mais leurs semblants de monnaie passèrent par des phases diverses avant d'arriver au monnayage proprement dit, tel que nous le rencontrons au début du moyen âge.

Les anciens habitants de la Grande-Bretagne se sont servi d'abord d'anneaux de laiton et de fer; au temps de César, ils adoptèrent une monnaie plus régulière; et, vers le Ier ou le IIe siècle de notre ère, nous les voyons déjà en possession d'une monnaie de plomb ou d'étain.

Dans l'île irlandaise de *Man*, on faisait usage d'une monnaie de cuir, que l'on garnit plus tard de clous d'argent. Des morceaux de cette monnaie ont été trouvés dans l'île suédoise d'Öland.

Les Russes se servaient, dans les temps les plus anciens, en guise de monnaie, de morceaux de peau de martre, de petit gris et de queues d'écureuils; nous savons qu'aujourd'hui encore plusieurs peuplades indiennes ne connaissent d'autre monnaie que certaines espèces de coquillages.

Plusieurs nations adoptaient, comme monnaie, certaines marchandises d'usage ordinaire dans le commerce. Ainsi les anciens Romains et les Germains avaient pris le bétail, *pecus*, d'où *pecunia*.

Les Slaves et les Wendes de la Baltique se servaient encore, au XIe siècle, de toile de lin. Les Islandais de poisson et de drap (*vadmal*). Dans les anciennes lois d'Islande et de Norvège, on désignait, sous le nom de valeurs, Vardören, les principales denrées, telles que les métaux, le bétail, les céréales, le drap et la toile parce que, indépendamment de leur valeur comme marchandise, on leur attribuait encore une valeur de convention, ce qui permettait de les employer, suivant l'occasion, soit comme article de commerce, soit comme instrument d'échange. Le mouvement de ces valeurs suivait le cours des marchés, qui, eu égard au peu de développement de l'industrie et du négoce à cette époque reculée, ne subissaient que de lentes et faibles variations.

Chez les Scandinaves de la Baltique, la monnaie primitive était, comme chez les Romains, le bétail, *fé* ou *fa*; et comme les Romains avaient fait de *pecus* le radical de *pécunia*, les vieux Scandinaves désignaient par le mot *fé* la propriété, l'argent. De nos jours encore, lorsque les paysans suédois parlent d'un objet auquel ils attachent un très grand prix, ils se servent de cette locution proverbiale : « Il y a en lui toute la valeur d'une vache, *det ar allt kovärde i den*. »

Le peuple finnois qui, à l'exemple des Islandais, s'est longtemps servi, comme monnaie, de drap de laine, et, à l'exemple des anciens Russes, de queues d'écureuils, imitait encore les Romains et les Scandinaves en employant plus généralement, et de préférence, le bétail ou, tout au moins, les peaux de bête, *Raha*. Ce mot *raha*, de même que *pecus* et *fé*, a pris, dans la langue finnoise, le sens d'argent monnayé : *Solv*.

I

Ces divers genres de monnaie, qui n'étaient, en définitive, que des marchandises, ne devaient pas tarder à faire place aux métaux précieux. Les Scandinaves se servirent d'abord, comme les anciens Bretons, d'anneaux d'or ou d'argent dont ils coupaient des morceaux pour payer ce qu'ils achetaient. Un grand nombre de ces anneaux, soit entiers, soit mutilés, ont été exhumés de la terre, et les musées de Stockholm et de Copenhague en possèdent de très riches collections. Ces anneaux étaient d'un travail plus ou moins fin, roulés en spirales ou affectant d'autres formes. Parfois, on les trouve enfilés dans de grands bracelets ou colliers, ce qui fait supposer qu'on les portait suspendus, soit au bras, soit à la taille, en guise d'escarcelle. La plupart venaient évidemment de l'Orient par voie de commerce, car on les a fréquemment découverts

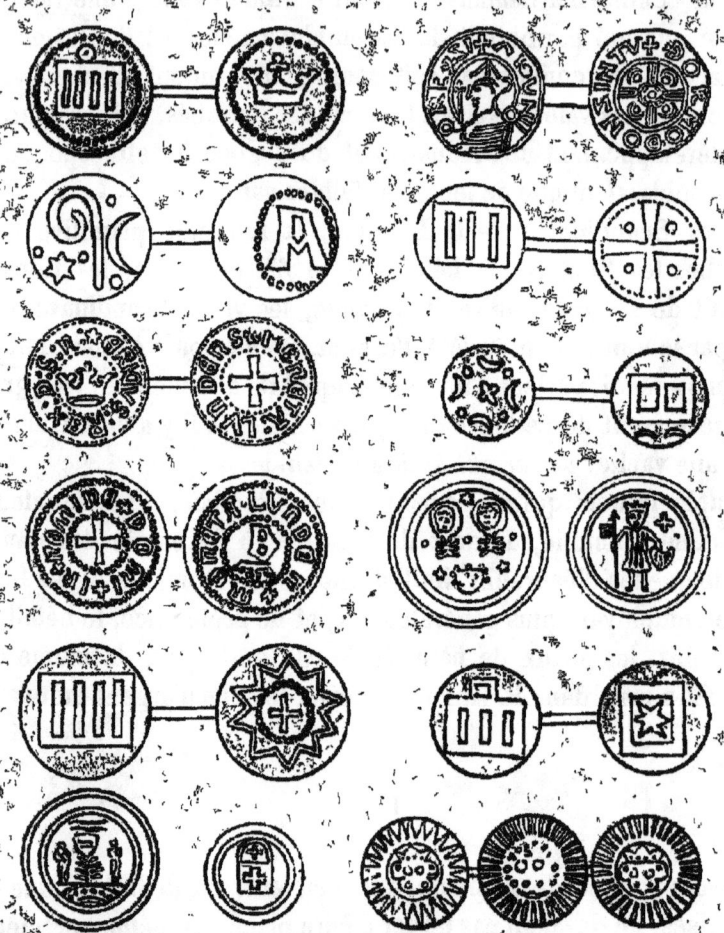

Monnaies suédoises frappées à Lund du XI° au XIII° siècle.

mêlés à des monnaies cufiques ou byzantines. Un ambassadeur turc qui, en 1733, visita le cabinet d'antiquités de Stockholm, affirma, en voyant les anneaux dont il s'agit, que les marchands arabes de son temps en employaient encore de semblables pour leurs paiements.

Nous savons d'ailleurs que les sapèques, petites monnaies chinoises, sont percées d'un trou et réunies en chapelet d'un nombre voulu, qui font collectivement un compte.

Les Scandinaves payaient aussi avec de vieux boucliers hors de service et devenus, pour cela, un objet de mépris. C'était, par conséquent, une monnaie de bas aloi.

Plus tard, ils payèrent avec des métaux d'après le poids. De là, sans doute, ces balances à plateaux et ces pesons à crochet que l'on a trouvés dans les anciens tumuli, tant en Danemark qu'en Suède et en Norvège. Ces balances et pesons sont en fer, en bronze, en zinc, parfois en or; les poids sont généralement en fer ou en bronze, ces derniers souvent garnis de clous en fer, pour augmenter ou régulariser leur pesanteur. J'ai vu quelques-uns de ces instruments aux musées de Stockholm et de Copenhague. L'un d'eux, une balance, est très petit, et les pièces se démontent, ce qui semble indiquer qu'on l'enfermait dans un étui. Les poids ont la forme de rondelles ou de cônes.

II

Cependant, la rareté du métal obligeait à y suppléer encore par des marchandises. D'après les lois suédoises, une vache de trois ans équivalait à la moitié d'un cheval, et le tiers d'un taureau avait la même valeur que 4 chèvres ou brebis, ou 12 aunes de drap ordinaire. Dans la Skanie, ou Suède méridionale, les amendes se payaient, à défaut d'espèces métalliques, avec des pièces de toile ou de bétail; il en était de même en Norvège. C'est de ce pays qu'était venu l'usage adopté par les Islandais de payer avec du poisson. En effet, le poisson sec étant, en Norvège, un moyen d'échange habituel, on le comptait par cent.

Telle est, du reste, dans tout le Nord, la force des anciennes traditions qu'aujourd'hui encore les appointements de certains employés s'y règlent, en partie, d'après le cours des céréales. Par exemple, à Copenhague, pour les artistes du théâtre royal. Sur 100 rigsdaler. constituant une partie de leurs appointements, il en est payé 40 en monnaie d'argent et 60 en céréales, évaluées au minimum à 4 rigsdaler la tonne (= 139 litres). Ainsi les 100 rigsdaler en question donnent 40 rigsdaler argent, plus 15 tonnes de céréales.

Tous les ans, au mois de février, le prix moyen de la tonne est fixé, pour l'année courante, d'après les mercuriales adoptées pour le froment, le seigle, l'orge et l'avoine ; et la différence qui peut exister entre le minimum de 4 rigsdaler et ce prix moyen, jusqu'à un maximum de 6 rigsdaler, augmente d'autant le traitement de l'artiste. Ce traitement, est

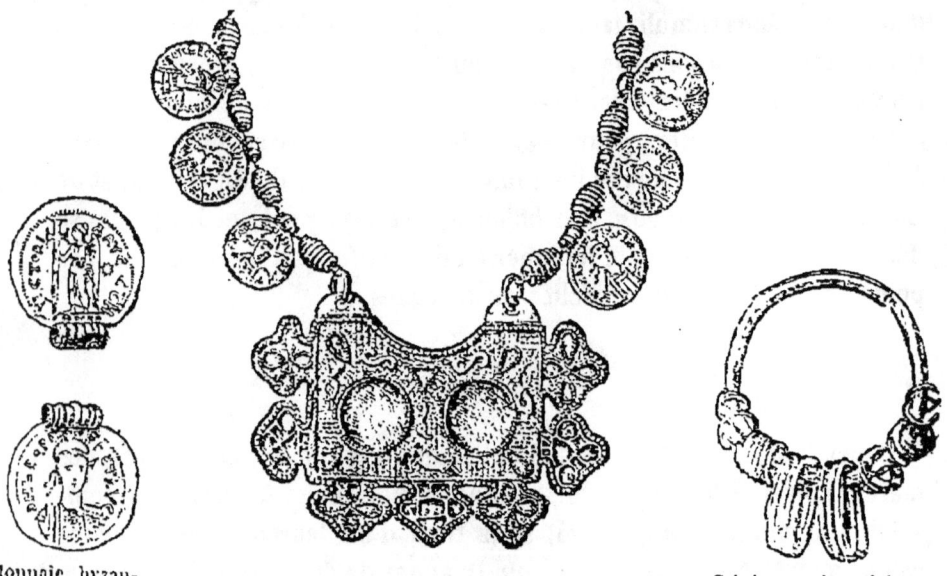

Monnaie byzantine portée en parure par les anciens Suédois.

Collier d'or avec monnaies d'or byzantines en pendeloque (425-574), trouvé dans un tumulus en Danemark.

Ceinture ou bracelet avec petits anneaux servant de monnaie.

par conséquent, soumis à des éventualités, mais ne peut jamais être diminué. Dans les années, et elles ne sont pas rares, où le prix de la tonne de céréales atteint 6 rigsdaler, l'artiste, au lieu de toucher 500 rigsdaler net, en touche 650.

III

Revenons aux temps anciens. Une fois le métal introduit comme moyen de paiement, le mark devint chez les Scandinaves, comme chez tous les autres peuples de la race germanique, l'unité monétaire. Sa valeur se réglait encore d'après le système primitif de l'échange en marchandises. Ainsi, en Islande, 1 mark = 48 aunes de drap; 1 aune = 2 poissons — par conséquent, un mark valait 96 poissons. — Dans le royaume de Gothie, jusqu'au XIII° siècle, le mark de poids valait 96 aunes de drap (Vadmal) ou quatre bœufs qui avaient labouré la terre pendant trois ans. L'aune, comme on voit, constituait aussi une sorte de base de valeur pour le commerce.

IV

Un fait remarquable, c'est l'énorme quantité de monnaies étrangères que l'on trouve dans le Nord. D'abord les monnaies romaines exhumées des terrains situés à l'est et à l'ouest de la Baltique : elles datent toutes des premiers siècles de notre ère et proviennent, soit des expéditions lointaines des vikings scandinaves, soit du commerce pacifique de l'ambre et des pelleteries que les peuples du Nord faisaient avec les peuples de l'Occident et du Midi. Puis, venant de la même source, les monnaies arabes et les monnaies anglo-saxonnes : ces dernières sont du X° et du commencement du XI° siècle, et si nombreuses que la Suède à elle seule en possède plus que toutes les provinces d'Angleterre réunies.

Tant de monnaies importées auraient dû, paraît-il, servir de modèles et provoquer aussi, dans le Nord, l'industrie du monnayage. Cependant, d'une part, plusieurs auteurs prétendent que les possesseurs de ces monnaies les enfouissaient dans la terre avant qu'elles ne fussent répandues parmi le peuple; d'autre part, on suppose qu'elles sont arrivées, dans le Nord, bien après l'époque indiquée par leur empreinte. Ce sont là des hypothèses, et elles ne s'appuient sur aucune preuve historique.

Mais, ce qui est hors de doute, ce qui est établi par les témoignages les plus nombreux et les plus sûrs, c'est que, même étant admis le monnayage, la monnaie néanmoins n'avait qu'une valeur de poids et équivalait, par conséquent, à une marchandise ordinaire. Tel était aussi le cas chez les anciens Russes. D'ailleurs, on trouve assez souvent des monnaies rivées ou suspendues à des parures, comme c'est le cas, par exemple, avec une parure trouvée en Danemark, que l'on regarde comme un travail byzantin du VIe ou du VIIe siècle. Or, ces monnaies eussent-elles été traitées de la sorte si l'on avait connu leur valeur représentative ? On ne se permet guère de telles fantaisies que dans les pays où la monnaie abonde.

Dans son ouvrage (*Antiquitates Hiberniæ*), Varaus raconte que les marchands ottomans frappaient de la monnaie d'argent en Islande ; et, partant de ce fait, le savant auteur des *Antiquitates Daniæ* déclare qu'il ne voit rien d'impossible à ce qu'on ait frappé de la monnaie d'or dans le Nord, même dans les temps les plus reculés ; mais il n'en affirme pas moins que l'on ne se servait de cette monnaie que comme d'amulettes.

Ainsi donc, tout doit nous porter à conclure que, sous la période païenne, il n'existait, dans le Nord, aucune monnaie indigène, et, qu'en tout cas, elle n'était employée que suivant son poids métallique.

L'ESCLAVE

DRAME SCANDINAVE TRADUIT DU SUÉDOIS.

Ce curieux drame, de l'époque païenne, a pour auteur Frédérika Bremer, l'écrivain suédois dont les œuvres ont été traduites dans presque toutes les langues.

Née en Finlande, le 17 août 1801, Frédérika Bremer quitta bientôt ce pays pour la Suède, où ses parents se fixèrent à Stockholm. Son éducation fut des plus soignées; de bonne heure, elle manifesta de remarquables dispositions pour la littérature et s'exerça à l'art d'écrire. Après avoir débuté par de petites pièces dialoguées, à l'occasion d'anniversaires de famille, et quelques courtes nouvelles, elle entreprit, sous le titre général de *Tableaux de la vie quotidienne*, une série de romans qui, tout d'abord, firent sensation. Nous citerons : *La famille H...*, *les Filles du Président*, *les Voisins*, *le Foyer domestique*, *Guerre et Paix*, *un Journal*, *Bertha*, *la Vie fraternelle*, *le Réveille-matin*, etc. De ces romans, la plupart, traduits dans notre langue par Mlle du Puget, occupent la place d'honneur dans une bibliothèque fondée par elle et à laquelle elle a donné son nom.

Frédérika Bremer ne s'est point bornée aux choses de son pays; elle a consacré plusieurs années à explorer la Suisse, l'Italie, la Grèce, la Turquie, l'Allemagne, l'Angleterre, les États-Unis d'Amérique, où elle a reçu un accueil enthousiaste, rapportant de ses voyages des études et des impressions qui lui ont fourni matière à des relations pleines d'intérêt.

Ce qui distingue le talent de Frédérika Bremer, c'est une honnêteté irréprochable, un tact exquis, une vérité de pinceau indiscutable, un récit toujours attachant. Peut-être pourrait-on reprocher, à quelques-uns de ses romans, une trame peu solide, une action faiblement combinée; mais comme cela est racheté par la finesse de l'observation, la chaleur et la délicatesse du sentiment, une bonne humeur intarissable, l'heureuse profusion et l'enchantement des détails !

Outre les vues humanitaires semées çà et là dans ses livres, Frédérika Bremer était entrée hardiment dans la voie pratique. On a d'elle des études philanthropiques sévères, et elle a contribué à la fondation d'établissements de charité marqués d'un sceau durable. Sous ce rapport, on était en droit d'attendre encore beaucoup de son initiative et de son activité; mais la mort est venue prématurément interrompre son œuvre; Frédérika Bremer s'est éteinte doucement dans la nuit du 31 décembre 1865. Cette mort a creusé, dans la littérature suédoise, un grand vide qui, depuis vingt ans, n'a pas encore été comblé.

L. L.

PERSONNAGES

La princesse FRID, fiancée du roi Dag.
KUMBA \
FEIMA / esclaves.
GRIMGERDA, sorcière.
Un ALFE blanc.
Un ALFE noir [1].

PREMIÈRE PARTIE

SCÈNE PREMIÈRE

(Un jardin.)

FRID, KUMBA, FEIMÁ

FRID. — Le matin est doux et pur. Les abeilles caressent les fleurs et boivent la goutte qui dort encore dans leur calice pour la rendre en-

---

[1]. Génies de la mythologie scandinave. Les Alfes blancs sont les bons génies, les Alfes noirs sont les mauvais.

suite à l'homme, transformée en un suc bienfaisant. Que la nature est riche et belle ! que ses voies sont splendides ! Qu'ils sont bons, ces dieux qui nous ont fait de la terre une coupe remplie de miel !

Le soleil s'élance dans sa gloire. Salut à toi, grand astre dont les chauds rayons font mûrir les moissons d'or ! Tout resplendit, tout tressaille sous le feu de tes regards. Tu es l'image de Dieu ; tu es brûlant et radieux comme l'amour. Ah ! mon cœur vole vers toi : protège en lui une flamme aussi pure, aussi puissante que la tienne ! Dans les yeux du roi Dag brille un de tes rayons, et ce rayon embrase son cœur. Guide cet enfant des dieux à travers la vaste mer ; ramène-le au foyer de ses pères, à sa fidèle fiancée, et prosternée avec lui devant ton trône, je t'offrirai un sacrifice digne de toi, ô roi majestueux du jour !

(*Kumba et Feima s'approchent.*)

Esclaves, c'est bien ! Le jardin est soigné. La beauté de ses plantes réjouit les yeux et le cœur. Bientôt le roi Dag viendra aussi les visiter et récompenser votre zèle. En attendant, recevez de ma main ces gages de sa faveur ; il vous en donnera lui-même de plus précieux. A toi cette chaîne d'argent, Feima ; tu t'en pareras le jour de tes noces. Oui, le même soleil qui bénira mon union avec le roi Dag éclairera la tienne avec ton fidèle Hreimer. Je veux qu'il soit mon maître jardinier. Déjà la chaumière que j'ai fait construire pour vous est prête ; vous resterez toujours avec nous. C'est toi, Feima, qui prépareras l'hydromel pour mon festin de noces. Prie les dieux, afin qu'il soit bien pur et que sa mousse d'or pétille dans la coupe.

FEIMA (*Elle tombe à genoux et veut baiser les pieds de Frid, qui étend la main sur elle*). — Maîtresse, ta bonté est grande. Nous voulons vivre et mourir pour toi. Que ta main est blanche et douce ! Le roi Dag seul a des mains comparables aux tiennes.

FRID. — Elles sont plus belles, Feima, car elles sont plus fortes. — Kumba, tu m'as toujours été la plus chère entre toutes mes suivantes. Depuis l'enfance, nous avons vécu ensemble. Je ne veux point que nous nous séparions. Prends cet anneau d'or.

KUMBA. — Princesse, il n'est point fait pour moi.

FRID. — Je te le donne.

Kumba. — Mes mains sont hâlées, mes doigts sont courts et tordus. Que feraient-ils d'un anneau ? Il ne leur convient point. Garde ton présent ; je ne désire que ta faveur.

Frid. — Puisque tu le veux, je le garde ; mais... pour le jour de tes noces. Je sais que Klur t'aime. Tu ne seras pas toujours aussi dure pour lui. C'est lui qui mettra cet anneau à ton doigt. (*Kumba se détourne*).

Mais, si quelque désir s'élève dans ton cœur, fais-le-moi connaître, Kumba, afin que je puisse le satisfaire. Je veux que tout le monde soit heureux. Ah ! vois ce bouton de rose qui s'épanouit ! Sois le bienvenu, charmant messager du bonheur ! (*Elle se penche vers la fleur et la baise.*)

Kumba, Feima, prenez-en bien soin ; protégez-le contre les fraîcheurs de la nuit ; arrosez-le avec l'eau la plus claire ! — « Lorsque la rose s'épanouira, je reviendrai ! » — Ainsi m'écrivait naguère le roi Dag. Cette rose est la première de cette année ; peut-être que, lorsqu'elle sera fleurie, le bonheur de ma vie fleurira aussi ! Soignez-la donc bien, esclaves ; ce ne sera point en vain. — Kumba, dans une heure, tu m'accompagneras au bain.

Kumba. — Je serai prête.

Frid. — Encore une fois, veillez sur mon bouton de rose ! (*Elle sort*).

SCÈNE II

KUMBA, FEIMA

Feima. — Qu'elle est bonne !

Kumba. — Elle est heureuse.

Feima. — Qu'elle est belle et majestueuse ! Elle est bien digne, vraiment, d'être aimée par un roi tel que Dag...... Kumba, que fais-tu donc ? Quoi ! tu brises le bouton qu'elle a confié à nos soins ?

Kumba. — Elle en aura bien d'autres.

Feima. — O Kumba ! ton action est mauvaise. Le moindre désir de Frid ne devrait-il pas être sacré pour toi ? Quoi ! ta maîtresse ! ta bienfaitrice !

Kumba. — Je suis son esclave...

Feima. — Mais elle est si bonne, si douce pour toi ! Ah ! Kumba !

Kumba. — Ne me fais pas de reproches! mon cœur est malade, je voudrais mourir.

Feima. — Mourir! Pourquoi?

Kumba. — Je suis esclave.

Feima. — Eh! jamais fille de notre race eût-elle un destin meilleur que le tien? Exemptée par la princesse de toute charge pénible, n'as-tu pas toujours été la plus chérie d'entre ses esclaves? Les plus beaux vêtements, la meilleure nourriture, c'est à toi qu'elle les donne! N'as-tu pas libre entrée au palais? N'y as-tu pas appris beaucoup de choses qui surpassent la science des esclaves?

Kumba. — Feima, tout ce qui est bonheur à tes yeux est malheur pour moi. Que ne me laissait-on dans mon humble cabane, en proie à la pauvreté et au travail? Pourquoi m'a-t-on introduite, moi esclave, dans un palais de roi? Pourquoi m'a-t-on appris à aimer ce qui est grand et beau, tandis que j'étais née pour la difformité et la bassesse? Pourquoi ai-je acquis une science qui ne devait me léguer que le désespoir?

Feima. — Ah! c'est ton cœur superbe qui te fait penser ainsi; c'est l'orgueil qui a changé pour toi le miel en poison.

Kumba. — Frid aussi a le cœur superbe; et chez elle ce n'est point un crime.

Feima. — Non, sans doute, car la fierté lui convient; mais pour nous il en est autrement. Frid est de la race des Jarls[1]; nous, de la race des esclaves.

Kumba. — Et cependant, Feima, les Sagas racontent que notre père à nous est un dieu, le même dieu qui fut plus tard le chef de la race orgueilleuse des Jarls. Ainsi, nous sommes les aînés. Pourquoi donc resterions-nous dans la poussière, tandis que ceux qui sont venus après nous lèvent le front vers le ciel?

Feima. — Je l'ignore. Mais ce que je sais, c'est qu'il ne te siérait point de porter sur la tête la couronne de Frid, de t'entourer la taille de sa ceinture d'or, et de marcher de son pas noble et solennel.

Kumba. — Hélas! je le sais aussi. Tout ce qu'on admire en elle serait

1. Les princes et les nobles de la Scandinavie.

en moi tourné en ridicule. Oui, je m'appelle et je suis Kumba[1]. Mais c'est là justement de quoi je me plains. Pourquoi suis-je Kumba !

Feima. — Je sais aussi que notre sort est doux et joyeux, lorsque nous voulons modérer nos désirs et humilier nos cœurs. Le soleil ne nous donne-t-il pas, comme aux filles des rois, sa lumière et sa chaleur? Les fleurs, leur éclat et leur parfum? N'avons-nous pas une chaumière qui nous abrite, des vêtements qui nous couvrent? Ne pouvons-nous pas, sous la protection d'un bon maître, avoir un époux et des enfants aussi bons, aussi aimés que ceux des Jarls?

Kumba. — Un époux esclave, des enfants esclaves !...

Feima. — Hreimer est esclave, c'est vrai ; sa main est dure et calleuse, mais elle est fidèle et amie du travail; et son cœur est bon, et son regard me dit qu'il m'aime. Auprès de lui je vivrai heureuse et libre de soucis, car nous nous aimons, car nous aimons nos maîtres, nos maîtres qui, j'en suis sûre, ne nous renverront jamais de leurs domaines ; ils ne nous sépareront jamais de nos enfants. Nous n'avons d'autre ambition que celle de vivre toujours à leur service.

Kumba. — Que tu es heureuse !

Feima. — Tu peux jouir du même bonheur, si tu veux. Kurl t'aime...

Kumba. — Ne me parle pas de Kurl !

Feima. — Mais, si tu veux rester sourde à l'amour d'un homme, quel plus heureux sort pour toi que de servir la princesse, que de vivre dans les salles royales, que de te voir sans cesse entourée de la foule brillante des nobles? Oui, Kumba, c'est grand et beau !

Kumba. — Misère ! Il est au loin, tu le sais, vers l'extrême nord, il est de vastes déserts, séjour des géants et des dragons. Là, au milieu des montagnes de glace, habite une race d'êtres qui diffèrent à peine de la brute. Ils sont vêtus de peaux de bêtes, les trous des rochers leur servent de retraite; leur langue est un grognement sauvage. — Eh bien, au milieu de ces êtres affreux, sur ces collines désolées, je serais plus heureuse qu'ici, dans le palais de la fille du roi.

Feima. — Quoi ! tu préférerais la société de ces lugubres trolls[2], à

---

1. *Kumba* signifie *informe créature, klum piga.*
2. Mauvais génies de la mythologie scandinave.

L'ESCLAVE

celle de la douce et belle Frid? Tu aimerais mieux ramper dans leurs cavernes et crier dans leurs bois, que de tresser sa chevelure d'or, et de baigner dans le bassin d'argent ses pieds blancs comme la neige?

Kumba. — Je l'aimerais mieux.

Esclaves, veillez sur mon bouton de rose (Dessin de E. Zier).

Feima. — Étrange fille!... Et pourquoi?

Kumba. — Parce que là je serais libre; parce que là je serais quelque chose.

Feima. — Je ne te comprends pas. Mais, puisque tu te trouves malheureuse ici, pourquoi ne demandes-tu pas ta liberté à la princesse? Elle t'aime : et certainement elle ne rejetterait pas ta prière. Pourquoi rester dans un lieu où tu souffres?

Kumba. — Ne me le demande pas.

Feima. — Tu es singulière! Tu veux et tu ne veux pas.

Kumba. — Hélas! tel est mon destin. Mes pieds sont attachés à cette terre qui me brûle.

Feima. — Pauvre sœur! j'ai pitié de toi!

Kumba. — Tu as raison. Mais ces puissances qui ont fait le noble et l'esclave, qui ont donné à l'un de l'or, à l'autre de la boue, je veux leur demander si c'était justice de partager ainsi leurs dons.

Feima. — Kumba, ne tente pas les dieux.

Kumba. — Ces dieux, qui imposent leur culte à l'homme pour le don d'une inutile vie, qui réclament des louanges et des sacrifices pour ces mottes de terre que nous arrosons de notre sueur, au profit d'autres mortels, ces dieux, je veux leur dire en face : Vous êtes injustes et égoïstes.

Feima. — Ah! cesse de parler ainsi! il est affreux de t'entendre! Tes yeux flamboient, tu blasphèmes!...

Kumba. — Ah! si dans mon désespoir je murmure et je blasphème, qu'importe! Bientôt, bientôt je rentrerai dans le silence de la poussière; bientôt je m'évanouirai, comme la nuée qui fond dans l'espace; il ne restera trace de moi. Mais le Walhalla[1] n'aura rien perdu de sa sérénité; les plaintes et les murmures n'y pénètrent point. Aux grands de la terre la gloire et les chants des Scaldes; aux esclaves, l'oubli. C'est en vain que nous avons été créés!

Feima. — Non, je ne le crois pas. Nos sagas ne nous disent-elles pas que pour nous aussi il y a une autre vie?

Kumba. — Vois ce nuage pâle qui flotte sur la bruyère désolée! Vois cette vapeur qui s'élève de la fange des marais! C'est là l'image de la vie future de l'esclave. Celle des grands, au contraire, est semblable à la marche triomphale du soleil, à la clarté calme et majestueuse des étoiles. Oui, Feima, à celui qui commande, la gloire et le bonheur; à celui qui est commandé, la souffrance et la honte.

1. Élysée scandinave.

Feima. — Les dieux ne peuvent oublier que nous sommes leurs créatures.

Kumba. — Les dieux!... Et ce ver de terre qui se débat contre l'agonie sous le pied qui l'écrase, ce ver n'est-il pas leur créature aussi?

Feima. — Quoi qu'il en soit, il est du bonheur encore pour l'esclave. Hreimer et moi nous pouvons l'attester.

Kumba. — Hélas! j'ai vu ma mère brûlée vive sur le bûcher de la reine Gunnild, et cela parce qu'elle était son esclave; j'ai vu mon père abandonner ma mère, et cela parce qu'il était libre et que ma mère était esclave; j'ai senti ma chair déchirée par le fouet du roi Atle, et cela parce que j'étais son esclave. Ah! Feima!

Feima. — Pauvre amie, calme un peu l'irritation de ton âme, et viens avec moi prier les dieux.

Kumba. — Eh! que puis-je leur demander?

Feima. — Un cœur pieux et satisfait.

Kumba. — Mon cœur est-il donc si mauvais?

Feima. — Pardonne à ma franchise, ma sœur : non, tu n'es pas bonne!

Kumba. — Tu dis vrai! il en serait autrement si les dieux n'étaient point sourds à mes prières! Comme toi je serais douce et pieuse; comme Frid, je chercherais à faire du bien à tous les êtres. Prends une abeille, arrache-lui les ailes; elle te piquera et laissera son venin dans ta blessure; rends-lui sa liberté, elle t'apportera les parfums des fleurs et les délicieux trésors de son miel.

Feima. — Et qu'exiges-tu donc de la bonté des dieux?

Kumba. — Naissance, beauté, richesse, gloire héroïque, place au palais d'Odin après ma mort, pour moi et pour ma race.

Feima. — O délire insensé! Kumba, ton cœur est malade. Puissent les dieux abaisser sur toi un regard de pitié! Je vais me prosterner aux pieds de leurs autels; j'espère qu'ils seront sensibles à ma prière. (*Elle sort.*)

SCÈNE III

KUMBA

Kumba. — Oui, va! sacrifie à ces dieux avares et égoïstes! Je ne ferai pas cette folie, moi. Ton cœur est bon, Feima... Que ne puis-je te ressembler ! Mais non, mon intelligence est supérieure à la tienne ; j'ai pénétré plus avant dans les mystères du destin... « Pourquoi ne quittes-tu pas ces lieux où tu souffres ? » me demande-t-elle. Pourquoi ? Ah ! une puissance fatale m'a rivée à la chaîne de la servitude, il faut que je reste là à désirer sans cesse ce que je ne puis atteindre, à appeler sans cesse ce qui est sourd à ma voix. Tout conspire contre moi. La grandeur m'offusque, et l'humiliation dont je souffre me jette le poison au cœur. Frid, l'innocente Frid, ah ! que ne puis-je la broyer sous ma haine ! Sa beauté, sa naissance, ses vêtements somptueux, tout en elle me fait envie. Que dis-je ? J'envie jusqu'à son amour !... Oui, j'aime aussi, moi ; j'aime le roi Dag... Eh ! pourquoi donc ne l'aimerais-je pas ? — Mais daignera-t-il seulement s'en apercevoir ? Lui, qui caresse si familièrement ses chiens et son cheval, ne se croirait-il pas déshonoré s'il tendait la main à l'esclave ?... Et il faut que moi, moi Kumba, j'aide au triomphe de ma superbe rivale ! Il faut que je prépare ses parures les plus brillantes, que j'attise le foyer de ses séductions ! Malheur ! malheur ! Quel ver maudit ronge l'arbre de ma vie ! Quelles sinistres pensées passent et repassent dans mon âme !... Non, non, fuyez, esprits de ténèbres !... Mieux vaut mourir. — Ah ! mon Dieu, que je souffre ! (*Elle pleure.*)

SCÈNE IV

(La chambre de Frid.)

FRID, KUMBA

FRID. — Tresse mes cheveux, Kumba, et arrose-les de cette huile parfumée que Dag m'a envoyée des pays du midi.

KUMBA. — J'obéis.

FRID. — Et pendant que tu t'acquittes de ce soin, raconte-moi une de ces sagas merveilleuses que tu connais si bien.

KUMBA. — Veux-tu entendre la saga de Rig ?

FRID. — Volontiers.

KUMBA. — Herindal, le dieu sage et fort, arriva un jour à une maison déserte située sur le rivage de la mer. Il y entra. Deux êtres humains, vêtus d'habits grossiers, y étaient accroupis auprès d'un foyer allumé, et se disposaient à prendre leur repas. C'étaient *Ae* et *Edda*. Hérindal, qu'on appelait aussi Rig, prit place à leurs côtés, et resta dans leur maison trois jours et trois nuits. Puis il se remit en route. Mais quand neuf lunes se furent succédées dans le ciel, Edda mit au monde un fils qu'elle plongea dans l'eau, et auquel elle donna le nom de *Träl*. Et ce fils grandit. Son teint était noir, ses traits disgracieux, ses mains épaisses et ridées, ses pieds larges, son dos voûté. Or, il advint que *Trälinna*, la mendiante, au nez plat, aux bras hâlés, aux pieds fatigués, étant entrée dans la hutte, s'unit à Träl, et lui donna des fils et des filles. Leur occupation consistait à traîner des fardeaux, à porter du bois, à cultiver les terres, à garder les pourceaux et les chèvres, à tirer de la tourbe. De Träl et de Trälinna est sortie la race des esclaves.

Et Rig arriva à une autre maison, où il trouva encore un homme et une femme. C'étaient Afe et Amma. Afe était occupé à tourner un tronc d'arbre; il avait la barbe rasée, les cheveux coupés, et il portait une chemise attachée au cou avec une boucle. Amma filait de la laine. Ses cheveux étaient serrés dans un réseau, son cou entouré d'un mouchoir, et sur ses épaules flottait un ruban. Ils accueillirent Rig avec cordialité, et l'hébergèrent durant trois jours et trois nuits. Puis Rig se remit en route. Mais, quand neuf lunes se furent succédées dans le ciel, Amma mit au monde un fils qu'elle plongea dans l'eau, et auquel elle donna le nom de *Karl*. Et ce fils grandit. Son teint était rose, ses traits agréables, ses yeux rayonnants. Il apprit à dompter les taureaux sauvages, à bâtir des maisons, à carder la laine, à conduire la charrue. Snor lui fut donnée pour épouse Snor, qui était vêtue d'une robe de crins de pourceau, et portait un trousseau de clés. Et ils eurent beaucoup de fils et de filles. De Karl et de Snor est sortie la race des hommes libres.

Et Rig arriva à un palais magnifique, habité par *Fader* et *Moder*. Là régnait le luxe des festins et des parures. Rig y resta trois jours et trois nuits, puis se remit en route. Mais, quand neuf lunes se furent succédées dans le ciel, Moder mit au monde un fils qu'elle plongea dans l'eau, et auquel elle donna le nom de Jarl. Et ce fils grandit. Et quand Rig eût appris qu'il était beau de visage, et plein d'habileté à monter à cheval, à bander l'arc et à lancer le javelot, il revint au palais, lui enseigna les lettres runiques, et l'adopta pour fils. Le jeune Rig se rendit célèbre dans les combats. Il épousa la fille de Herse, la blanche et gracieuse Erna, et il en eut beaucoup de fils et de filles. De Jarl et d'Erna est sortie la race des rois et des jarls.

Ainsi finit la saga de Rig.

Frid. — Merci, Kumba, cette saga est belle et pleine de sens.

Kumba (*à part*). — Oui, pour toi.

Frid. — Mais tandis que tu me racontais ta saga, le souci pénétrait dans mon âme. Sais-tu qu'il y a aujourd'hui trois ans que je n'ai vu le roi Dag.

Kumba. — Je le sais.

Frid. — Ah! Kumba, que ce temps est long! Lui qui m'a si bravement sauvé la vie, lorsque le château de mon oncle Atle a été pris et saccagé! lui qui m'a ramenée dans cette demeure, et qui m'a fait avec tant de transport l'aveu de sa flamme, en me demandant mon cœur et ma main! — Pourquoi faut-il que la destinée nous sépare encore, et que le serment qu'il a fait de délivrer sa sœur Gudrune des fers de l'esclavage prolonge ainsi son absence?

Kumba. — Tu désires donc bien le revoir?

Frid. — Ah! Kumba!

Kumba. — Mais s'il ne revenait pas, s'il succombait dans la guerre?

Frid. — Impossible! J'ai interrogé la prophétesse du temple d'Upsal, et elle m'a prédit pour lui un avenir de gloire et de bonheur.

Kumba. — Tu as été au temple d'Upsal! La paix habite-t-elle dans son enceinte?

Frid. — La paix! elle y brille au front des dieux, ainsi qu'un diadème sacré; ni les soucis, ni les chagrins ne viennent en troubler la sérénité. L'aspect seul du grand prêtre dissipe les orages qui s'élèvent dans le cœur des mortels.

Kumba (*à part*). — Des mortels! et moi? (*Haut.*) Et tu t'es mêlée à la solennité des sacrifices?... Immole-t-on toujours des victimes humaines?

Frid. — Oui, souvent des esclaves et des criminels.

Kumba. — Des esclaves et des criminels !

Frid. — Quelquefois aussi des hommes de noble race. La victime est amenée à l'autel, revêtue d'habits de fête. Le sacrificateur asperge de son sang les murs du temple, ainsi que le peuple assemblé ; et tandis que de ses chairs consumées s'élève vers le ciel une fumée odorante, les hymnes pieux retentissent avec éclat.

Kumba. — Mais la victime reste-t-elle impassible ? Les cris de son agonie ne troublent-ils pas les chants du sacrifice ?

Frid. — Ses cris sont étouffés, ou se perdent dans un chœur universel d'actions de grâce.

Kumba. — Ses cris sont étouffés !

Frid. — Non, rien ne trouble l'harmonie du culte divin... Mais, qu'entends-je ? Un messager qui arrive... Hâte-toi, bonne Kumba !... Ou plutôt, non, j'y vais moi-même, c'est un messager du roi Dag, mon cœur me le dit... (*Elle sort.*)

SCÈNE V

KUMBA

Kumba. — Et je serai témoin de leur bonheur ! et j'assisterai à leurs serments d'amour et de fidélité ! Ah ! vous autres grands, vous ne voulez pas croire qu'un cœur comme le vôtre bat aussi dans la poitrine de l'esclave ! — Vous nous foulez aux pieds... Qu'importe ! — Traînez-moi cette victime à l'autel, massacrez-la, brûlez-la... C'est un esclave. Et s'il est rebelle au couteau, qu'on le bâillonne, qu'on l'étouffe ! La fumée qui s'élève de ses chairs palpitantes est pour vous un doux parfum, nobles prêtres, dieux bienfaisants ! O lugubre destin ! — Mais, pourquoi donc le subirais-je, moi ? — Si je tuais Frid, et si, parée de ses vêtements, j'allais à la rencontre de Dag ! — Insensée ! comme si les stigmates de l'esclave pouvaient s'effacer de mon front ! — Mais quels noirs serpents sifflent au fond de mon cœur ?... Attendez !... je suis à vous. — Oui, oui, j'assouvirai votre faim...

Un Alfe blanc (*du haut des cieux*). — Repose-toi sur le sein de la nature, c'est le sein d'une mère.... Là, tu sentiras se dissiper ton chagrin, et l'espérance renaître dans ton âme. Pourquoi l'attrister et te plaindre ? N'as-tu pas, comme tous les êtres, ta part aux biens de la création ! Le soleil ne te réchauffe-t-il pas de ses rayons, ne t'éclaire-t-il pas de sa lumière ?

— Cesse de maudire ton destin. Nul n'est orphelin ici-bas. De même que sur le globe de la terre descend de toutes parts un pavillon d'azur, ainsi sur tous les êtres s'étend la vigilance de l'amour. Ne crois point que les dieux, retirés dans leur mystérieux sanctuaire, seraient insensibles aux vœux des mortels. A tous, ils disent : espoir et bonheur !

Kumba (*comme sortant d'un songe*). — Qu'ai-je entendu ? espoir, bonheur !... D'où me viennent ces mélodieuses voix ? Est-ce bien à moi qu'elles s'adressent ?... Illusion ! Erreur !

Un Alfe noir (*de dessous terre*). — Es-tu donc esclave par l'esprit comme tu l'es par la naissance ?... Qu'hésites-tu, faible fille de la terre ? — Allons, lève-toi, lève-toi pour la haine et pour la vengeance ; c'est là ton lot, esclave, comme aux Jarls les splendeurs du soleil et les voluptés de l'amour !...

Kumba. — Ah ! je vous reconnais, génies amis, qui m'inspirez ! Oui, je me lèverai pour la haine et pour la vengeance. Une rage audacieuse s'empare de mon âme. J'irai là-bas, au milieu de ces noirs rochers, effroi des mortels ; j'irai invoquer la redoutable sorcière. Que m'importent les serpents et les loups qui entourent sa demeure ! Je ne les crains pas ; de plus terribles et de plus affamés broient les fibres de mon cœur.

SCÈNE VI

FRID (*à une fenêtre.*)

Frid. — Quelle tempête assombrit l'horizon ! C'est en vain que j'ai cherché le repos sur ma couche désolée. Les vagues mugissantes errent de rochers en rochers, comme si elles cherchaient une proie. O Dag ! ô fils des dieux, puisses-tu triompher de leur courroux, et arriver sain et sauf auprès de la bien-aimée !

Mais quel pressentiment assiège mon âme et me fait trembler! Moi qui ai vu, sans pâlir, le sang des combats, qu'est devenu mon courage? Pourtant Bag est près d'ici; encore quelques instants, et l'amour nous réunira pour ne plus jamais nous séparer.

Kam bo chez la sorcière.

Une sinistre lueur brille là bas sur la grève déserte. Est-ce un signal de la vieille sorcière? Mais, que pourraient ses maléfices contre le puissant héritier d'Olin? — Voilà qu'elle s'éteint... les ténèbres couvrent l'espace... O spectacle d'horreur, qui m'expliquera ton mystère? Mais que vois-je? Quel fantôme se dresse devant moi? Est-ce illusion de mon esprit?... Non, le voilà qui s'approche... parle donc, monstre affreux; d'où viens-tu? que veux-tu?

Un Alfe noir. — Je viens des profondeurs de l'abîme. Je t'apporte un message.

Frid. — A moi? Et lequel?

L'Alfe. — Un message de mort.

Frid. — De mort?... Oh! non, non, je ne veux pas mourir.

L'Alfe. — La mort s'avance, te dis-je; fais préparer ta tombe.

Frid. — Tu mens. Arrière, esprit de ténèbres! Frid ne te craint pas, Frid est la fille des dieux.

L'Alfe. — Encore une fois, prépare ta tombe. *(Il disparaît).*

Frid. — Ah! quelle effroyable vision! Tout mon sang est glacé, j'ai peur. Kumba!

SCÈNE VII

FRID, KUMBA

Kumba. — Princesse!

Frid. — Je suis malade, bien malade! Regarde bien, est-il parti, le monstre? Ne vois-tu rien?

Kumba. — Rien que l'ombre de la tête.

Frid. — Ah! c'était un songe, un mauvais songe. Donne-moi à boire, Kumba.

Kumba. — Voilà! *(Elle lui tend une coupe.)*

Frid. — Pourquoi donc ta main tremble-t-elle ainsi? — *(Elle boit.)* C'est bien, je me sens mieux; va te reposer: je vais dormir, moi aussi, oui, je vais dormir.

DEUXIÈME PARTIE

SCÈNE PREMIÈRE

(Un jardin. Le soir.)

KUMBA, FEIMA

Kumba. Pourquoi ces pleurs, Feima?

Feima. — Pourquoi? Frid n'est-elle pas malade, malade à la mort? Chaque jour son pas devient plus faible, sa joue plus pâle; des larmes sans fin coulent de ses yeux ; sa voix a perdu sa fermeté et sa fraîcheur.

Kumba. — Et c'est pour cela que tu pleures ?

Feima. — Oui, je pleure ; car la douce, la bonne princesse va nous être ravie... Et Hreimer et moi, qui nous étions promis de ne jamais la quitter, nous devrons lui dire adieu.

Kumba. — Tu la dis bonne, Feima ?

Feima. — Sans doute ; ne nous a-t-elle pas comblés de ses bienfaits ne voudrait-elle pas rendre tout le monde heureux ?

Kumba. — Quoi ! pour tirer de son riche trésor quelques grains de poussière, et les jeter nonchalamment autour d'elle ! Cela est merveilleux, en vérité. Qui n'en ferait autant? Mais l'as-tu jamais vue se sacrifier pour un autre ? A-t-elle jamais touché de sa main royale le fardeau sous lequel tu succombes ? Voudrait-elle seulement se baisser pour alléger ta fatigue ?

Feima. — Ce n'est point là la tâche d'une fille des dieux.

Kumba. — Eh ! pourquoi non ? La bonté et la miséricorde sont-elles donc des vertus étrangères aux dieux !... Ah ! loin de moi ces dieux dédaigneux et égoïstes que tu adores. — Le dieu que j'aimerais, moi, devrait-être l'ami du pauvre et de l'orphelin ; il devrait épouser leur misère, et lorsque après un long temps d'épreuves sur la terre, il remonterait au séjour de la gloire, il devrait y préparer pour les humbles et les affligés, des trônes et des couronnes dont l'éclat ferait pâlir l'orgueil des grands qui nous méprisent.

Feima. — Ce sont là des chimères, Kumba. Élève plutôt ton cœur vers les dieux que nous connaissons, et implore de leur bonté la santé et joie pour notre chère maîtresse. Prie-les aussi de confondre les ennemis de son destin. Oui, malheur, malheur à ceux qui conspirent contre elle et qui lui ont versé la mort !

Kumba. — Ma sœur, ne parle pas ainsi !

Feima. — Malheur, te dis-je, malheur au bourreau de l'innocence et de la vertu ! Mais, je ne perds pas encore tout espoir. Les dieux se laisseront fléchir, et Frid nous sera rendue. (*Elle sort.*)

SCÈNE II
KUMBA

KUMBA. — Malheur, bonheur... deux mots pour moi vides de sens, et qui ne troublent pas plus mon âme que la brise mourante du soir ne trouble les feuilles du chêne. Ainsi en est-il de moi depuis que j'ai mangé du cœur de louve dans la caverne de la sorcière. Le mal a passé dans mon essence. Ni la pitié ni l'amour ne me sollicitent plus. J'ai été assez forte pour donner à Frid le breuvage empoisonné préparé par Grimgerda; mais ma vengeance n'est pas encore assouvie. Et cependant l'œuvre accomplie est déjà assez belle. Frid se meurt; ses rêves d'avenir sont éteints : sa brillante carrière est fermée. La voilà maintenant, comme les autres mortels, le jouet de la souffrance et du désespoir. Sa fierté, son orgueil, sa beauté, tout se flétrit et tombe en poussière. On ne la verra plus marcher dans la splendeur et dans la joie, comme pour se railler de mon humble et triste vie. C'est en vain qu'elle attendra son roi Dag : elle est perdue pour lui. Et moi, moi, je jouirai enfin de ce calme, de cette paix que j'ai tant désirés ! Oui, Grimgerda, tu me l'as promis; tu tiendras ta promesse. — Cette inquiétude qui s'élève encore parfois dans mon âme s'évanouit. — Est-ce que je suis faite pour le remords? Est-ce que je n'ai pas eu raison de me venger? Est-ce que, lorsque la justice et la colère des dieux font silence, ce n'est pas aux hommes à se montrer? Allons, taisez-vous, esprits qui tourmentez mon cœur! Le sort en est jeté, je marcherai jusqu'au fond de l'abîme. (*Frid paraît.*) — Mais la voici, la noble princesse ! Lève donc maintenant ta tête superbe, fille des rois; fais-nous donc entendre des paroles de gloire et d'amour... Ah ! que tes tourments me charment ! Je vais me cacher derrière ce buisson de roses, afin de t'entendre gémir : les plaintes de ton cœur me sont plus agréables que les chants du rossignol. (*Elle se cache.*)

SCÈNE III
FRID

FRID. — Voici l'heure où la nature pleure la mort de Balder[1]. Tout

---

1. Balder, le plus doux, le plus clément, des dieux scandinaves, fut tué par Laki, le génie du

est dans les larmes les arbres, les feuilles, les fleurs : ; le front des étoiles même se voile de tristesse. C'est le moment où le cœur qui souffre peut exhaler sa plainte; il trouvera un écho consolateur. (*Elle s'appuie contre un arbre.*) Pourquoi donc, moi, qui n'ai jamais connu la douleur, suis-je maintenant si malheureuse?... Depuis ce jour où l'Alfe noir m'est apparu, la vie ne m'offre plus que misère et que désespoir. Le sommeil a fui de ma couche; un mal secret me consume... mes yeux sont ternes, mes lèvres desséchées, mes membres languissants; toute ma force est épuisée.

O Dag! ô mon bien-aimé! que diras-tu, en retrouvant ta fiancée en proie à de telles angoisses! Et si... Mais, non, ce serait trop cruel... Mourir sans te revoir?... O Dieu, détournez de moi cet horrible pressentiment! Non, mes forces peuvent se ranimer encore... les dieux sont si bons; ils veillent sur l'enfant qui les aime... C'est une preuve qu'ils m'envoient, pour me rendre meilleure; je m'en relèverai plus belle, plus radieuse... O vous, bienfaisants génies, qui habitez dans le cœur des arbres; vous que le soleil inonde d'une sève toute-puissante, et auxquels il donne la force de triompher de l'hiver et des tempêtes, comme vous êtes bons aux oiseaux qui se réfugient dans vos bras amis, au voyageur qui cherche un abri sous votre ombre! Ne me refusez pas votre protection. Vous le voyez, un ver fatal me dévore; mes jours penchent vers la tombe. N'est-ce pas à vous que je dois redemander la sève de ma force, les fleurs de ma vie?

Les Esprits des arbres. — Non! nous ne pouvons rien pour toi.

Frid. — Et vous, qui reposez dans le calice des fleurs, gracieux génies, favoris de la lumière, vous que j'ai entourés de tant de soins et de tant d'amour, dites-moi, ne pouvez-vous rien contre ma souffrance?

Les Esprits des fleurs. — Hélas! rien.

Frid. — Vous appellerai-je aussi, pâles lutins des montagnes et des rochers? Vous avez pleuré la mort de Balder; votre cœur de pierre n'est donc pas insensible. Ah! je vous le demande, est-il dans votre pouvoir de me soulager, de me guérir?

---

mal. Tous les êtres pleurèrent sa mort. Chaque matin, lorsque la rosée couvre les arbres et les fleurs, c'est la nature qui déplore, par de nouvelles larmes, ce lugubre événement.

Les Esprits des montagnes. — Non.

Frid. — Ainsi tout me délaisse et me repousse ! Mais toi, Dieu puissant, seras-tu inexorable ? J'élève les yeux vers ton ciel, et je te redemande la vie que tu m'as donnée. Ah ! que je renaisse à la santé, que je revoie encore mon bien-aimé Dag !... Quel est ce nuage brillant qui s'abaisse ? Messager des cieux, Alfe blanc, est-ce toi ? Viens donc rafraîchir mon âme desséchée, viens me rendre l'espoir et le bonheur !

Un Alfe blanc. — Oui, espère et sois heureuse !... Les mystères d'Odin sont profonds. Tu mourras, fille de la terre, mais ta mort sera le signal de ton triomphe. (*Il disparait.*)

SCÈNE IV

(Région sauvage et escarpée.)

KUMBA

Kumba. — Où suis-je ? dans quelles voies inconnues ai-je égaré mes pas ? Je vois danser autour de moi les spectres de la nuit, et sur ma tête j'entends gronder la vengeance. Qu'il fait noir au fond de mon âme ! (*Éclairs et tonnerre. Un arbre tombe près de Kumba ; elle tressaille et s'appuie contre un rocher.*)

Qu'est-ce donc ? un arbre qui tombe sous les coups de la foudre... Y a-t-il là de quoi trembler ? Plus terrible cent fois est l'orage qui gronde dans mon cœur.

Mais voilà que tout redevient calme et pur. Merci à vous, esprits des tempêtes ! Je suis fatiguée de ma course, il faut que je prenne du repos. (*Elle s'assied sur l'arbre foudroyé.*)

C'est l'heure où le désert se peuple d'êtres vivants, où les monstres, fils de la nuit, visitent les habitations humaines. La lune, pâle soleil des sorciers, les éclaire. Les noirs dragons sillonnent l'espace, et sur leur croupe chevauchent les Trolls livides, portant partout la désolation et l'épouvante. Quoi donc ! on ne trouve ici qu'inquiétude et désespoir ; et moi, je viens y chercher le repos et la paix ! Où es-tu, Grimgerda ? Me voici ! Hâte-toi de remplir ta promesse !

SCÈNE V

Une caverne, dans l'intérieur de laquelle on voit briller un feu rougeâtre. Auprès du feu, une chaudière où Grimgerda fait distiller la bave de trois couleuvres. Des Alfes noirs et des Trolls dansent autour de la caverne; deux loups en gardent l'entrée.

GRIMGERDA, UN TROLL, PUIS KUMBA

Un Troll. — Entendez-vous ce bruit, là bas?... C'est une femme qui s'avance. Allons, les Trolls, apprêtez-vous! Prenons la femme; elle est bonne à berner! Ah! quel plaisir! quel plaisir! (*Il rit aux éclats.*)

Grimgerda. — Silence, tapageurs! A vos places! S'il me vient des hôtes, que vous importe? Silence, vous dis-je, à moins qu'il ne vous convienne d'être changés en pierres, comme il est déjà arrivé à plusieurs d'entre vous. Vite, dans vos trous, et que la vapeur du poison vous y tienne endormis jusqu'à ce que je vous rappelle.

(*Les Trolls s'enfuient épouvantés. Quatre figures sinistres restent avec la sorcière. Grimgerda frappe la terre de sa baguette. Les loups se couchent sur le ventre. Kumba arrive à l'entrée de la caverne*).

Arrête, fille téméraire, je te connais!

Kumba. — Tu connais Kumba l'esclave? Tu sais donc que tu pourrais enchaîner ses pieds, mais non sa volonté ni sa langue.

Grimgerda. — Peut-être, si je le voulais, mais je ne le veux pas. Qui t'amène ici? Approche.

Kumba. — Je viens te sommer, sorcière, de tenir ta parole.

Grimgerda. — Quel ton!

Kumba. — Oui, donne-moi le repos et la paix. Tu me les a promis, tu m'as trompée!

Grimgerda. — Pas si haut, tu vas éveiller ces Trolls qui dorment.

Kumba. — Ils dorment! Je ne dors plus, moi!

Grimgerda. — Que te manque-t-il donc?

Kumba. — Tout! Ah! Grimgerda, s'il te reste encore quelque sentiment humain, prends pitié de moi! La force que tu m'avais donnée s'est évanouie, le calme n'a fait qu'effleurer mon âme. Les tourments qui me déchirent sont mille fois plus cruels que ceux que j'ai ressentis avant mon crime. Une ombre qui passe, un soupir de la brise, me font trembler. Et quand je suis témoin des souffrances de celle que j'ai tuée, je sens mon cœur se fendre. Ah! délivre-moi de ce remords qui m'accable, Grimgerda! toi qui as fait le mal, tu peux le réparer. N'est-ce pas que tu peux rendre Frid à la vie?

Grimgerda. — Arrête donc la flèche qui fend l'espace ou le fleuve qui se précipite vers la mer! Ce qui est fait ne peut être défait. L'âme forte ne désavoue jamais ses œuvres. Frid doit mourir!

Kumba. — Mais alors donne-moi, du moins, le calme et la paix! donne-moi l'oubli!

Grimgerda. — L'oubli est le breuvage des morts.

Kumba. — Eh bien, donne-moi donc la mort! Envoie contre moi un de tes serpents.

Grimgerda. — Mes serpents ne s'attaquent point à leurs semblables.

Kumba. — Tes paroles sont plus acérées que leurs dards... Je te le répète, Grimgerda, donne-moi l'oubli, l'oubli...

Grimgerda. — Ceux-là seuls oublient qui n'ont rien fait de grand ni en vertu ni en crime.

Kumba. — Misérable sorcière! tu te ris de moi; tu renies tes promesses; — mais tremble!

Grimgerda. — Silence! vile esclave! Oser me menacer! Rampe à mes pieds, ver de terre, ou je te jette en proie à mes loups et à mes serpents!...

Kumba. — Que m'importent tes loups et tes serpents! Leur rage et leur venin sont-ils comparables à ceux que je porte déjà dans mon cœur? Non, sorcière, je ne te crains pas; je défie ta colère; tremble, au contraire, devant la malédiction qu'à mon heure suprême mes pâles lèvres fulmineront contre toi!

Grimgerda (*à part*). — Quelle énergie! (*Haut.*) Écoute, Kumba, apaise cette colère d'enfant! Je prends pitié de toi, je veux te servir... Ce qui cause ton malheur, ma fille, c'est de t'être arrêtée à moitié chemin... Secoue cette enveloppe d'esclave qui paralyse ton élan; entre décidément dans ma voie; sois mienne, et tu seras libre et heureuse...

Kumba. — Et je goûterai, enfin, le calme et la paix?

Grimgerda. — Tes désirs les plus vastes seront satisfaits; ma puissance sera la tienne. Malheur à ceux dont la gloire excitera ton envie ! il te sera donné de les précipiter dans la poussière et de les humilier sous tes pieds. Cette inégalité qui t'afflige, la meilleure part en sera à toi. Tu seras reine du monde !

Kumba. — A quel prix tant de faveurs ?

Grimgerda. — Écoute, et retiens mes paroles. Dans le château qui est situé de l'autre côté du fleuve, habite un Jarl nommé Harald Sigurdsson.

Kumba. — Je le connais ; c'est un brave guerrier, un ami du roi Dag.

Grimgerda. — Je le hais ; mais je hais encore plus sa femme, la superbe Herberg.

Kumba. — Eh bien ?

Grimgerda. — Eh bien, ils ont un fils, un fils âgé de trois ans ; il faut tuer cet enfant.

Kumba. — Moi ! ô horreur !

Grimgerda. — C'est à ce prix seulement que tu pourras jouir de la paix et de tous les trésors que je t'ai promis.

Kumba. — Ah ! Grimgerda, tu connais mal mon cœur. J'ai pu me venger de Frid, parce que sa puissance offusquait ma bassesse. Mais qu'ai-je à reprocher à cet enfant ? C'est une lâcheté que tu me commandes ! Arrière !

Grimgerda. — Tu refuses ! Misérable esclave, c'était donc un mensonge, que tout ce que tu me disais de ta force et de ton courage ! Comment as-tu pu verser du poison à cette belle et gracieuse princesse, toi qui recules devant la mort d'un enfant ? Il deviendra grand aussi pourtant, cet enfant, et il écrasera sous son pied royal plus d'un de tes pareils. Insensée qui fausse sa route et prétend conquérir par une lâche vertu ce qui ne peut être que le prix de l'audace et du crime ! Va donc et rentre dans la poussière ; c'est la seule condition qui soit à ta taille. Va, mais sache que ma malédiction est sur toi ; ta vie s'usera dans les angoisses ; la terreur s'attachera à tes pas ; les monstres de ma caverne assiégeront ta couche et en chasseront le sommeil. Ta chair se desséchera comme les ronces du rocher ; tes prières resteront sans écho, ainsi que les hurlements du loup affamé dans le désert. Et quand tu seras morte, la chaîne de l'esclave restera encore rivée à ton âme ; et le fouet du maître la déchirera éternellement de ses impitoyables lanières. Va donc encore une fois, esclave stupide ; tes pieds sont indignes de fouler mes sombres rochers !

SCÈNE VI

(Chambre à coucher de Frid. Le soleil se couche.)

FRID, KUMBA

FRID (*elle est à moitié couchée sur son lit*). — Encore quelques instants, et tout sera fini, et je verrai se lever sur moi une nouvelle lumière. Oui, ô soleil de la terre, c'est pour la dernière fois que je salue ton disque glorieux ! Ah ! il m'est doux de sentir encore les caresses de tes rayons ! Ils changent en robe brillante le vêtement lugubre de l'esprit de la mort ; ils m'inondent d'une délicieuse paix et d'un bonheur infini.

La mer ! la mer ! Je ne puis m'empêcher d'y chercher de mon regard éteint la voile qui m'apporte celui que j'aime. Hélas ! quand il arrivera, il ne retrouvera plus sa fiancée.... Déjà la mort l'aura enlevée... Mais console-toi, mon bien-aimé, elle veillera sur toi du haut des célestes sphères ; nul autre que toi n'aura eu son amour...

KUMBA (*à part*). — Les serpents qui rongent mon sein sont plus terribles que les vers du tombeau.

FRID. — Depuis que l'Alfe lumineux est venu me sourire, je me sens réconciliée avec la mort. Nulle plainte, nul murmure ne s'échappe plus de mes lèvres. La mort, je le sais, ne peut tuer l'amour ; l'amour est immortel. Un jour viendra donc où Dag sera réuni à moi pour jamais. O douce espérance, que tu fais de bien à mon âme ! Par toi, je meurs en paix avec le ciel et avec la terre !

KUMBA (*à part*). — Quel éclat céleste brille sur son front ! — Quelle douce sérénité dans toutes ses paroles ! Et moi, je suis la proie du trouble et des ténèbres ! Non, je ne la hais plus : ma haine a tourné sa rage contre mon propre cœur.

FRID. — Kumba, ma fidèle Kumba, merci pour l'amitié que tu m'as toujours témoignée ! Garde ce bijou en souvenir de moi, et sois libre, Kumba, sois libre et heureuse !

Kumba. — Princesse, je ne veux de toi qu'une seule chose.
Frid. — Laquelle?
Kumba. — Ta haine.
Frid. — Ma haine?
Kumba. — Oui; car c'est par ma main que tu meurs, j'ai été la vipère qui a dévoré ta vie. L'esclave, l'indigne esclave te haïssait et faisait sa volupté de tes souffrances.
Frid. — O Dieu! tu me haïssais! toi, Kumba! Et pourquoi?
Kumba. — Parce que tu étais noble et riche, et que j'étais esclave et pauvre; parce que tu étais belle, et que j'étais laide; parce que tu étais la fiancée du roi Dag, et que j'aimais, moi aussi, le roi Dag; parce qu'enfin les dieux t'avaient comblé de leurs dons et qu'ils ne m'avaient légué que l'opprobre et la misère. L'envie s'est rendue maîtresse de mon âme. Je n'ai pas voulu qu'une autre possédât des trésors qui m'étaient refusés. Et je me suis vengée!
Frid. — Ah! Kumba, pouvais-tu avoir de tels sentiments à mon égard, lorsque moi je t'entourais de tant d'amour et de confiance?
Kumba. — Je t'ai trahie, je t'ai empoisonnée. Ah! que ta haine et ta malédiction retombent sur moi!
Frid. — Si ta main m'a donné la mort, une main plus puissante m'a donné une immortelle vie; ce n'est donc point ma destinée que je déplore, c'est la tienne. Sans doute mon âme est triste, bien triste; mais avant que je quitte la terre, reçois mon pardon, Kumba!
Kumba. — Quoi! tu me pardonnerais!
Frid. — Oui, je te pardonne. Tu as été malheureuse, Kumba; ton malheur excuse ton crime. Mais pardonne-moi aussi de n'avoir point assez allégé tes souffrances. Il me serait trop amer de descendre dans la tombe poursuivie par ta haine... Ah! dis-le-moi, Kumba, dis-moi que tu m'aimes!...
Kumba. — Ah! mon cœur se brise!
Frid. — Mais vois donc ce navire qui s'approche de la côte!... C'est lui! oui, c'est lui; mes yeux éteints reconnaissent encore son blanc pavillon.
Kumba. — Oui, c'est lui; il vient, et tu ne le verras pas! O malheur, malheur!

Frid. — Salue-le pour moi, Kumba ! (*Étendant les bras vers la mer.*) Adieu, mon bien-aimé, je vais t'attendre dans un monde meilleur ; hâte-toi de m'y rejoindre. Adieu ! adieu ! (*Elle expire.*)

SCÈNE VII

KUMBA

Kumba. — Morte ! morte !... Eh bien, je veux mourir aussi, moi ; je veux la suivre dans les sombres demeures, pour y pleurer éternellement à ses pieds, et y expier mon crime. Elle m'a pardonné !... Mais les dieux vengeurs me pardonneront-ils comme elle ?... Cette basse envie qui m'a armée d'un poison criminel ne les trouvera-t-elle point inexorables ? Et par delà la tombe, mon âme maudite ne flottera-t-elle pas sans cesse sur des rivages déserts, cherchant en vain le repos ? Tout forfait appelle sa punition. Et quel forfait que le mien !... Était-ce bien à Frid, à ma douce bienfaitrice que devaient s'en prendre ma haine et ma vengeance ?... Non, je ne saurais me supporter moi-même ; la mort seule peut m'arracher à mes angoisses ; et si son mystère me cache des tourments plus affreux encore, Frid les verra du moins, et le courage et la résignation avec lesquels je m'y soumettrai justifieront à ses yeux le pardon qu'elle m'a donné. (*Elle se tue.*)

FIN DE L'ESCLAVE

VOYAGE D'HIVER DE SUÈDE EN FINLANDE

PAR LES ILES D'ALAND ET BOMARSUND.

L'année 1852 venait de commencer. J'étais alors à Stockholm où m'avaient appelé, dès l'été précédent, les intérêts d'une mission dont j'étais chargé par le Gouvernement. Mon désir eût été de rester longtemps encore dans cette ville, car je l'avais prise en affection, tant à cause des travaux importants que j'y avais accomplis, qu'à cause des agréments de toute sorte dont on m'y avait comblé. Mais mes instructions m'obligaient à me rendre, sous un bref délai, en Finlande et en Russie.

Certes, c'était là une terrible obligation. Nous étions en plein mois de janvier. Or, à cette époque de l'année, il n'y a d'autre route directe pour se rendre de Suède en Finlande que celle des îles d'Aland.

Pendant plusieurs jours, mes amis de Stockholm s'efforcèrent de me détourner de ce voyage. Ils m'en disaient des choses effrayantes; ils me parlaient d'hommes gelés, ensevelis sous la neige ou tombés au fond des lacs; d'ouragans, de tempêtes, de loups affamés. « Aurez-vous le courage, ajoutaient-ils, de faire de longues lieues à pied dans la neige ou sur la glace; de traverser en petit bateau des lacs et des détroits d'une eau épaisse comme la pâte; ou, cette eau étant déjà prise, de vous y faire glisser à l'aide de couteaux, étendu à plat ventre sur une planche? » Que ne me racontait-on pas des îles d'Aland ! Jamais, dans le cours de mes pérégrinations hyperboréennes, je n'avais rien entendu de semblable. Aussi, bien que j'estimasse la plupart de ces récits fort exagérés, je ne pouvais me défendre d'en être secrètement ému, et, par suite, plongé dans une véritable perplexité.

Une circonstance imprévue vint tout à coup me pousser à une résolution. Le baron de Krüdener, ministre de Russie près la cour de Suède, étant mort presque subitement à Stockholm, M. de F..., secrétaire de notre légation, fiancé récemment à sa fille qui se trouvait alors à Saint-Pétersbourg, dut se rendre immédiatement auprès d'elle. — « Voulez-vous partir avec moi? me dit-il; vous me ferez plaisir; nous passerons par la Finlande! » Je n'eus pas de peine à me laisser persuader; la perspective de voyager avec un compagnon aussi aimable et aussi courageux que M. de F... l'emporta soudain dans mon esprit sur toutes les terreurs que l'on avait cherché à m'inspirer.

I

Nous voilà donc roulant vers le port de Grisslehamn, où nous devions nous embarquer sur la mer d'Aland. Le temps était beau, la neige tombait en légers flocons, le froid n'atteignait pas quatre degrés. Il est incroyable combien, depuis quelques années, l'hiver s'est radouci dans le Nord. Par exemple, cette année, jusqu'au 30 janvier, nous n'avions pas eu, à Stockholm, plus de treize degrés; encore ces treize degrés n'avaient-ils duré que trois jours. En Skanie, c'était mieux encore; à en croire les nouvelles qui arrivaient de cette partie de la Suède, l'hiver y était presque détrôné et la végétation s'y manifestait par des phénomènes que les anciens Scandinaves eussent certainement attribués aux incantations de leurs *trolls* (sorciers). Du reste, ces anomalies de température sont loin d'être agréables aux habitants du pays; un hiver froid et sec leur plaît beaucoup plus; il dure aussi habituellement moins longtemps et prépare plus de charmes et de fécondité aux saisons de verdure et de fleurs. Et puis ces hivers prétendus tempérés sont sujets à tant de mobilité! souvent le thermomètre y dément aujourd'hui ce qu'il affirmait hier. On ne sait plus comment se vêtir : vous sortez en fourrures, au bout d'une heure vous étouffez; vous rentrez pour prendre un paletot, à peine êtes-vous dehors que vous gelez.

Mais, c'est surtout en voyage que ces inconvénients se font sentir. Partis de Stockholm, comme on l'a vu, avec quatre degrés de froid, nous n'avions pas marché dix heures, que déjà notre thermomètre tombait à douze degrés. Que faire en pareil cas? Pousser le plus vite possible jusqu'au prochain relais, et là se couvrir de vêtements supplémentaires, quitte à s'en dépouiller de nouveau cinq ou six relais plus loin. Comme ces alternatives sont fastidieuses! Gardez-vous, toutefois, de les traiter à la légère. On n'affronte pas impunément le froid du Nord. A degré égal, il est cent fois plus dangereux que celui du Midi. Dans le Nord, dire de quelqu'un qu'il a pris froid, c'est presque toujours dire qu'il est frappé de mort.

Nous passons plusieurs relais, sans nous y arrêter que pour changer de chevaux et nous inscrire sur le livre de poste[1]. Nous ne sommes plus qu'à quelques milles[2] de Grisslehamn. Mais la neige s'est tellement épaissie que nous avançons à peine; au lieu d'une calèche, il nous faudrait un traîneau. Autre spectacle, un affreux ouragan fond sur nous; le vent souffle avec violence, la neige tourbillonne, une épaisse obscurité nous enveloppe, et pas moyen, vu la persistance du vent, d'allumer les lanternes de notre voiture. Cependant nos chevaux tiennent bon. Nous arrivons au sommet d'une pente rapide que l'ouragan a entièrement dépouillée de neige; il va falloir rouler sur la glace. « Messieurs, nous crie alors le cocher, en s'efforçant de retenir son attelage, je crois qu'il serait mieux de quitter la voiture et de descendre cette pente à pied. » Nous suivîmes cet avis; car un moment d'oubli de notre conducteur, un faux pas des chevaux, pouvaient nous lancer dans l'abîme. Mon compagnon de voyage s'y conforma lui-même avec d'autant plus d'empressement, que l'année précédente, sur la route de Gothembourg à Stockholm, il avait été précipité avec la diligence dans le canal de Gothie.

1. En Suède, de même qu'en Finlande, on trouve à chaque relais un livre ou journal, dans lequel les voyageurs doivent inscrire leurs noms et qualités, le lieu d'où ils viennent, celui où ils vont et le nombre de chevaux qu'ils prennent. Ce livre est renouvelé tous les mois et envoyé au gouverneur ou préfet.

2. 1 mille de Suède équivaut à 10 kilomètres.

II

Minuit venait de sonner quand nous arrivâmes à Grisslehamn. Partout obscurité et silence. On n'entendait au loin que les mugissements lugubres de la mer d'Aland, dont les vagues se brisaient contre les rivages glacés.

Nous descendîmes à la hâte de notre calèche, et nous entrâmes dans la maison de poste. C'était la seule auberge du lieu. Nous nous y réchauffâmes tant bien que mal; nous prîmes notre thé et nous nous mîmes au lit.

Le lendemain, quand le jour parut, je me levai, et, laissant mon compagnon de voyage dormir paisiblement, je sortis pour voir le pays.

Sans trop savoir pourquoi, je m'étais figuré, en partant de Stockholm, que je trouverais dans Grisslehamn, sinon une ville, du moins un grand village. Je me trompais. Une station de poste, la même qui nous servait d'auberge, un télégraphe, une caserne avec une garnison de trente soldats, douze vieux canons, cinq ou six magasins pour le service du port, quinze ou vingt cabanes de matelots ou de pêcheurs, une maison pour le commandant, servant en même temps de bureau de poste, voilà Grisslehamn. Tous ces bâtiments, dispersés çà et là, distraient à peine la vue des forêts, des rochers et de la mer, qui forment non seulement le fond, mais encore les seuls accidents curieux du tableau. Il faut dire que, pendant l'été, ce tableau est d'un aspect charmant. Dès que les vents printaniers ont dissipé cette neige monotone qui le couvrait, chaque chose y reprend son ton naturel : les rocs de granit leur rouge pourpré; les bouquets de mousse leur verdure; les ruisseaux des bois leur limpidité; les oiseaux leur ramage. Et quelle merveilleuse végétation ! Il semble que le soleil, dont le règne est si éphémère dans ces pays du Nord, cherche à les en dédommager par un surcroît de fécondité dont nous ne saurions nous figurer l'énergie.

Mais, hélas ! le mois de juillet était loin encore; Grisslehamn ne se présentait qu'entouré de toutes les horreurs de l'hiver. Ce qui frappait principalement au milieu de tout cela, c'était la mer d'Aland. Quelle mer étrange ! Je montai sur une hauteur pour l'embrasser dans une plus vaste étendue. Elle se déroulait au loin avec ses vagues tourmentées et d'une teinte verdâtre. Çà et là, sur sa surface, des masses compactes qu'on eût prises pour des îles flottantes, mais qui n'étaient, en réalité, que de gigantesques glaçons. Partout, sur ses bords, des jets d'écume livide, des corbeaux, des pies et d'autres oiseaux au plumage lugubre, au vol silencieux ; ces bords, du reste, dévastés comme par une tempête éternelle. Point de grands arbres : des sapins rabougris, des bouleaux sans feuilles, des blocs de granit épars; et au-dessus de cet horrible ensemble, un ciel noir roulant des nuages d'où tombait tantôt la pluie, tantôt la neige. Je descendis de mon rocher le cœur serré. Je me demandais si nous oserions jamais affronter une pareille mer.

A mon retour à la station, j'y trouvai M. de F... Il avait l'air content. — Savez-vous, me dit-il, ce que j'ai fait pendant votre promenade? Je suis allé voir le commandant. C'est un brave homme. Il nous invite à prendre le thé chez lui ce soir.

Le commandant de Grisslehamn, baron Oxenstjerna, est un des descendants de l'illustre chancelier de ce nom, de cet homme que Richelieu traitait en frère, et que Louis XIV appelait son cousin.

Le soir venu, nous nous rendîmes chez le commandant. Il nous présenta à sa femme, qui nous servit un thé à la suédoise, c'est-à-dire un confortable souper, auquel nous fîmes amplement honneur. On causa de la cour: de la distinction d'esprit, des connaissances variées, de la profonde habileté administrative du roi Oscar, de la haute intelligence de la reine sa femme, des charités de la reine douairière, du caractère chevaleresque et résolu du prince royal ; on passa en revue, en un mot, tout le château, sans oublier, bien entendu, aucune des Grandeurs ou des Excellences qui en font partie intégrante. On parla ensuite du voyage d'hiver de Suède en Finlande par les îles d'Aland, des dangers qu'il présente, du petit nombre de voyageurs qui osent l'entreprendre. A ce propos, le commandant nous raconta que le duc de Leuchtenberg, gendre de l'empereur de Russie, ayant été envoyé à Stockholm, pendant l'hiver de 1844, pour complimenter le roi Oscar, son beau-frère, sur son avènement au trône, trouva à son retour la mer d'Aland gelée, et fut obligé de la traverser à pied.

Le vent était contraire. Il nous fallut rester dans notre misérable auberge jusqu'à ce qu'il eût tourné. Cela dura quatre jours. Enfin le vent s'apaisa ; il fit même place à une brise légère, qui, dégageant peu à peu les rivages de la mer d'Aland des glaces qui les bordaient, la rendit aussi libre qu'aux premiers jours de l'automne. Un pareil phénomène, au mois de février, est rare dans ces parages. Il en résulta pour nous un grand avantage : c'est qu'au lieu de nous embarquer sur un simple bateau de pêcheur, comme cela se pratique ordinairement quand la mer est en partie fermée, nous pûmes fréter un yacht, et y joindre un équipage composé de quatre matelots et d'un pilote.

Nous partîmes le cœur joyeux. Le temps était calme, le froid tempéré, le ciel clair ; la mer d'Aland ressemblait à un lac tranquille ; mais, chose singulière ! sa surface n'empruntait aucun éclat à l'azur du ciel, elle était sombre et verdâtre comme auparavant.

Au bout d'une demi-heure, nous avions quitté la rade de Grisslehamn ; et si nous fixions encore les yeux sur le toit de la station qui nous avait abrités, ce n'était plus que comme le captif délivré qui contemple de loin les murs vides de sa prison.

Mais, tandis que nous jouissions ainsi de notre bonheur, il se faisait peu à peu dans l'atmosphère une révolution terrible. La brise, qui jusqu'alors avait enflé doucement nos voiles, se changea en bourrasque, le ciel se couvrit de nuages, la neige tomba. Mon compagnon de voyage pâlissait à vue d'œil ; lui qui, dans sa carrière vagabonde de diplomate, n'avait jamais eu le mal de mer, se sentit déchiré par d'atroces souffrances. Il disparut dans la cabine. Quant à moi, l'émotion morale me sauva du mal physique ; mon estomac, bouleversé d'ordinaire au seul aspect des câbles d'un navire, tint bon. Cependant, la tempête était déclarée ; elle grandissait de minute en minute. Déjà l'on avait dû carguer en partie les voiles ; car le vent était si violent, qu'à chacun de ses coups notre navire plongeait comme pour sombrer. La main ferme du pilote suffisait à peine à tenir le gouvernail ; nous nous sentions aller à la dérive. J'interrogeais les matelots des yeux et de la voix. Ils ne répondaient rien ; mais leur figure pâle, leurs traits contractés, exprimaient assez l'anxiété qui les tourmentait,

En face de Signilskär, île située à moitié chemin de la côte de Suède à la côte d'Aland, la tempête parut se calmer. Nous entrions dans un archipel de rochers dont les mille sinuosités forment comme autant de baies abritées. Je repris courage. Du reste, le sang-froid, qui m'avait un peu abandonné au début du gros temps, n'avait pas tardé à me revenir. J'étais convaincu du danger, mais je le dominais ; j'avais même fini par faire de ses terribles phases un sujet de curieuse observation.

Au sortir des baies, nous retrouvâmes le vent. C'est alors surtout que la mer d'Aland nous fit sentir l'effroyable dureté de ses vagues. Ce n'est pas de l'eau que cette mer, c'est du granit. Sur le pont du yacht, que je n'avais pas quitté un seul instant, j'éprouvais les mêmes sensations que dans une voiture qui cahote à travers les rochers. Et puis, comme les vagues s'acharnaient contre nous ! Nous les voyions arriver de loin, semblables à un cheval qui galope, s'élever tourbillonnantes au-dessus de nos têtes, et retomber ensuite de tout leur poids pour nous inonder de leur écume et nous abreuver de leur sel. Mon vêtement de fourrures était horriblement mouillé.

Enfin, peu à peu, le calme revint. Nous touchions à Ekeröe, première île de l'archipel d'Aland, du côté de la Suède. Quel bonheur quand nous vîmes se dérouler devant nos yeux sa maison de poste et sa maison de douane, magnifiques comme des palais ! C'était le prélude de ce luxe des édifices officiels que nous devions admirer plus tard à Saint-Pétersbourg. M. de F... sortit de la cabine qui lui avait servi d'hôpital pendant la traversée, heureux de pouvoir enfin contempler la terre. Mais ce n'était pas chose facile que de nous amarrer au rivage, car le port d'Ekeröe était tout encombré par les glaces. Nos matelots y employèrent plus d'une heure. Il fut même impossible de débarquer par la voie ordinaire ; on dut nous tirer de notre yacht à l'aide d'une poulie, comme des ballots de marchandises.

III

Les îles d'Aland, que les Finnois appellent dans leur langue *Akvenanmaa* (pays des perches), sans doute à cause de l'énorme quantité de ces poissons que l'on pêche dans les lacs et dans les détroits qui les coupent de toutes parts, les îles d'Aland sont situées à l'ouverture du golfe de Bothnie, entre le 59° 45' et le 60° 40' de latitude, et entre le 36° 40' et le 39° 47' de longitude nord.

Bien que les habitants actuels de ces îles soient d'origine suédoise, il est à croire que, dans les temps primitifs, elles furent occupées par des Finnois et des Lapons. Comment expliquer autrement ces dénominations locales qui s'y rencontrent en si grand nombre, telles, par exemple, que *Lappo*, *Lapbole*, *Lapwas*, *Jomala* (dieu des Finnois), *Finby*, *Finström*, *Finno*, *Finko*, *Finholm*, etc.? A coup sûr, de pareils noms remontent à un autre peuple qu'aux Scandinaves; et si ces derniers sont restés les maîtres exclusifs du terrain, ce n'est sans doute qu'à la suite de ces guerres de race, dont l'Edda d'Islande et les Runaost finnoises racontent la mystérieuse histoire.

Jusqu'à l'année 1808, les îles d'Aland ont appartenu à la Suède; elles tenaient à la Finlande dont elles faisaient partie intégrante. Depuis, elles ont passé avec ce dernier pays sous la domination de la Russie. Perte regrettable pour la Suède, qui s'est vue ainsi dépouillée d'un quart de sa population, et dont l'adjonction de la Norvège ne l'a qu'imparfaitement dédommagée! Jamais les Suédois ne trouveront dans les Norvégiens cette confraternité spontanée qu'ils rencontraient chez les Alandais et chez les Finlandais.

Déjà le gouvernement russe a imprimé son cachet sur sa nouvelle conquête. Le pavillon autocratique flotte aux mâts des petits navires qui stationnent à Ekeröe; les employés de la poste et de la douane y portent le surtout vert aux boutons armoriés.

Nous étions au 5 février. Il y avait donc juste six jours que nous avions quitté Stockolm. Grâce à notre séjour forcé à Grisslehamn, nous n'avions fait, dans tout ce temps-là, que vingt-cinq lieues de terre et une traversée qui prend habituellement dix ou douze heures, mais que la tempête que j'ai décrite plus haut nous avait permis d'expédier en moins de quatre.

Ekeröe n'a rien de curieux pour des voyageurs. Ce n'est qu'un hameau de quelques cabanes éparses, sur des rocs de granit, entre lesquels les hôtels de la poste et de la douane s'élèvent comme deux chênes superbes au milieu d'agrestes broussailles.

Nous ne nous y arrêtâmes que le temps nécessaire pour prendre un léger repas, changer ce qui nous restait d'argent suédois contre de la monnaie russe, faire viser nos passeports, et préparer des traîneaux et des chevaux. Nous avions hâte de nous rendre à Skarpans où nous attendait chaque soir, depuis huit jours, le commandant de la forteresse,

Les Îles d'Aland

auquel son frère le général Bodisco qui résidait à Stockholm nous avait recommandés.

Quelle route étrange que celle qui s'ouvrit devant nous à notre sortie d'Ekeröe ! Comme la neige avait été jusqu'alors peu abondante et les vents orageux très fréquents, le traînage n'y était qu'imparfaitement établi. Nous glissions, tour à tour, tantôt sur une surface unie, tantôt sur du sable, sur de la boue gelée, même des rochers nus, des cailloux.

Cependant, nous allions bon train, et nous avions le cœur gai. Il nous semblait que la mer d'Aland, ce fatal Rubicon, étant franchie, nous étions maîtres de l'espace et que les distances allaient s'effacer devant nous.

A la dernière station qui précède immédiatement Skarpans, un soldat s'approcha de nos traîneaux : — « Messieurs, nous dit-il, êtes-vous les personnes qui sont annoncées au colonel Bodisco ? Il m'a envoyé à votre rencontre, et je suis ici depuis quatre jours à vous attendre. » — « Eh bien, lui dis-je en lui donnant un pourboire, veillez à ce qu'on nous relaie vite ; nous partons à la minute. »

Déjà la nuit était close ; mais une lune pleine et claire, une lune comme on n'en voit que dans le Nord, empêchait de regretter le jour. Bientôt j'aperçus au loin comme un amas de ruines gigantesques. — « Qu'est-ce que cela ? » demandai-je à mon cocher. — « C'est Castelholm. »

Castelholm est un château du moyen âge. Il fut bâti par Birger Jarl, en 1250, et servit de résidence aux gouverneurs d'Aland, jusqu'en 1694. Depuis cette époque, il a subi diverses fortunes : souvent brûlé puis reconstruit ; tantôt splendide demeure, tantôt lugubre prison. Le père et la veuve de Gustave Wasa l'ont successivement habité ; Erik XIV y a été enfermé. Aujourd'hui, il ne reste de Casthelholm qu'un corps de bâtiment vide et quelques pans de muraille qui croulent peu à peu. Vu le soir, au clair de lune, il offre un aspect saisissant. On dirait d'un de ces monuments légendaires qui servaient d'habitation aux esprits fatals et où s'accomplissaient les mystères du sabbat.

Arrivés à Skarpans, près duquel s'élevait la forteresse de Bomarsund, prise et détruite en 1855 par l'armée anglo-française, nous descendîmes chez le colonel Bodisco. Il nous accueillit ainsi que sa jeune femme avec empressement. Qu'il nous eût été doux de passer quelques jours au sein de cette charmante famille ! Mais notre temps était mesuré ; nous dûmes lui faire nos adieux.

IV

Ici s'ouvre la partie vraiment dramatique de notre voyage. Pour aider à en bien comprendre tous les détails, je rappellerai que l'archipel d'Aland se compose d'un groupe d'îles plus ou moins grandes dont le nombre s'élève à environ quatre-vingts. Séparées les unes des autres par les mille sinuosités de la mer, qui forment des détroits dont quelques-uns ont plusieurs lieues d'étendue, elles renferment encore dans leur intérieur une quantité infinie de petits lacs. Quand l'hiver est rigoureux et constant, que la glace est profonde, rien de plus facile que de traverser les îles d'Aland ; le traîneau y vole partout avec la rapidité de l'éclair. Mais quand l'hiver est mobile et inégal, comme il l'a été cette année ; quand la température n'a pu se fixer à un degré quelconque, non seulement dans le pays en général, mais qu'elle varie même de localité à localité, alors la traversée devient on ne peut plus chanceuse : mille accidents se préparent qui défient toute prévision. On ne sait plus ni quelle route on suivra, ni de quel équipage on se servira, ni combien de temps le voyage durera.

Arrivés sur les bords de la mer, nous y trouvâmes nos traîneaux et nos bagages que le maître de poste de Skarpans avait eu l'obligeance d'envoyer en avant. Là aussi nous attendaient les dix *rotkarlar* ou guides que nous avions enrôlés pour la route, ainsi que le courrier chargé du transport des lettres de Suède en Finlande, lequel avait ordre de ne pas nous quitter un seul instant, et de nous prêter son assistance personnelle et celle de ses hommes dans toutes les circonstances périlleuses. Tout ce monde, nous compris, formait une caravane de vingt-cinq personnes, servie par six chevaux et autant de traîneaux.

Aussi loin que portait la vue, une plaine de glace se déroulait, tantôt unie, tantôt hérissée d'aspérités, ou encombrée de masses de neige que l'ouragan avait entassées. D'espace en espace, des rochers nus, des oasis de sapins et de bouleaux, des crevasses profondes, d'où jaillissaient par moment des flots d'onde amère. Une épaisse vapeur enveloppait toute cette plaine de ses crêpes funèbres, à travers lesquels le soleil apparaissait pâle comme la lampe d'un tombeau.

Il était dix heures du matin. Nous nous mîmes en route, deux guides en avant ; les autres conduisant nos chevaux ou poussant nos traîneaux.

Vers midi, le ciel s'éclaircit ; nous touchions au hameau de Vargata, situé en face de Skarpans. De là, nous pûmes observer l'admirable position de cette forteresse de Bomarsund. Quand nous fûmes engagés un peu avant dans le détroit, la glace, d'abord unie et solide, commença à s'accidenter et à mollir. Il fallut alors quitter la route directe et s'aventurer à travers mille détours. L'Italien Acerbi qui a fait une partie du voyage que je raconte, à la fin du siècle dernier, dit des choses merveilleuses des chevaux d'Aland. A l'en croire, il s'en rencontrait souvent qui, saisi d'épouvante à la vue des pelisses de loup ou d'ours qui les couvraient, lui et ses compagnons, entraient tout à coup en fureur, prenaient le mors aux dents, secouaient frénétiquement leurs harnais et finissaient par s'échapper en bondissant à travers l'immensité des glaces, emportant avec eux leur maître au désespoir qui s'était suspendu à leur bride ou à leur crinière. Le seul moyen, ajoute Acerbi, de prévenir ces désagréments était de bander les yeux aux chevaux. J'avoue que durant toute la traversée des îles d'Aland, je n'ai rien vu de semblable. Il paraît que, depuis Acerbi, les chevaux de ce pays ont beaucoup perdu de leur feu; ils se sont du moins complètement familiarisés avec les vêtements d'hiver des voyageurs. Mais ce qui me paraissait infiniment plus curieux, c'est l'admirable instinct que ces animaux déploient sur les glaces. Rarement, de prime abord, ils s'y lancent au galop. Ils veulent auparavant, ce semble, en mesurer la solidité; et quand rassurés sous ce rapport, ils suivent l'élan qui leur est imprimé, si tout à coup, la glace vient à faiblir, on les voit peu à peu ralentir le pas, quelquefois même s'arrêter brusquement sans qu'il y ait moyen de les faire passer outre.

Nous nous arrêtâmes à Vargata, dans la maison d'un paysan, qui tient lieu en même temps d'auberge et de bureau de poste. On nous y servit du lait, des œufs et du beurre, le tout excellent. C'était une bonne fortune pour notre estomac, dont la course du matin avait si vivement aiguisé l'appétit.

Tandis que nous mangions, et qu'à la flamme d'un vaste foyer, je faisais sécher ma pelisse encore humide, notre hôte et ses enfants entraient successivement dans notre chambre pour nous souhaiter la bienvenue. C'est toujours chose curieuse pour les Alandais que des voyageurs traversant leur pays pendant l'hiver. Ils nous accablaient de questions; et, quelles que fussent nos réponses, ils en paraissaient toujours enchantés.

Après le déjeuner, nous nous disposâmes à quitter Vargata, pour nous enfoncer dans l'intérieur des îles d'Aland. De nouveaux chevaux attelés à de nouveaux traîneaux nous attendaient à la porte de la station. Quels traîneaux! Vieilles caisses de sapin oblongues et peu profondes, fixées sur un brancard auquel étaient adaptées deux longues gaules en guise de timons. Excellents véhicules, du reste, eu égard aux routes que nous avions à suivre. Des équipages élégants et commodes nous eussent été de peu d'utilité. Ce qu'il nous fallait, avant tout, c'était quelque chose de solide et que le premier paysan venu pût, au besoin, réparer ou même remplacer.

Nous franchîmes, sans accident, plusieurs petits bois coupés, de distance en distance, par des marais et des lacs durcis par la gelée et couverts de neige. Au bout d'une heure, nos guides firent halte. Nous étions devant une maison. Je crus qu'on allait changer de chevaux; et comme le temps s'était tellement radouci que nous nous trouvions en plein dégel, j'aimai mieux attendre dans mon traîneau la fin du relais que d'en descendre pour patauger dans la neige fondue. Un quart d'heure s'écoula. Je vis notre courrier qui enlevait paisiblement de son traîneau le grand sac de cuir où étaient renfermées ses lettres. — « Eh bien, lui criai-je, impatienté, nous ne partons pas? » — « Impossible! » — « Comment, impossible? » — « Oui, les *rotkarlar* disent qu'il est imprudent de s'aventurer sur la mer, avant de savoir où en est la glace. » — « La mer est donc près d'ici? » — « Tout près. »

J'eus beau insister pour partir, les *rotkarlar* tinrent bon; il fallut céder. La maison où nous descendîmes appartenait à un riche paysan. C'est du moins ce que nous assurèrent nos gens, car rien de ce qui s'offrait à nos yeux ne nous l'annonçait. Ce n'est guère que dans les villages de France et d'Allemagne que la bonne mine et le confortable des habitations témoignent de l'aisance de leurs propriétaires. A défaut d'éclat extérieur, nous trouvâmes chez notre paysan une cordiale hospitalité. Il était là, dans une grande salle, entouré de ses nombreux enfants. Chacun vaquait à quelque travail. Les garçons faisaient du filet, les filles tissaient le chanvre. Deux marmots en chemise gambadaient autour de l'âtre flamboyant. Le grand-père lisait la Bible dans un coin; tandis que la grand'mère, vieille de cent ans, comme on en rencontre beaucoup dans les îles d'Aland, achevait ses derniers jours, et peut-être ses dernières heures, dans un lit placé, suivant l'usage du pays, sur la plate-forme de briques qui couronne le grand poêle de famille.

Nous fûmes accueillis par tout ce monde avec un sourire de bienveillance.

Je demandai à notre hôte s'il pouvait nous donner une chambre à part. Il réfléchit un instant. Je le regardais avec anxiété, car il m'était arrivé tant de fois dans mes voyages de Finlande de faire chambre commune avec des familles entières, que la crainte d'être soumis de nouveau à pareille épreuve me tourmentait vivement. Enfin, sans nous répondre un seul mot, notre hôte nous fit signe de le suivre. Il nous conduisit dans une chambre étroite à laquelle servait de vestibule une vaste pièce remplie de filets, d'avirons, de débris de bateaux et d'autres objets à l'usages des pêcheurs. Telle est, en effet, la vie des habitants d'Aland : pendant l'été, pêchant, naviguant; pendant l'hiver, radoubant leurs bateaux et réparant leurs filets.

La chambre qui nous était dévolue avait un mobilier plus que simple : une table, deux chaises, deux bancs servant de lit, le tout en bois de sapin, et un poêle en briques grossièrement construit. Le jour y pénétrait par deux lucarnes vitrées, donnant l'une sur la mer, l'autre sur une cour où grognaient de maigres cochons au poil hérissé, et où un jeune garçon fendait à coups de hache des troncs d'arbre encore verts pour le chauffage de la maison.

Quand nous eûmes pris possession de ce singulier domicile, M. de F..., qui possédait au plus haut degré le génie de l'installation, se mit à couvrir les murs de clous, puis à y suspendre nos pelisses, nos sacs de nuit, nos casquettes, nos cache-nez, nos grosses bottes fourrées : un vrai bazar de voyage.

M. de F... étendit ensuite son châle sur son lit et se coucha.

C'est vraiment chose précieuse en voyage qu'un châle. M. de F... me le prouvait à chaque instant. Un châle sert à toute fin. Déplié, c'est un tapis de table, une couverture de lit, une housse de cheval, un peignoir ou une robe de chambre ; un rideau contre l'orage, un voile contre le soleil; plié en deux, c'est une écharpe pour les épaules, un tapis chaud pour les genoux ; en quatre ou en huit, un oreiller, un coussin.

une chancelière. Un châle ! n'en fait-on pas aussi une cravate, un cache-nez, un bonnet, un turban, que sais-je ? Et si le voyageur vient à mourir, il est là, enfin, pour lui servir de linceul.

Je fis appeler notre courrier.

— Où sommes-nous ? lui demandai-je.

— A Grundsunda.

— Un gros village ?

— Oh ! non, monsieur, un petit hameau de trois ou quatre maisons, dont vous habitez la meilleure.

— En ce cas, il n'y a rien ici d'assez attrayant pour nous retenir. Nous partirons le plus vite possible, entendez-vous.

Le courrier s'inclina. En même temps, le maître de la maison entra dans notre chambre. « Messieurs, nous dit-il, mes garçons vont aller à la mer pour sonder la glace, n'avez-vous rien à leur recommander ? » — « Dites-leur qu'ils se hâtent, et surtout qu'ils nous rapportent bonne réponse ; il faut absolument que nous partions. »

Au bout de deux heures, les fils du paysan étaient de retour. Une vingtaine d'hommes qu'ils avaient enrôlés à notre intention les accompagnaient. Tous déclarèrent que la glace était légère, mais qu'à la rigueur on pourrait en tenter le passage dès le lendemain.

V

Deux cents pas tout au plus séparent Grundsunda de la mer. Mais le chemin était abominable, car il passait par un petit bois inculte, où l'on ne rencontrait que blocs de granit ou de glace, tas de neige, vieux troncs d'arbres déracinés. Il nous fallut bien deux heures, avec nos hommes, nos chevaux et nos traîneaux pour faire ce trajet. Du reste, beau temps, soleil splendide, dégel continu.

Cependant la mer approchait. Nous le sentions à l'air qui fraîchissait et à la vapeur qui commençait à nous envelopper. Mais, à peine eûmes-nous franchi les rochers qui bordaient le rivage et fait quelques pas sur l'onde solide, que des craquements multipliés nous avertirent du peu de consistance de la glace. Il fallut renvoyer les chevaux qui tiraient nos traîneaux, et les remplacer par des hommes. Au bout d'un quart d'heure, nous fûmes obligés nous-mêmes de descendre et de suivre à pied. Quel début effrayant ! Le danger ne fit que s'accroître au fur et à mesure que nous avancions. En vain nos guides, armés de lourdes sondes en fer, s'aventuraient à travers mille détours, cherchant des passages plus sûrs ; partout la glace cédait. Enfin, un immense craquement se fit entendre ; l'abîme s'ouvrit, et nous vîmes à dix pas devant nous l'onde verdâtre jaillir en bouillonnant. Nous nous repliâmes vivement en arrière.

Quel parti prendre ? Le courrier opina pour retourner à Grundsunda. Je m'y opposai énergiquement.

Il fut donc décidé que l'on ne rebrousserait chemin que de quelques centaines de pas, puis qu'on se dirigerait par une route opposée à celle que nous avions voulu suivre, jusqu'au village de Bergen, où l'on passerait la nuit. Certes l'avance n'était pas grande, puisque de l'endroit où nous étions, jusqu'à Bergen, il n'y avait guère qu'un mille (dix kilomètres) : mais enfin, cela valait toujours mieux que de retourner tout à fait sur son pas.

Ici, notre voyage prit un caractère qui touchait au fantastique. Nous nous enfonçâmes dans des gorges larges et profondes, où de gros nuages, qui s'étaient élevés tout à coup, ne laissaient pénétrer qu'une lumière assombrie. Bien qu'il fût à peine midi, on se fût cru à huit heures du soir. Et quelle glace que celle que nous avions sous les pieds ! Tourmentée dans sa formation par des vents toujours furieux, elle n'offrait dans presque toute son étendue, qu'une succession de vagues solides, dont les intervalles étaient encombrés de tas de neige que le dégel de la veille, continué pendant la nuit, avait tranformés en épaisses flaques d'eau. On y voyait aussi de petits blocs aigus, serrés les uns contre les autres comme des pavés ; des plaques rondes amoncelées en piles comme des assiettes ; enfin, le long des côtes, des masses gigantesques tellement coupées et bouleversées qu'on eût dit des carrières de marbre blanc en exploitation.

Deux de nos hommes marchaient en avant, armés de leurs sondes. Les autres suivaient lentement, portant nos bagages ou attelés à nos traîneaux *vides*, que, dans les endroits plus difficiles, nous devions encore nous-mêmes pousser par derrière. A chaque instant, les sondeurs criaient : *Stop !* Halte ! et l'on faisait halte jusqu'à ce qu'ils eussent trouvé une ligne plus ferme. Cependant, les ténèbres s'épaississaient de plus en plus, la neige et la pluie tombaient tour à tour, un vent glacial, répercuté par les rocs de granit et les forêts de sapins qui nous environnaient, nous soufflait au visage des débris de glaçons, et s'engouffrait dans nos pelisses. Ce n'était plus un voyage, c'était une lutte affreuse contre les éléments.

Cette lutte dura trois heures. Nous mourions de fatigue et de faim. Or, Bergen était encore loin. Un rocher formant caverne se présenta heureusement devant nous. Nous y cherchâmes un abri ; et là, assis sur nos malles, c'est-à-dire sur des blocs de glace, car la neige, la pluie et le froid combinés les avaient rendues telles, nous attendîmes en mangeant, que l'orage se fût un peu calmé. Hélas ! de toutes les excellentes provisions dont notre ami, le baron de Wahrendorf, cet homme si agréable, ce gourmet si délicat, nous avait fournis à Stockholm, de toutes ces provisions, il ne nous restait qu'un morceau de pain, deux pommes et deux verres de cognac. Nous en fîmes deux parts que nous dévorâmes, avec une incroyable avidité. Ce triste repas nous fit l'effet d'un succulent festin ; il nous redonna force et courage.

Le temps avait repris sa sérénité quand nous arrivâmes à Bergen ; mais il était fort tard : la lune brillait déjà à l'horizon. Nos *rotkarlar* nous introduisirent dans une misérable cabane de pêcheur, où l'on mit à notre disposition un réduit ouvert à tous les vents, garni d'une vieille table boiteuse, d'un escabeau et d'un grabat formé d'un grand coffre en bois rempli de paille.

C'était presque nous inviter à ne pas dormir. Je sortis, en effet, enveloppé de mes fourrures, pour voir le pays.

Le hameau de Bergen est un peu plus considérable que celui de Grundsunda, mais moins heureusement situé : il couvre une colline escarpée, et les maisons y sont tellement enclavées entre les arbres et les rochers, qu'il est difficile de les distinguer à distance, surtout lorsqu'une neige abondante a enveloppé toute la masse de son voile uniforme.

Cet usage d'habiter sur les hauteurs, familier aux Alândais, leur vient, sans doute, des anciens Finnois. Ces peuples simples s'étaient épris des montagnes; ils y trouvaient, au lieu des aliments matériels que leur offrait la plaine, des inspirations naïves qui les rapprochaient du ciel. Encore aujourd'hui, la Finlande garde des traces de ces mœurs antiques; en certains endroits surtout, il serait difficile d'y rencontrer une hauteur qui ne soit couronnée de quelque habitation.

L'aspect de Bergen, tel que l'avait fait l'hiver, était étrange. On se demandait s'il était bien possible que ces maisons de bois plantées dans le roc et presque ensevelies sous la neige servissent de demeure à des créatures humaines. Il en était ainsi pourtant; et vraiment les gens de Bergen n'avaient pas l'air de s'en plaindre. Une résignation immense distingue tous ces habitants des durs climats. Obligés qu'ils sont de lutter sans cesse contre une nature inexorable, ils se familiarisent nécessairement avec leur destinée; leur âme n'éprouve pas même la velléité du murmure. Du reste, il est rare que le désir excède chez eux la limite du besoin. Or, si pauvre, si désolé que soit le pays qu'ils habitent, ils y trouvent toujours de quoi le satisfaire.

Il faut dire aussi que les îles qui composent l'archipel d'Aland, bien que soumises au même climat, sont loin de participer à la même misère. Elles diffèrent les unes des autres sous plus d'un rapport. Si, d'un côté, le sol est stérile, le rocher nu, le lac vide de poissons; de l'autre, la nature prodigue tous ses trésors : moissons luxuriantes, vertes prairies, bois chevelus, saumons et perches à rompre les filets. Mais c'est surtout pendant l'été qu'apparaissent ces différences. L'hiver nivelle tout : c'est l'égalité de la tombe. Alors il vous serait difficile de distinguer un paysan aisé d'un paysan misérable. L'un et l'autre vivent de même : du pain de seigle mince comme de la galette, que l'on ne cuit que deux ou trois fois par an, du poisson frais ou salé, du beurre, du fromage, quelques chétifs morceaux de viande, voilà leur commune nourriture. Ils boivent avec cela de l'eau-de-vie de grains et une sorte de petite bière appelée *svagdricka* (boisson faible). Cet ordinaire fait des Alandais des hommes superbes et puissamment constitués. Ils en usent néanmoins avec une incroyable sobriété; j'ai vu nos *rotkarlar* marcher des journées entières sur la glace, tirant nos traîneaux et portant nos bagages, sans s'arrêter que quelques fugitifs instants pour manger un morceau de pain dur comme la pierre, un peu de beurre, et avaler une gorgée d'eau-de-vie. Il en est même qui, laissant leur gourde de côté, se couchaient à plat ventre sur la glace et y pratiquaient un trou à travers lequel ils humaient l'onde salée. Cela, disaient-ils, leur faisait du bien. Je crois, en effet, que la vigueur de tempérament dont jouissent les habitants d'Alànd tient en grande partie à la quantité de sel qu'ils consomment. On observe la même chose en Finlande et dans toutes les provinces baltiques. Les Esthoniens, par exemple, qui, certes, sont d'aussi beaux hommes que les Alandais, dépérissent dès que le sel leur est supprimé.

Revenons aux Alandais. Comme je l'ai dit plus haut, la guerre de 1808 les a faits sujets russes. Depuis cette époque, leur nombre a plus que doublé. De 12,000 il est monté à 25,000, population peu nombreuse toutefois, si l'on considère le vaste espace sur lequel elle est dispersée ; aussi n'a-t-elle pas paru suffisante pour que l'on fît de l'archipel d'Aland un gouvernement séparé. L'archipel d'Aland relève du gouvernement d'Abo ; il est régi par cette même constitution suédo-finnoise que les empereurs Alexandre et Nicolas ont successivement juré de respecter. Si parfois des modifications y sont introduites par suite des nouveaux besoins créés par la conquête, les Alandais en prennent peu de souci : attachés de cœur à la Suède, ils n'en sont pas moins les sujets soumis du tzar. Que leur importent, d'ailleurs, les fantaisies d'un maître politique ? Ils sont trop en dehors de toute vie intellectuelle, de tout mouvement social pour qu'elles puissent les atteindre. Pourvu qu'on ne les trouble ni dans leur chasse, ni dans leur pêche, ni dans la culture de leurs terres, ni dans leurs travaux domestiques, ils sont contents ; ils lisent sans doute, mais ce sont des livres de prières, c'est la Bible. De tout ce qui agite si fort les autres peuples, ils ne savent rien. N'est-ce donc pas assez, pour occuper leur vie, que cette lutte incessante que je décrivais tout à l'heure contre un climat affreux et une nature de fer ?

Tout en faisant ces dernières réflexions, je m'acheminais, en compagnie de M. de F... et entouré de nos hommes, vers les nouveaux détroits qui se trouvaient au delà de Bergen.

Après trois heures de marche, nous arrivâmes au pied d'une montagne assez élevée, et couverte d'une neige profonde.

« — Messieurs, dit un de nos hommes, nous allons traverser cette montagne ; après quoi nous trouverons un large détroit ouvert que nous passerons en bateau. »

« — Un détroit ouvert ! » m'écriai-je étonné.

« — Oui, car de tous les détroits d'Aland, c'est celui qui gèle le dernier, et cette année l'hiver a été si doux que cela n'est pas encore fait. »

Nous commençâmes à monter, mais la neige était si épaisse, si épaisse, que nous n'avancions qu'à grand'peine. Enfin je tombai dans un trou assez profond, d'où je ne pus sortir qu'en faisant déblayer la neige. On m'attacha alors autour du corps une longue corde que deux de nos hommes prirent chacun par un bout, s'attelant ainsi littéralement à ma personne. De cette manière, j'arrivai au sommet de la montagne.

« — Eh bien, dis-je en jetant les regards autour de moi, où est donc le détroit ? »

« — Derrière cette autre montagne. »

En effet, une seconde montagne se dressait devant nous. Nous la traversâmes avec un peu moins de difficulté que la précédente ; et comme nous l'avaient annoncé les *rotkarlar*, nous nous trouvâmes sur les bords d'un détroit.

Mais comment le traverser ? Aucune barque devant nous ; et supposé qu'il en vînt une de l'autre bord, le moyen d'arriver jusqu'à elle ? Le débarcadère de glace presque flottante qui s'étendait fort avant dans l'eau vive, tiendrait-il bien sous nos pied ? Tandis que nous cherchions à résoudre ce problème, nos hommes s'éloignèrent. Nous en profitâmes pour prendre un peu de repos. J'étais si fatigué que je m'assoupis au milieu de ce désert, appuyé contre un vieux tronc d'arbre déraciné. M. de F... me secoua vivement par le bras et me proposa de manger quelque chose. J'acceptai. Mais c'est en vain, cette fois, que nous ouvrîmes notre boîte à provisions ; elles étaient épuisées. Nous dûmes nous contenter d'un morceau de pain noir et d'un verre d'eau-de-vie empruntés à la besace de nos guides.

Tout à coup, dans la direction d'une petite colline, à environ cinq cents pas derrière nous, de grands cris se firent entendre. Nous nous retournâmes, et nous vîmes ces mêmes guides en déboucher tous ensemble, tirant après eux, au pas de course, une masse longue et noire, que nous reconnûmes bientôt pour un bateau.

En un instant, nos effets y furent placés, et nous y fûmes installés nous-mêmes avec deux matelots et un pilote. Puis, réunissant toutes leurs forces, les *rotkarlar* nous lancèrent à la mer, à travers les glaces qui craquaient et s'abîmaient sur notre passage.

Nous naviguâmes pendant près de deux heures au milieu d'une eau aussi calme, aussi limpide que celle d'une baie. Le vent était si faible, que nos matelots, laissant dormir les voiles, ne nous faisaient avancer qu'à coups de rame. Mais voici que peu à peu ce vent prit de la force; d'énormes glaçons vinrent flotter autour de nous. En certains endroits même ces glaçons étaient tellement rapprochés les uns des autres, qu'ils formaient comme une vaste digue que nous ne pouvions franchir qu'en la brisant. Vis-à-vis d'un village appelé Motsaga, où le courrier qui nous accompagnait devait prendre des lettres, notre position devint encore plus critique. Le rivage n'était qu'à trente pas; il fallut lutter plus d'une heure avant d'y aborder. Plus tard, quand déjà la nuit tombait, la mer nous présenta d'autres phénomènes. Ce n'était point de la glace, c'était de la pâte, mais une pâte épaisse, dernier état de l'eau avant qu'elle soit solidifiée par la gelée. Comment naviguer dans un pareil milieu? Nos gens demandèrent grâce. « Si nous continuons seulement une heure avec le froid qu'il fait, disaient-ils, nous serons pris infailliblement entre les glaces. » Nous tournâmes donc droit au rivage, et nous abordâmes près d'une ferme isolée où nous passâmes une nuit à peu près semblable aux précédentes, et d'où nous partîmes le lendemain, par un autre chemin, pour Kumlinge.

VI

Ce fut pour nous une grande joie quand nous vîmes poindre les premières maisons de ce village. Nous étions donc enfin sur la route directe qui mène de Stockholm à Abo, et nous pouvions congédier ces maudits exploiteurs qui nous tenaient depuis si longtemps dans leurs griffes. Nous le fîmes avec empressement; et, comme Kumlinge n'avait rien qui pût nous retenir, nous formâmes immédiatement une nouvelle caravane et nous donnâmes le signal du départ.

Nos premiers pas furent alertes et joyeux. Nous foulions la terre ferme, nos chevaux galopaient. Arrivés sur les glaces, notre élan grandit encore. C'est que ces glaces étaient anciennes; on y marchait ferme et sûr. Mais tout à coup la physionomie de nos hommes se rembrunit; à leurs gais propos succède un morne silence. — « Qu'avez-vous donc ? leur dis-je ; le chemin ne sera-t-il pas toujours aussi beau ? » Alors le chef de la troupe, nous montrant au loin devant nous une vaste surface blanche comme l'acier : — « Voyez-vous cette mer ! hier nous l'avons traversée en bateau ; la voilà gelée maintenant. Mais qui sait si cette glace d'un jour tiendra ? » — « Il faut en faire l'épreuve, répondis-je d'un ton résolu. »

Au bout de quelques minutes, nous arrivions sur la glace désignée, glace toute différente de celle que nous avions vue jusqu'alors. Comme elle s'était formée par le temps calme et qu'aucun orage n'avait encore passé sur elle, sa surface était aussi polie qu'un miroir. Pas le moindre pli n'en troublait l'harmonie, pas le moindre flocon de neige n'en ternissait l'éclat. Mais cette glace, si belle à voir, n'en était que plus dangereuse à traverser. Chaque coup de sonde en brisait la croûte et en faisait jaillir l'eau. Avant de nous engager plus avant, nous nous arrêtâmes pour tenir conseil. Divers moyens furent suggérés.

Nous résolûmes de ne rien changer à notre manière habituelle de voyager. Nous redoublâmes seulement de circonspection et de prudence.

Nous voilà donc définitivement engagés sur cette glace née de la veille. Décrire les émotions qui nous agitaient serait impossible. Il fallait, je ne dirai pas marcher, mais traîner les pieds, tant la surface était glissante. Le moindre mouvement à droite ou à gauche pouvait causer une chute et ouvrir l'abîme. Et pourtant qu'il était difficile de conserver son aplomb! La glace ondulait comme une vague. Chaque coup lointain des sondeurs nous faisait tressaillir comme d'un frémissement électrique. Quatre fois, j'ai senti la glace fléchir sous mes pas. Et quand je mesurais ce vaste espace qui s'étendait autour de nous, quand je pensais qu'il pouvait suffire d'une seule secousse, d'un seul faux pas, peut-être, pour y déterminer une crevasse qui eût emporté, en une minute, la masse glacée tout entière, oh! alors, je me prenais à regretter nos ennuis de Grisslehamn, notre tempête de la mer d'Aland, nos montagnes de neige, toutes les horreurs dont nous avions souffert jusqu'alors.

Quatre heures s'étaient déjà écoulées depuis que nous avions entrepris cet effrayant trajet. Nous n'étions plus qu'à deux cent pas du rivage. — « *Stop!* » crièrent nos sondeurs ; et soudain tous nos hommes de s'arrêter ; puis de se diriger vers eux pour prendre part à leur besogne. C'est que la glace s'amollissait tellement, de plus en plus, qu'avant de passer outre, il était nécessaire de l'explorer plus largement. Nous restâmes à les attendre debout près de nos bagages, n'osant faire un mouvement, retenant presque notre haleine. Et la nuit commençait à tomber, le froid à piquer violemment.

L'exploration dura plus d'une heure. Hélas! triste en fut le résultat. Nos hommes revinrent, déclarant que, sur aucun point de la ligne, le passage n'était praticable.

« Qu'allons-nous faire, alors? » demandai-je. — « Rebrousser chemin jusqu'à Enklinge, ou rester ici jusqu'à demain matin! »

Évidemment, ce dernier parti était impraticable. Nul d'entre nous ne se souciait de passer la nuit sur une couche de glaçons. Nous nous décidâmes pour Enklinge.

Les *rotkarlar* nous assuraient d'ailleurs que ce village n'était qu'à deux lieues de là, et que nous y trouverions des paysans bons et hospitaliers. Nous savions depuis longtemps ce que valaient de telles assurances. Mais quel autre parti prendre que de nous résigner encore une fois à notre fatale destinée?

Chose merveilleuse! cette glace, qui n'avait pu nous porter la veille s'était tellement fortifiée dans une seule nuit, que nos traîneaux y glissaient comme sur la terre ferme, nos chevaux allaient même jusqu'à y prendre le galop; de la sorte nous arrivâmes aux stations de Brandö, puis de Runsala; nous étions en Finlande. Ici plus de *rotkarlar*, plus de détroits, mais une neige affreuse. Par moments les chemins étaient tellement encombrés, que force était de les quitter et de faire des détours de plusieurs lieues; épreuve pénible et que nous supportions avec d'autant plus d'impatience, qu'ayant mis quatorze jours à un trajet qu'en temps normal on pourrait facilement faire en trois, nous comptions, pour nous dédommager, sur la rapidité avec laquelle on voyage habituellement en Finlande. Ajoutez que nous fûmes accueillis, à notre arrivée dans ce pays, par un froid de 30 et même de 35 degrés. Pour ma part, j'eus les joues et le nez gelés. Enfin la ville d'Abo se dressa devant nous; nous la saluâmes avec joie et nous y entrâmes, impatients, M. de F... d'en repartir au plus vite pour rejoindre sa fiancée, moi de me mettre en traitement, pour vaquer ensuite aux travaux de la mission dont j'étais chargé.

COPENHAGUE. — LA VIE DANOISE.

I

Il ne faut pas s'attendre à trouver en Danemark les mêmes phénomènes, les mêmes aspects de nature que dans les autres parties de la Scandinavie. Vous y chercheriez en vain ces cataractes échevelées bondissant comme des coursiers fantastiques à travers les rocs dentelés par la main des géants, ou tombant, d'une seule masse, telle qu'une trombe majestueuse, dans la profondeur des abîmes ; ces couches de granit au ton rougeâtre, formant la base du sol et dressant souvent au cœur même des villes leurs éclats tourmentés ; ces crêtes hérissées de pins sauvages ou de bouleaux mélancoliques ; ces mines d'argent, de cuivre ou de fer, aux vastes gouffres sans cesse ébranlés par le tonnerre de la poudre ou par le marteau des travailleurs. Non, le Danemark n'a aucune de ces fières beautés de la Suède et de la Norvège. Mais, en revanche, que d'autres lui sont propres et lui impriment un cachet incomparable !

D'abord, le Danemark a la mer. C'est là son élément royal, celui par lequel il vit et respire. Choisissez un point quelconque de son horizon, il n'en est aucun où votre regard n'embrasse la mer. Un paysage danois sans la mer ne se conçoit pas ; elle en est le fond obligé comme, dans la Suisse, les montagnes ou les glaciers. Et comme elle semble dire que ce petit pays est bien à elle, qu'elle en fait l'objet le plus cher de ses prédilections et de ses complaisances ! Où se montre-t-elle plus douce, plus rarement troublée par les grandes tempêtes ? N'est-ce pas, aussi, pour l'étreindre plus étroitement, plus amoureusement, qu'elle l'a découpé en une infinité d'îles et d'îlots, lui laissant tout juste assez de continent pour qu'aux spendeurs dont ses ondes l'environnent, il puisse joindre les richesses et les magnificences de la terre? Et ces richesses et ces magnificences ne sont-elles pas, elles-mêmes, un don de sa main? C'est la mer qui tempère les rigueurs du climat, qui attiédit les vents soufflant des hauteurs polaires, qui amène sur ses flots, jusqu'aux rivages, mille éléments de fécondité. C'est donc à la mer que revient encore l'honneur de ces belles cultures auxquelles les campagnes danoises doivent tant d'éclat et d'opulence.

En même temps que la mer s'harmonise si bien avec le côté pittoresque et productif du Danemark, elle exerce sur le caractère, le mode d'activité, la distribution même de sa population, une influence souveraine. Pas une ville de quelque importance, en Danemark, qui ne touche à la mer. Celles de l'intérieur ne sont guère que des bourgades exclusivement livrées aux travaux agricoles, et dont le rayonnement ne dépasse pas les champs ou les bois qui les entourent. S'il en est qui s'aventurent plus loin, soyez sûr qu'il y a dans leur voisinage une station maritime qui les attire.

Par suite des relations avec la mer, le peuple danois est pêcheur, navigateur et commerçant. Jadis, il courait les superbes hasards, et ses navires, à forme de dragon, portaient sa gloire au loin. On a vu des rois de Danemark en même temps rois de Norvège et d'Angleterre. C'était la grande époque des *Wikings*. Alors, le ciel de la patrie n'était qu'une tente abritant les haltes d'hiver, et dès le premier soleil de printemps, les guerriers danois revêtant leurs étincelantes armures, partaient avec les autres Scandinaves, leurs voisins et leurs frères, pour le pillage et la conquête. Maintenant et depuis des siècles, cette héroïque ardeur s'est amortie. Les *Wikings* d'autrefois ne sont plus que de laborieux paysans, d'honnêtes bourgeois ou des aristocrates fort tranquilles. L'Allemagne seule a obligé le Danemark à montrer qu'il se souvient encore de son antique valeur. Sans les provocations tudesques, qu'aurait-il eu besoin d'une flotte et d'une armée? Ah! qu'avec bonheur il renverrait ses marins à la pêche et ses soldats à la charrue!

Un reproche, cependant, que je ferai aux Danois, c'est d'avoir l'humeur trop calme, l'ambition trop modeste. Ne leur parlez pas de spéculer; le mot seul les effraye. Contents de ce qu'ils ont ou de ce qu'ils

gagnent, ils restent éternellement cloués à leur condition. Sortir de l'ornière serait pour eux un tour de force. De là, même dans les circonstances les plus graves, ces retards, ces lenteurs, qui souvent font manquer les meilleures chances. Est-ce encore un effet de la mer? Il est certain qu'une telle barrière est bien propre à inspirer une sécurité un peu énervante. D'un autre côté, le perpétuel murmure des eaux a quelque chose de narcotique. On prétend aussi que la pipe et le cigare, ces deux bons compagnons du Danois, ne sont pas étrangers à sa torpeur. Quoi qu'il en soit, cette fâcheuse disposition morale n'est rien moins qu'incurable. Vienne une secousse qui force le Danois à agir, il se signalera par une énergie pleine d'éclat, et son calme transfiguré deviendra le principe d'une fermeté et d'une constance héroïques.

II

Il fut un temps, — et ce temps n'est pas bien éloigné, — où les communications du Danemark avec le reste de l'Europe étaient singulièrement lentes et difficiles. De Paris à Copenhague, on ne mettait pas moins de quatorze jours; aujourd'hui, c'est l'affaire de quarante-huit heures. Je suppose, bien entendu, que l'on prenne, comme je l'ai fait moi-même, la route directe par Cologne, Hambourg, Altona, Kiel et Korsœr.

Copenhague n'est pas une ville très ancienne. La première mention qu'en fassent les chroniques, date seulement du commencement du onzième siècle. C'était alors une simple station de pêcheurs et de marchands, d'où son nom de Copenhague, *Kjoeben-havn*, port de marchands.

Je n'essaierai point de raconter ses développements successifs. Comme toutes les villes du monde, Copenhague a eu ses phases d'heur et de malheur. Les bombardements, les incendies, la peste, l'ont éprouvée simultanément ou tour à tour. Aujourd'hui encore elle porte plus d'une empreinte de ses époques tragiques : nobles cicatrices dont elle a le droit d'être fière, car elles lui rappellent toutes une grande et juste cause vaillamment et fidèlement défendue.

Lors de la fondation de Copenhague, les Danois étaient déjà chrétiens. Aussi le premier monument qui s'éleva au milieu de leurs maisons et de leurs boutiques est-il une église. Cette église, plusieurs fois transformée, existe encore aujourd'hui. Elle fut placée, comme c'était l'usage alors, en Danemark, chez tous les habitants des côtes, sous l'invocation de saint Clément. En effet, d'après la légende, saint Clément, un des premiers évêques de Rome, ayant été massacré par des païens, fut attaché à une ancre et jeté à la mer. Pendant plusieurs années il flotta à la surface, doucement bercé par les vagues, jusqu'à ce qu'enfin poussé vers une île du Danemark, il s'y arrêta. N'était-ce pas là, pour les mariniers et les pêcheurs danois, un avertissement du ciel de prendre ce saint pour patron?

Cependant, malgré la protection de saint Clément, la population de Copenhague ne jouissait que d'une sécurité précaire. Harcelée par les Vendes, ces farouches ravageurs, dont ses possessions excitaient la convoitise, elle vivait perpétuellement dans le trouble et dans la crainte. Or, pour résister à de tels païens, il fallait autre chose qu'une image de bois et un autel.

Waldemar le Grand, qui résidait dans la ville royale de Rœskilde, chargea l'évêque Absalon, son compagnon fidèle et son ami, de cette difficile entreprise; et il lui céda, dans ce but, en toute souveraineté la ville et le territoire de Copenhague.

Absalon, à la fois homme d'église et homme d'épée, comme l'étaient à cette époque tous les prélats, mit énergiquement la main à l'œuvre. Il fit construire, au lieu même où s'élève aujourd'hui le palais de Christiansborg, un vaste château fort qui, bientôt, devint la terreur des Vendes et finalement les contraignit à renoncer à leurs projets dévastateurs.

Dès lors, Copenhague grandit en puissance et en étendue; les maisons s'y multiplièrent, sa population augmenta, et l'industrie et le commerce efficacement protégés, y amenèrent en peu de temps la prospérité et le bien-être.

COPENHAGUE

III

Arrivé à Copenhague vers la fin de septembre, je trouvai la ville déserte ; du moins la haute société en était absente, et avec elle tous ceux auxquels leur fortune et leurs loisirs permettent les voyages ou la villé-

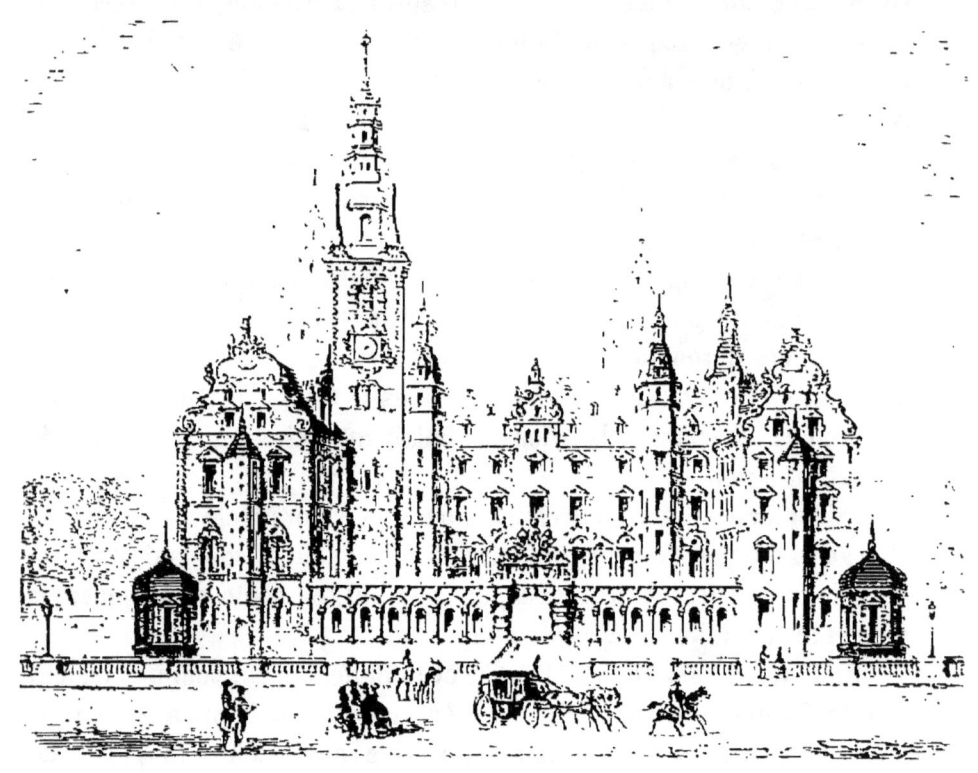

Château de Frederiksborg.

giature. Cette absence se prolonge pour un grand nombre jusqu'aux derniers jours de janvier, c'est-à-dire jusqu'après les fêtes de Noël, que, par une habitude traditionnelle, les grandes familles du Nord célèbrent de préférence dans leurs terres. Si quelque personnage marquant rentre en ville un peu plus tôt, il fait le mort ; et vous le surprendriez très désagréablement en tombant chez lui à l'improviste, fussiez-vous des plus fidèles habitués de sa maison. Les visites et les réceptions ne commencent sérieusement qu'en février.

Cette solitude temporaire de Copenhague ne m'affligea pas trop; elle me sourit, au contraire. Chargé d'une mission archéologique très complexe, j'en profitai pour activer mes travaux. Les savants dont le concours pouvait m'être utile, MM. Thompsen, Worsaa, Herbst, Strunk, etc., étaient d'ailleurs à leur poste. Qu'avais-je besoin, pour le moment, d'autres relations ?

Cependant, au début d'une mission officielle, il me parut de haute convenance de solliciter avant tout une audience du roi. Grâce à l'entremise de notre ministre, M. Dotézac, un des diplomates les plus distingués et des hommes les plus spirituels que j'aie rencontrés dans le cours de mes voyages, cette audience me fut accordée immédiatement. Le roi me reçut au palais de Christiansborg.

Frédéric VII est une des plus curieuses figures du siècle. Issu de cette race des Oldenbourg qui, depuis plus de quatre cents ans, régnait sur le Danemark, il en portait fièrement l'héritage; d'autant plus fièrement, ce semble, qu'il en était le dernier représentant, et que, n'ayant aucun rejeton de son sang, il devait l'emporter avec lui dans sa tombe. A le voir, au milieu de sa cour, dans les grandes solennités officielles, on ne se fût guère douté que c'était là le chef de l'un des plus modestes États de l'Europe, tellement il y déployait de hauteur et de majesté personnelles. Mais aussi quel magnifique appareil l'environnait ! La royauté danoise conserve encore, dans ses manifestations contemporaines, presque toutes les pompes de son antique cérémonial. Fidélité superbe qui, en déroulant aux yeux du peuple, dans ses formes palpables, les souvenirs d'un glorieux passé, entretient en lui, avec l'exaltation de l'orgueil national, le feu sacré du patriotisme.

En dehors des splendeurs officielles, Frédéric VII était le plus simple des hommes. Sa bienveillance se traduisait par une familiarité qui allait souvent jusqu'à la bonhomie. Je me souviendrai toujours de son gracieux accueil lorsque j'entrais dans son cabinet : comme il s'avançait à ma rencontre, comme il me serrait affectueusement les mains, comme il m'approchait lui-même un fauteuil pour me faire asseoir à ses côtés, et causer avec moi plus à l'aise. Et que de charme, que d'abandon, que de laisser-aller dans son entretien ! Mais les effusions de l'homme n'ôtaient rien à la dignité du roi ; et il ne souffrait pas qu'on en abusât. Un personnage qu'il recevait, un jour, en audience particulière, paraissant s'oublier, « Monsieur, lui dit-il en redressant fièrement la tête, je crois que votre équipage vous attend dans la cour. » Depuis, ce personnage ne remit plus les pieds au château.

Cette facilité de caractère de Frédéric VII dans les relations privées se reproduisait dans sa politique. Il aimait la liberté et il la voulait pour son peuple. Comme le roi Christian VIII, son père, hésitait à donner une constitution aux Danois : « Je ne comprends pas Votre Majesté, lui dit-il ; si j'étais roi et que les Danois le demandassent, je leur donnerais une constitution tous les jours. » Cette boutade exprimait un sentiment sincère. Aussi, Christian VIII mort, le premier acte de Frédéric VII fut-il de promulguer une constitution, la constitution la plus libérale assurément de l'Europe. Toute sa vie de roi a été fidèle à ce début. « Je ne reprendrai jamais le pouvoir absolu, disait-il à un de ses ministres ; je suis et veux rester roi constitutionnel ; je respecte la liberté qui est le caractère de mon règne. » N'est-ce pas là ce qui a valu à Frédéric VII tant de haine de la part de l'Allemagne? Un prince si franchement libéral parmi les princes de la Confédération germanique : quelle tache !

Une des gloires de Frédéric VII, c'est d'avoir été un souverain national. Allemands d'idées, de goûts, d'habitudes, comme ils l'étaient d'origine, ses prédécesseurs se faisaient gloire de calquer en tout l'Allemagne. Leur cour était allemande, leur entourage allemand, et ils n'épousaient que des princesses allemandes. Ah ! que l'Allemagne avait beau jeu, alors, pour ses plans de germanisation du Slesvig ! Les rois de Danemark y concouraient, eux-mêmes, à l'envi.

Monté sur le trône, Frédéric VII réagit énergiquement contre ces tendances. En vain, les Allemands des duchés et d'ailleurs s'insurgèrent-ils contre lui et lui firent-ils la guerre, il triompha et maintint ses droits. Dès lors, l'élément allemand existant dans ses États dut se résigner à ses limites, et renoncer à déborder sur l'élément danois. Ce fut là, aux yeux de l'Allemagne, le grand crime de Frédéric VII, crime dont elle se fit un prétexte pour tourmenter toute sa vie et qu'elle a fait expier si cruellement à son successeur.

« Voyez-vous, me disait-il tristement un jour, en passant la main sur sa longue impériale, comme ma barbe blanchit. Ce sont les persécutions de l'Allemagne qui en sont cause. Voilà quatorze ans que cela dure! j'ai fait toutes les concessions compatibles avec mon honneur et mon devoir. Maintenant, la mesure est comble. Je ne tirerai pas le premier coup de canon ; mais, si l'on m'attaque, je me défendrai, comme doit se défendre un roi de Danemark. »

Lorsque Frédéric VII faisait trève à ses préoccupations politiques, il était fort gai. On cite de lui des mots piquants, des réparties spirituelles, d'amusantes anecdotes. Il dissimulait peu ses impressions et quand il avait quelque chose sur le cœur on le savait vite. A la fin de 1861, froissé de l'attitude du cabinet britannique, dans sa querelle avec l'Allemagne, il mit si peu d'empressement à prendre le deuil du prince Albert, qu'un instant on crut qu'il ne le prendrait pas du tout ; à la réception du corps diplomatique, au jour de l'an, il ne dit pas même un mot de condoléance à l'envoyé d'Angleterre ; quant aux envoyés de Prusse et d'Autriche, il affecta de leur tourner le dos. Et il mettait à tout cela un certain air de grandeur qui, en sauvegardant sa dignité personnelle, n'en rendait que plus mordante l'expression de son mécontentement.

IV

Les bons hôtels sont rares à Copenhague. Après l'*Hôtel du Phénix*, l'*Hôtel Royal* et l'*Hôtel d'Angleterre*, où l'on jouit d'une installation assez confortable, on n'y trouve que des maisons meublées, plus ou moins vastes, mais où l'on est généralement fort mal. Sauf de très rares exceptions, il en est de même dans toutes les villes du Nord. Aussi, quand j'arrive dans une de ces villes avec l'intention d'y séjourner, ne resté-je à l'hôtel que juste le temps nécessaire pour me procurer un appartement garni. On y est beaucoup plus tranquille, beaucoup plus chez soi, et, si l'on peut y prendre pension, beaucoup mieux placé pour suivre et étudier, dans ses détails intimes, les manifestations de la vie nationale.

A Copenhague, je trouvai toutes ces conditions réunies dans la maison de M. Schow. Il m'offrit un joli appartement, occupé naguère par le consul général du Brésil, et sa table de famille, à laquelle venaient régulièrement s'asseoir ses cinq ou six locataires et quelques habitués du dehors.

M. Schow était un vrai Danois pur sang, calme, imperturbable, jamais pressé quoique arrivant toujours, d'un commerce sûr, et fort instruit. Il connaissait à fond les hommes et les choses de son pays, et il n'existait pas dans tout Copenhague un coin si obscur, si reculé, qu'il n'eût exploré souvent plusieurs fois. Car c'était un intrépide flâneur que M. Schow, mais d'une flânerie intelligente, et dont il rapportait toujours soit une observation, soit une acquisition nouvelles. Tels sont, du reste, les Danois, cachant sous une enveloppe, parfois très épaisse, une finesse à laquelle rien n'échappe et une faculté d'appréciation supérieure.

M. Schow était grand amateur d'antiquités. Il avait formé dans sa jeunesse une curieuse collection que le roi lui avait achetée, et quand j'entrai en rapport avec lui, il travaillait à en former une autre pour son plaisir personnel. On rencontre beaucoup de ces collectionneurs en Danemark, surtout depuis qu'il est en butte aux attaques de l'Allemagne. C'est affaire de patriotisme. Les antiquités exhumées du sol national, principalement dans le duché de Slesvig, servent d'auxiliaires aux politiques pour réfuter les théories archéologiques pleines d'aventure sur lesquelles les coryphées du *Slesvig-holsteinisme* appuient leurs prétentions.

Ainsi, M. Schow était bien l'homme qu'il me fallait. Il pouvait m'être et il me fut, en effet, très utile.

M. Schow était marié à une femme jeune encore et vraiment charmante; mais ils n'avaient pas d'enfants. De là leur idée de se faire de leurs pensionnaires une famille d'adoption. La famille est une nécessité de la vie, en Danemark plus encore qu'en Angleterre.

Parmi les personnes qui fréquentaient le plus habituellement la maison de mon hôte, trois ou quatre jeunes filles m'intéressaient surtout. Réservées, doucement gaies, franches et naturelles, elles apportaient dans la conversation une aisance charmante. Les sujets les plus divers se jouaient sur leurs lèvres roses; et l'on avait d'autant plus de plaisir à les écouter, qu'elles savaient traiter les choses légères sans frivolité, et les choses sérieuses sans pédantisme.

Bien que sachant très bien le français, elles ne se décidaient qu'à grand'peine à le parler. Rarement, il est vrai, elles en avaient l'occasion. Entre Danois même du plus haut ton, vous n'entendez jamais que le danois. Si, dans un salon, une conversation se tient en français, c'est qu'il y a là des voyageurs ou des diplomates.

L'accent que les Danois donnent au français dépend de la manière dont ils l'ont appris. Ceux qui ont débuté par la pratique soit à l'étranger, soit dans leur famille, le prononcent, en général, très purement. Il n'en n'est pas de même de ceux qui l'ont étudié comme une langue morte; ils se plient difficilement à la tonalité voulue. Telle est, du reste, la règle pour tous les pays. J'ai rencontré, un jour, dans un village perdu de la Russie, un jeune pope qui avait appris le français avec des livres sans l'avoir jamais entendu parler. Dire la manière dont il le prononçait serait impossible. C'était, dans sa bouche, une sorte de bourdonnement bizarre auquel je ne comprenais absolument rien. Ce jeune pope m'intéressa. Je demeurai avec lui près d'un mois. Au bout de ce temps d'exercice, sa prononciation était devenue très acceptable. Je ne crois pas toutefois l'avoir mis en état de pouvoir rivaliser avec ceux de ses compatriotes qui, formés à notre langue dès l'enfance, la pratiquent comme une seconde langue maternelle.

Je reviens à mes jeunes Danoises. Elles étaient toutes fiancées, et leurs fiancés les accompagnaient souvent.

— A quand le mariage? demandai-je à l'une d'elles.

— Je ne sais pas; dans quatre ou cinq ans, peut-être.

— C'est bien long.

— Vous trouvez?

— Oui. Nous serions plus pressés en France. Depuis combien de temps êtes-vous promise?

— Depuis trois ans.

— Et vous attendrez encore quatre ou cinq ans?

— Il le faut bien ; nous ne pouvons nous marier avant que mon futur ait été nommé à un grade.

— Que fait-il votre futur ?

— Il est aspirant de marine.

— Et vous ne voulez épouser qu'un amiral ?

— Oh ! je ne dis pas cela.

Je plaisantais ; mais telle est pourtant la vérité. On fiance les jeunes Danoises à de tout jeunes gens encore emprisonnés dans leurs études, et on ne les marie que lorsque le fiancé s'est fait une position. Malheureusement la position ne vient pas vite ; en sorte que telle jeune fille fiancée à quinze ou seize ans est exposée à ne se marier qu'à vingt-cinq et même à trente ans.

On s'applaudit beaucoup en Danemark de cet usage. On l'y regarde comme très propre à moraliser les jeunes gens, en leur inspirant des idées d'ordre, de travail et d'économie. Il est certain que du jour où il est fiancé, le jeune homme perd sa libre indépendance ; le mariage le tient déjà ; il n'a plus le droit de gaspiller ses heures, de déserter l'utile ; il faut qu'il travaille à édifier le nid qui doit abriter sa couvée.

Et ceci ne s'applique pas seulement aux jeunes couples sans fortune ; là où abondent les facilités matérielles de l'existence, on veut le surcroît des dignités et des honneurs. Ainsi, tous les mariages danois suivent la même règle ; les exceptions sont rares. C'est très sage, du reste, très prudent ; on ne laisse rien à l'imprévu.

Le mauvais côté du système est, comme je le disais tout à l'heure, l'attente, l'attente souvent bien longue. Mais, les demoiselles danoises sont patientes ; puis, tant qu'elles portent le titre de fiancées, elles se croient jeunes, eussent-elles usé déjà toutes les coiffes de sainte Catherine.

V

Par une belle matinée de novembre, mon hôte vint frapper à ma porte.

— Êtes-vous libre de votre temps aujourd'hui ? me demanda-t-il.

— Pourquoi cela?

— Parce que si vous n'aviez rien de mieux à faire, je vous proposerais une excursion.

— Où?

— Tout simplement en ville.

— Une flânerie, alors!

— Oh! vous savez bien qu'une promenade dans Copenhague ne peut guère s'appeler une flânerie. Vous me l'avez souvent dit, vous-même : il n'y a que Paris pour flâner! Mais le temps est beau, le froid presque nul; tout le monde sera dehors ; cela vous amusera.

— Vous avez raison. Quand sortons-nous?

— Après déjeuner, si vous voulez.

— C'est entendu!

La proposition de mon hôte venait d'autant plus opportunément que c'était un samedi, c'est-à-dire jour du grand nettoyage hebdomadaire dans toutes les maisons de Copenhague. Je passais habituellement ce jour-là cinq ou six heures hors de chez moi. Car c'est un véritable bouleversement que le nettoyage en question. On ne se contente pas de balayer les parquets ou plutôt les planchers ; on ne les frotte pas non plus, ce qui serait peine perdue ; on les lave, on les éponge, on les masse, absolument comme l'on fait d'un baigneur dans une étuve de Constantinople ou de Moscou.

Cette opération se pratique pendant l'été, toutes fenêtres ouvertes, à l'heure la plus ardente de la journée, et, pendant l'hiver, à la chaleur d'un ou de plusieurs poêles transformés en fournaises. On se sert pour cela d'un sable très fin imbibé d'eau, acheté au boisseau à des marchands ambulants qui le crient dans les rues comme une denrée de ménage ordinaire.

Rester dans son appartement tandis qu'on le nettoie de la sorte, est impossible. Il faut en sortir bon gré mal gré, et attendre pour y rentrer qu'il soit sec et qu'il ait perdu l'odeur un peu âcre dégagée des planchers par le frottement du sable humide.

Plus d'une fois, en voyant entrer chez moi, armée de ses engins, la domestique chargée du nettoyage de la maison, j'essayai de décliner ses services. « A quoi bon, lui disais-je, te donner tant de peine ? Mon salon et ma chambre à coucher, du moins, n'ont que faire de ton eau, puisque ces deux pièces sont presque entièrement couvertes de tapis. » Mais la pauvre fille se montrait si mortifiée de ma résistance que je finissais toujours par céder. Du reste, il n'est guère dans mes habitudes, à l'étranger, de prendre l'initiative en pareil cas ; je laisse faire ; c'est le moyen de mieux connaître les mœurs locales.

Ainsi qu'il avait été convenu, nous sortîmes, mon hôte et moi, après déjeuner.

Le temps était superbe, le soleil radieux, le froid très supportable et pas de vent. Pas de vent ! On ne jouit d'une telle chance à Copenhague, que dix fois l'année tout au plus. Hors cette courte trêve, le vent y souffle en permanence. Les Danois qui y sont habitués s'en émeuvent peu ; quant à moi, j'en étais obsédé. Ce qui m'exaspérait surtout dans ce vent, c'était ce que j'appelais son insolente politesse. Vous avez beau lui tourner le dos, lui présenter le flanc, il vous salue toujours en face. Un soir qu'il hurlait plus que de coutume, je voulus sortir à pied. Ce fut une lutte terrible ; je dus rentrer au bout d'un quart d'heure, frappé d'une ophtalmie qui me retint chez moi, fenêtres closes et rideaux baissés, plus de trois semaines. Sans ce maudit vent, l'hiver de Copenhague n'aurait rien de trop rude. Le thermomètre y descend à peine plus bas qu'à Paris. Mais, avec ce vent, le froid le plus anodin devient d'une acuité mortelle. Et puis il trouble tout. A la même minute, il vous souffle au visage la poussière, la pluie, la neige, tous les contraires. Il se joue du soleil, il nargue la lune, les confisquant au moment où l'on s'y attend le moins, au profit d'un brouillard épais, noir et glacial. Voilà l'hiver à Copenhague ! Je pourrais dire aussi : Voilà le printemps ! voilà l'automne ! L'été seul y est beau ; et encore, le vent ne vient-il pas à chaque instant effeuiller sa couronne ?

Nous dirigeâmes notre promenade vers le port. Une foule immense se précipitait du même côté.

— Où court donc tout ce monde ? demandai-je à mon hôte.

— Ne vous ai-je pas dit qu'on lançait aujourd'hui à la mer une nouvelle frégate ?

— C'est vrai ; je l'avais oublié. Suivons la foule ! Je tiens beaucoup à assister à ce curieux spectacle.

Un quart d'heure après, montés sur un léger bateau à vapeur, nous abordions à Frederiksholm, vaste emplacement fortifié, occupé par les chantiers de la marine.

La nouvelle frégate, nommée *Dagmar*, se dressait sur son estrade de fête, entourée de guirlandes de verdure et pavoisée de mille drapeaux. Le prince royal, accompagné d'un brillant état-major, était déjà sur le pont ; des officiers en grand uniforme, de hauts fonctionnaires, des dames élégamment parées arrivaient successivement ; la foule se massait bruyante et joyeuse aux alentours.

Bientôt le canon annonça de sa voix de bronze le moment solennel. Il se fit un grand silence. Puis, tout à coup, les tambours battirent aux champs ; la musique éclata en fanfares ; les haches des matelots attaquèrent le câble qui retenait l'énorme machine ; un craquement retentit ; et, au milieu des hurrahs, des chants patriotiques, des chapeaux levés, des mouchoirs déployés, la glorieuse *Dagmar* glissa lentement et majestueusement dans la mer. Jamais, depuis mon arrivée à Copenhague, je n'avais été témoin d'un pareil enthousiasme. Qu'étaient donc devenus mes bons et calmes Danois de la veille ?

C'est que tout ce qui intéresse la marine a le don de faire vibrer leur fibre nationale. Le peuple danois sent que c'est là l'élément capital de sa force. Malheureusement, il n'a pas assez songé à développer cet élément autant qu'il aurait pu l'être. Si, au lieu de perdre tant de millions à fortifier le Dannevirke, et Düppel, et Fredericia, il les eût consacrés à améliorer sa flotte, l'issue de la guerre contre l'Allemagne eût été tout autre. Je n'en veux pour preuve que les services rendus par ce petit monitor appelé *Rolf Krake*, toutes les fois qu'il a eu occasion de prendre part à l'action. Une dizaine de pareils bâtiments croisant le long des côtes eût donné à réfléchir aux Austro-Prussiens.

Le peuple danois a eu à se repentir, mais hélas ! il s'est repenti trop tard !

VI

Je reprends ma promenade. Après avoir visité tous les établissements de la marine et touché à la batterie des *Trois-Couronnes*, construction granitique solidement établie dans le Sund, pour en défendre l'entrée du côté de la rade, je gagnai la *Longue ligne*, joli sentier ombragé serpentant le long de la mer et conduisant à la forteresse de *Frederikshavn*.

Cette forteresse, bâtie par Frédérik III, en 1662, a pour double but de protéger la capitale contre une attaque étrangère et de la tenir en respect en cas d'insurrection. En un instant, tous les canons dont elle est armée peuvent être tournés contre la ville et la bombarder. Je ne sais quels ravages elle produirait dans ce dernier cas, l'expérience n'en ayant jamais été faite ; mais, ce qui est certain, c'est qu'en 1770 et 1801, elle s'est montrée vis-à-vis de l'ennemi tout à fait insuffisante. Si les Austro-Prussiens avaient tenté une descente à Copenhague, la forteresse de *Frederikshavn* ne les eût évidemment pas arrêtés. Du reste, le Danemark n'a pas beaucoup à compter sur ses forteresses. Il n'en est aucune qui soit capable d'une résistance sérieuse. On a vu, au début de la dernière guerre, ce qui est arrivé avec le Dannevirke et Fredericia. Kronborg à Elseneur, Nyborg en Fionie, ne se maintiendraient pas davantage.

Dans l'intérieur de Frédérikshavn se trouve un grand bâtiment servant de prison politique. Quand je la visitai, elle était déserte ; quelques années auparavant, elle avait abrité un hôte étrange.

Le Danemark possédait alors certains parages des côtes de Guinée, vendus depuis, je crois, à l'Angleterre. Or, un roi ou chef de ces parages ayant eu la fantaisie de manger quelques-uns de ses sujets, le gouvernement danois le fit arrêter ainsi que son premier ministre, et transporter l'un et l'autre, pieds et poings liés, à bord d'un navire à Copenhague.

Là, ils furent jugés d'après les lois danoises, et condamnés à un emprisonnement perpétuel dans la forteresse.

Ils se soumirent à leur condamnation avec une résignation stoïque.

Chacun s'intéressait à eux, et l'on brodait sur leur compte les histoires les plus fantastiques. Le gouvernement, de son côté, tempérait autant qu'il le pouvait les rigueurs de leur captivité. La princesse Caroline, belle-sœur du roi Christian VIII, leur envoyait du tabac, dont ils étaient très friands. Enfin, au bout de deux ans, leur élargissement fut résolu. Mais, quand on vint ouvrir leur cachot, raconte-t-on dans le peuple, au lieu de deux prisonniers, il n'en sortit qu'un : le roi, pour se distraire, avait mangé son premier ministre.

VII

« Dis-moi ce que tu manges, je te dirai qui tu es. » — Si cette plaisante parodie d'un très sérieux proverbe a droit d'application quelque part, c'est assurément en Danemark. Je ne crois pas, en effet, qu'il existe d'autres pays où le fond de l'alimentation et les procédés culinaires s'harmonisent aussi bien avec le caractère et l'humeur des habitants.

D'abord, les Danois mangent beaucoup. Trois grands repas par jour, sans compter le thé ou le café du matin et du soir. Et puis, quels menus ! Voici les potages ! Je défie de rêver plus étrange amalgame. Potage au pain, sorte de brouet fait avec du pain noir, du citron et du vin; potage à la purée de pommes de terre, avec des tranches de céleri, du poivre de Cayenne et du vin de Porto; potage aux pruneaux; potage aux choux verts, avec des boulettes de céleri et du sucre; potage à l'avoine, avec des pruneaux, du raisin sec, du sucre et des galettes de biscotte; potage au bœuf, liquide blanchâtre, ni consommé ni bouillon, dans lequel nagent des quenelles de pâte grosses comme des œufs; potage au gruau cuit à l'eau, servi chaud, et dont on précipite la déglutition avec du beurre salé et du lait froid; potage au riz mêlé de gruau et d'amandes pilées, assaisonné de cannelle et de sucre, et arrosé de bière; enfin, potage à l'oie, fait avec les abattis et l'intérieur de l'animal, des carottes, du céleri, des quenelles de pâte et des tranches de pommes. On sert le tout dans la même assiette. Potage solide, comme on voit, et où il y a beaucoup à ronger. Une assiette auxiliaire est placée devant chaque convive pour recevoir les os.

Le potage à l'oie est en Danemark un mets traditionnel auquel s'attache une idée symbolique. Il figure sur toutes les tables, le 10 novembre, jour anniversaire de la naissance de Luther. Est-ce à cause de la vigilance qu'a déployée le fondateur de la réforme pour sauver la doctrine évangélique des interpolations et des surcharges du catholicisme romain? Ce qui est certain, c'est que, dans les pays du Nord, l'oie jouit d'une tout autre considération morale que chez nous. On y rend justice à son calme, à sa prudence, à sa finesse; et tandis que pour célébrer les charmes gracieux d'une jeune fille, nos poètes l'appellent une douce colombe, les poètes finlandais, par exemple, l'appellent une belle oie.

On ne se borne pas, pour fêter Luther, au simple potage à l'oie; on lui sacrifie encore l'oie tout entière. Celle-ci est cuite au four, la panse farcie de pommes de terre et de pommes. On la mange avec des confitures, du sel, du poivre, de la moutarde, des cornichons et des concombres.

L'oie s'apprête également aux choux rouges sucrés. Ceux qui trouvent cela trop doux y ajoutent du sel, de la moutarde et du vinaigre.

Un tel système d'assaisonnement, qui se reproduit plus ou moins avec tous les plats, déconcerte notre science gastronomique. C'est l'alliance hybride, illogique, de tout ce qui se contredit et se repousse. Imagine-t-on une compote de betteraves à la rémoulade? La cuisine danoise a l'air d'une gageure. Elle pervertit tout ce qu'elle touche; les viandes les plus succulentes s'atrophient et se dessèchent dans ses casseroles. Pas de gril ni de tournebroche; le four ou la poêle, la poêle surtout. Aussi, ignore-t-on en Danemark ce que c'est qu'un rôti. Jamais seulement, je n'ai pu y obtenir un vrai bifteck. On y sert, sous le nom de bifteck français, un mélange de pommes de terre, d'oignons et de viande noircis dans le beurre ou dans la graisse, dont le seul aspect donne la nausée. Mieux vaut encore un boudin au sucre.

Les effets d'un pareil régime se devinent sans peine. Lourd, indigeste, échauffant, il engendre la torpeur et la soif. N'ai-je pas déjà signalé la torpeur comme un trait de caractère chez les Danois? J'ajoute qu'ils sont perpétuellement altérés. C'est pour cela que dans les appartements, les magasins, les boutiques, partout, la carafe d'eau trône en permanence sur un plateau couronné de verres. Chacun en use à discrétion. Il faut dire du reste qu'en Danemark l'eau est excellente. Est-ce là ce qui rend les Danois si sobres de vin et de liqueurs fortes? L'ivrognerie leur est inconnue. Durant mon séjour à Copenhague, je n'y ai rencontré un homme ivre qu'une seule fois, le soir, dans une rue écartée; encore cet homme était-il un Allemand. Les gamins le suivaient comme un événement en l'accablant de leurs huées.

Une charmante coutume est, lorsqu'on se lève de table, de se saluer en disant : « *Velbekommen!* grand bien vous fasse ! » La même coutume, sauf le *velbekommen*, existe en Russie. On y baise la main des dames, qui vous rendent votre baiser sur le front, la joue ou les lèvres, suivant le degré d'intimité.

Tout ce que je viens de dire de la cuisine danoise n'a, bien entendu, qu'une application générale. Il est en Danemark, comme dans tous les pays de l'Europe, beaucoup de maisons où l'on sait tempérer par des combinaisons plus raffinées l'orthodoxie par trop brutale des cordons bleus nationaux. Quelques-unes même vivent tout à fait à la française. De ce nombre, naturellement, sont les maisons des diplomates. Celle du ministre de France, entre autres, se distingue par une table où le confort et la délicatesse trouvent leur plus séduisante expression. Je me souviendrai toujours de la cordiale hospitalité dont j'y jouissais. Cela relevait mon pauvre estomac des rudes épreuves auxquelles il était condamné ailleurs.

Parmi les rares pourvoyeurs des gourmets de Copenhague, il en est un que je dois me garder d'oublier. C'est un charcutier français, une sorte de Chevet. Son magasin, situé dans la grande et belle rue commerçante d'OEstergade, porte sur son enseigne ces trois mots écrits en français: *Charcuiterie et comestibles*. Après une suite de déboires en Allemagne, ce charcutier se décida à venir en Danemark. Sa détresse était extrême. La légation l'aida à s'outiller; et les quelques Français qui résidaient à Copenhague se cotisèrent pour lui acheter son premier cochon. Ce cochon prospéra. Aujourd'hui le chef de la maison de *charcuiterie* de la rue d'OEstergade est à la tête d'un demi-million; il a acheté aux environs de la capitale une superbe propriété, où il s'est fait éleveur, et son fils, héritier de son talent et de sa clientèle, façonne et débite les jambons et les hures qu'il a engraissés.

Les préparations culinaires appliquées à l'espèce porcine sont fort goûtées des Danois. Ils consomment une quantité effrayante de jambons, de boudins, de galantines, etc. Sur vingt boutiques de comestibles, quinze au moins ne vendent que du cochon. C'est plus ou moins appétissant ; en tout cas, très lourd. L'instinct local ne se dément pas.

Quant aux restaurants ou *restaurations*, sauf quatre ou cinq attenant ou non à de grands hôtels, on y mange, mais on n'y dîne pas. Qu'importe à ceux qui les fréquentent ? Il en est où l'on se réunit pour se régaler d'huîtres, lesquelles viennent de Flensborg ou de Fladstrand, c'est-à-dire de la mer du Nord et du Kattégat, la Baltique, trop peu salée, n'en produisant pas. Ces huîtres se payent au détail un rigsdaler la douzaine, soit environ 23 centimes la pièce. Elles sont généralement grasses et fraîches, mais elles ont moins de ton que celles de Marennes ou de Cancale.

Les cafés ne diffèrent pas en Danemark des établissements du même genre dans les autres pays du nord. Ce sont des boutiques de confiseurs auxquelles s'annexent une ou plusieurs salles. On y prend du café, du chocolat, de la bière et des liqueurs, et on y lit les journaux. A Copenhague, ces cafés se divisent en plusieurs classes, suivant la qualité dominante de leur clientèle. Il y a le café des élégants et des gens de cour, le café des étudiants et des officiers, le café des négociants, le café des magistrats et des professeurs. Le peuple a ses tavernes. Celles qui avoisinent le port et les canaux sont des foyers de tapage.

VIII

De la nourriture matérielle je passe, sans autre transition à la nourriture intellectuelle.

Parlons d'abord des journaux. La presse danoise prit dès 1851, époque où fut décrétée la liberté de la presse, un vigoureux essor. Nombre de journaux surgirent. Les uns réussirent, les autres échouèrent. Il en est d'un journal comme de toute marchandise. Son débit n'est assuré qu'autant qu'il répond à un besoin, c'est-à-dire, dans l'espèce, à un parti déjà formé ou aspirant sérieusement à se former. Un journal, simple écho d'une opinion isolée, n'a d'autre vitalité que celle de la caisse de son patron. Or, à ce service stérile, les caisses les plus prodigues se lassent vite. Je pourrais citer à l'horizon du journalisme danois beaucoup d'étoiles ainsi disparues.

Quoi qu'il en soit, et malgré les facilités données, le mouvement ne tarde pas dans les sociétés bien assises où la production se fixe à une moyenne qui varie peu. En Danemark, la moyenne des journaux et autres publications périodiques pour tout le pays flotte entre deux cents et deux cent dix. Tous ces journaux ne s'occupent pas de politique, mais tous pourraient s'en occuper. La loi ne distingue pas.

Les plus importants sont le *Berlingske Tidende*, le *Dagbladet* et avant la dernière guerre, le *Fœdrelandet*.

Le *Berlingske Tidende*, feuille semi-officielle, compte huit mille abonnés et coûte 8 rigsdalers (24 fr.) par an. Le port se paye en sus.

Le *Dagbladet* représente le grand parti national et démocratique d'où était sorti le ministère Hall. Il a cinq mille abonnés et coûte le même prix que le précédent.

Le *Fœdrelandet*, organe du parti dit de l'Eider et du Scandinavisme, a 1,500 abonnés, et coûte 10 rigsdalers (30 fr.).

Ces deux derniers journaux sont rédigés avec un talent remarquable, mais d'un caractère fort différent. Tandis que le *Dagbladet* est calme, élégant, spirituel, enjoué même, le *Fœdrelandet* est ou plutôt était serré, nerveux, parfois plein de fougue et de violence. Le *Fœdrelandet* est plus local; le *Dagbladet* plus européen ; nous devons les en féliciter, car nous pouvons ainsi, mieux que par tout autre moyen, nous tenir au courant des affaires danoises.

Je signalerai encore le *Folkets Avis*, journal de faits qui compte dix mille abonnés et ne coûte que 4 rigsdalers (12 francs) par an, l'*Illustretet Tidende*, excellent comme texte et comme gravures, avec dix huit cents abonnés, et du prix de 8 rigsdalers ; enfin, deux ou trois petites feuilles sortes de *Charivaris* populaires, d'une rédaction plus ou moins piquante.

Les annonces jouent un très grand rôle dans les journaux danois. Le *Berlingske Tidende* surtout en est tellement fourni qu'il peut presque marcher de front sous ce rapport avec les grands journaux d'Angleterre ou d'Amérique. Et comme la matière de ces annonces est pleine de variété et d'imprévu ! Nous n'avons aucune idée de cela en France. Sans parler des marchands, des industriels, recommandant leurs marchandises ou leurs produits, des propriétaires à la recherche de locataires, des domestiques sans place, des ouvriers sans travail, des commis sans emploi, de tous ces gens, en un mot, s'occupant d'affaires qui intéressent, à certains égards, la vie publique, quiconque éprouve un besoin, un désir, une fantaisie, un caprice, s'adresse aux journaux. Les faits les plus privés, les plus intimes, sont ainsi mis sous les yeux de tous. On connaît les poétiques annonces de mort ; les annonces de naissance ou de mariage ont une forme analogue.

Voici un compliment transmis à deux nouveaux fiancés par la voie du *Berlingske Tidende* : « Mlle Stine W*** est félicitée à l'occasion de ses fiançailles avec M. Antoine-Hector A***. » Puis la strophe obligée : « Quand l'innocence et la beauté s'associent à la vertu, le bonheur de l'amour ne peut faire défaut. Bientôt vous serez unis par des chaînes d'or ; c'est pourquoi nous vous envoyons tous notre bénédiction. » Suivent les signatures.

Un jeune homme cherche à se marier ; il publie cette annonce : « Un jeune homme nouvellement arrivé dans la capitale, où il manque de relations, mais qui d'ailleurs est bien élevé, d'un extérieur avantageux et d'un esprit capable, désire trouver sur cette place une dame disposée à s'unir à lui par le mariage. Il faut que cette dame soit jeune, d'un physique agréable, et possède un capital suffisant pour permettre aux deux époux de poser les bases du problème de la vie. La réponse doit être envoyée au bureau du journal, sous le n° 279. La dame joindra à son adresse son portrait photographié. » Les annonces de ce genre, plus ou moins modifiées, se reproduisent fréquemment dans les journaux du Danemark, où elles semblent tout à fait naturelles.

Je terminerai par une annonce d'un caractère plus original. C'est une sorte de compliment de condoléance adressé à un homéopathe, nommé Jean Thompsen, à l'occasion de l'anniversaire de sa naissance, par *un de ses nombreux et reconnaissants clients.*

« O cher ami, ne t'abîme point ainsi dans ta détresse, comme s'il t'était impossible de t'en relever !

« Dieu peut nous secourir dans toutes nos misères ; il est assez fort pour changer les plus grands obstacles en magnifiques succès, et il ne t'imposera point un fardeau que tu serais incapable de supporter.

« Oh ! oui, j'espère que le bon Sauveur te tirera des circonstances les plus adverses.

« Si ton chagrin est grand, si tes ennemis sont nombreux et puissants, il est néanmoins assez fort pour t'en délivrer. »

Tous les journaux que j'ai nommés jusqu'ici, et beaucoup d'autres encore, sont publiés dans la capitale. Chaque ville de province, en outre a son journal propre, qui, sauf deux ou trois exceptions, ne s'occupe guère que des intérêts de la localité.

Aux journaux indigènes il convient d'ajouter les journaux étrangers, dont les principaux se trouvent, à Copenhague, dans les cercles et les grands cafés. La presse française y est représentée par le *Journal des Débats*, *l'Indépendance*, le *Charivari*, et la *Revue des Deux Mondes*. Au cercle de *l'Athenæum*, on peut lire encore *le Moniteur*, *l'Illustration*, etc.

La vente organisée des journaux sur la voie publique n'existe dans aucune des villes du Danemark. On les reçoit à domicile ou on les fait prendre au bureau. La poste sert le dehors. A Copenhague, les quittances d'abonnement sont présentées, chaque mois, aux souscripteurs.

Les libraires sont relativement très nombreux en Danemark. Copenhague, ville de plus de cent soixante mille âmes, en compte près de quatre-vingts. Sur ce nombre, huit ou dix seulement font le commerce en grand et éditent. Les autres vendent au détail, et joignent la plupart, aux articles de librairie, les gravures et les fournitures de bureau.

Quant au colportage, il ne se pratique guère que pour quelques écrits de religion, le plus souvent distribués gratuitement. On voit aussi, parfois, un malheureux auteur chercher lui même, son livre à la main, des chalands que les libraires n'ont pu lui procurer. Il n'a pas besoin pour cela d'autorisation. Le colportage n'est soumis, d'ailleurs, à aucune réglementation spéciale ; tout individu muni d'une patente de commerçant peut l'exercer.

A côté des librairies, il faut placer les cabinets de lecture, qui en sont comme le complément. Copenhague en possède un grand nombre ; et dans chaque ville de province de deux mille âmes on en trouve au moins un. Ces cabinets de lecture sont généralement bien assortis et très achalandés. Les plus importants font payer la location d'un volume 12 skillings (45 cent.) par semaine, 2 marcs (90 cent.) par mois, et 5 marcs 2 fr. 45 cent.) par trimestre ; celle de deux volumes 1, 3 et 8 marcs. L'abonnement à l'année, et pour plus d'un ou de deux volumes, se règle proportionnellement.

Les bibliothèques publiques prêtent, en outre, gratuitement, des livres à tout individu offrant une garantie valable. On peut garder ces livres pendant un an ; un avis inséré dans les journaux fait connaître l'époque où l'on doit les rapporter.

On compte, à Copenhague, trois grandes bibliothèques publiques : la bibliothèque royale avec 500,000 volumes et 20,000 manuscrits ; la bibliothèque de l'Université avec 180,000 volumes et 400 manuscrits, et la bibliothèque Classen, spéciale pour l'histoire naturelle, la géographie, l'économie rurale et domestique, avec 30,000 volumes. Il convient d'ajouter à ces bibliothèques celles des grandes écoles, des musées, du jardin botanique, des cercles, etc., toutes d'un accès facile à quiconque peut avoir besoin de recourir à leurs dépôts.

Le service des bibliothèques publiques est admirablement entendu. On y trouve de plus auprès des employés un accueil intelligent et empressé ; et, lorsqu'on vient y demander ou emprunter un livre, on n'y est jamais exposé, comme chez nous, à l'attendre indéfiniment, sous prétexte qu'il est à la reliure.

Ce que je viens de dire des journaux, des livres, des libraires, etc., nous révèle en Danemark un très beau mouvement intellectuel. Ce mouvement ne se concentre pas dans certaines classes exclusives et privilégiées ; il rayonne sur le pays tout entier. Tout le monde y participe, et l'active et le développe. C'est qu'aussi, en Danemark, tout le monde sait lire et lit. Tel est l'effet de l'excellente organisation de l'instruction publique.

IX

Les musées ne sont point en Danemark, comme dans beaucoup d'autres pays, un simple spectacle pour les yeux ou une fugitive distraction pour l'esprit : ils forment comme une grande et éloquente école où les savants, les littérateurs, les artistes, les historiens, viennent se livrer aux plus sérieuses études.

Aussi, rien d'arbitraire, d'aventureux, de discordant ou de confus dans l'arrangement de leurs collections. Tout y est rationnel, logique. Chaque spécialité a son local déterminé où chaque chose se produit suivant son temps, son caractère, sa signification propre. La sévérité du système n'ôte rien à l'éclat du pittoresque.

Voulez-vous des tableaux ? Parcourez la belle et vaste *galerie de Christiansborg* [1]. Là, toutes les écoles sont représentées : l'école italienne, l'école française, l'école espagnole, les écoles flamande, hollandaise et allemande, avec leurs noms les plus illustres ; puis, dans des salles distinctes, le bataillon d'élite des peintres du pays, signalé par près de deux cents toiles.

Êtes-vous voyageur ? Allez au *Musée ethnographique !* Toutes les nations du globe, depuis les plus ignorantes et les plus sauvages jusqu'aux plus instruites et aux plus cultivées, y défileront devant vos yeux, avec leurs armes, leurs costumes, leurs instruments, outils, ustensiles, leurs œuvres d'art ou d'industrie, tous les éléments, en un mot, exprimant leur vie religieuse, sociale ou domestique. Le musée ethnographique occupe une cinquantaine de salles ; ses collections remplissent plus de quatre cents montres ou vitrines, sans compter les nombreux objets suspendus aux voûtes, aux murs, ou installés sur les parquets.

Le *Cabinet des antiques* renferme les antiquités assyriennes, babyloniennes, persiques, égyptiennes, puniques, étrusques, grecques et romaines. Il y a là une série de cinq cent cinquante vases peints d'un très haut intérêt pour la céramique.

Le *Cabinet des monnaies et médailles* est un des plus riches de l'Eu-

---

1. Le château du Christiansborg a été détruit il y a bientôt deux ans et réduit en cendres, mais ses collections ont été en partie sauvées.

rope ; et l'on n'y voit que des monnaies et des médailles. Le vénérable conservateur de ce cabinet possédait, en propriété personnelle, une magnifique collection de monnaies mérovingiennes, estimée, dit-on, 150,000 francs. Elle a été dispersée après sa mort.

Le *Musée de sculpture et d'arts industriels* se compose principalement d'œuvres exécutées par des Danois. C'est dans son genre une grande et curieuse histoire où toutes les époques, tous les styles, toutes les fantaisies souvent les plus étranges et les plus bizarres, sont représentés. J'ai vu dans ce musée un objet qui rappelle un bien touchant souvenir.

C'était à la fin de l'hiver 1801. La flotte anglaise s'avançait vers la capitale du Danemark, résolue à venger sur elle le dépit que le cabinet britannique éprouvait de n'avoir pu détacher la nation danoise de sa fidélité à la France. Copenhague était dans l'alarme ; une formidable défense s'y préparait; mille fois plutôt succomber en combattant que de céder !

Or, sur le port et dans les forts, des centaines de marins travaillaient. Ni la fatigue, ni le mauvais temps, ne ralentissaient leur ardeur. Mais, hélas ! la certitude, en présence d'un ennemi aussi supérieur, d'être impuissants, même en sacrifiant leur vie, à sauver leur patrie, les attristait souvent et les abattait.

Un artiste du Théâtre royal, nommé Knudsen, informé de cet état de choses, voulut essayer d'y porter remède. Chaque matin, il se rendait au milieu des marins ; et là, par des chants religieux et patriotiques, qu'il entonnait de sa belle voix, par des scènes et des pantomimes divertissantes empruntées à son répertoire, il cherchait à ramener la sérénité dans les esprits et à relever les courages. Knudsen eut un plein succès. Les craintes se dissipèrent, les dangers furent oubliés ; et les travaux reprirent une activité nouvelle. Cela dura jusqu'à l'ouverture des hostilités.

Les marins danois déployèrent dans leur défense une magnifique valeur. Mais le nombre l'emporta; il furent vaincus, et la plupart d'entre eux emmenés prisonniers.

Au milieu des ennuis de leur captivité, ces braves gens se souvinrent de Knudsen, et ils se concertèrent pour lui envoyer un témoignage de leur reconnaissance. Habiles constructeurs de navires, ils pensèrent qu'un petit navire fabriqué par eux serait plus approprié à ce but que tout autre cadeau.

Mais, enfermés entre les quatre murs d'une prison, où trouveraient-ils les matériaux nécessaires? Un des marins proposa un jour, à dîner, de se servir, pour la coque et autres pièces, des os restant de leur repas, et, pour les voiles et les cordages, de leurs propres cheveux. La proposition fut acceptée ; et, après plusieurs mois de patience et de travail, le petit navire, entièrement achevé, fut expédié à Copenhague.

En le recevant, Knudsen fut touché jusqu'aux larmes. Mais il ne crut pas devoir le garder. Il lui sembla qu'un objet auquel se rattachaient de si patriotiques souvenirs avait sa place obligée dans les collections de l'État. Il en fit donc hommage au *Musée de sculpture et d'arts industriels*. On comprendra sans peine que, connaissant d'avance l'histoire de ce curieux chef-d'œuvre, — car le petit navire d'os et de cheveux est un véritable chef-d'œuvre, — il ait fixé plus vivement mon attention que tous ceux au milieu desquels il est placé.

Le *Musée de sculpture et d'arts industriels* nous introduit dans les musées nationaux proprement dits.

J'indiquerai seulement celui de Thorvaldsen, vaste bâtiment à forme de sépulcre, où le grand sculpteur repose, entouré de ses œuvres et des mille objets d'art et de curiosité qu'il se plaisait à collectionner pendant sa vie. Ce musée, hommage de tout un pays à un seul homme, a été érigé en 1847, par la ville de Copenhague, avec le concours d'une souscription publique. M. E. Plon l'habile imprimeur a écrit et publié sur Thorvaldsen un livre des plus remarquables.

Le *Musée des Souverains* mériterait une longue description. Il occupe deux étages du joli château de Rosenborg, bâti en 1604 par le roi Christian IV. Tous les objets, armures, costumes, bijoux, objets d'art, etc., ayant appartenu personnellement aux rois et reines qui se sont assis sur le trône de Danemark depuis cette époque jusqu'en 1863, c'est-à-dire jusqu'au roi actuellement régnant, y sont conservés. Quelle splendide collection! Mais ce qui est remarquable, et fait du château de Rosenborg, transformé en musée, une surprenante exception, c'est que l'architecture de toutes les pièces y a été modifiée au fur et à mesure de

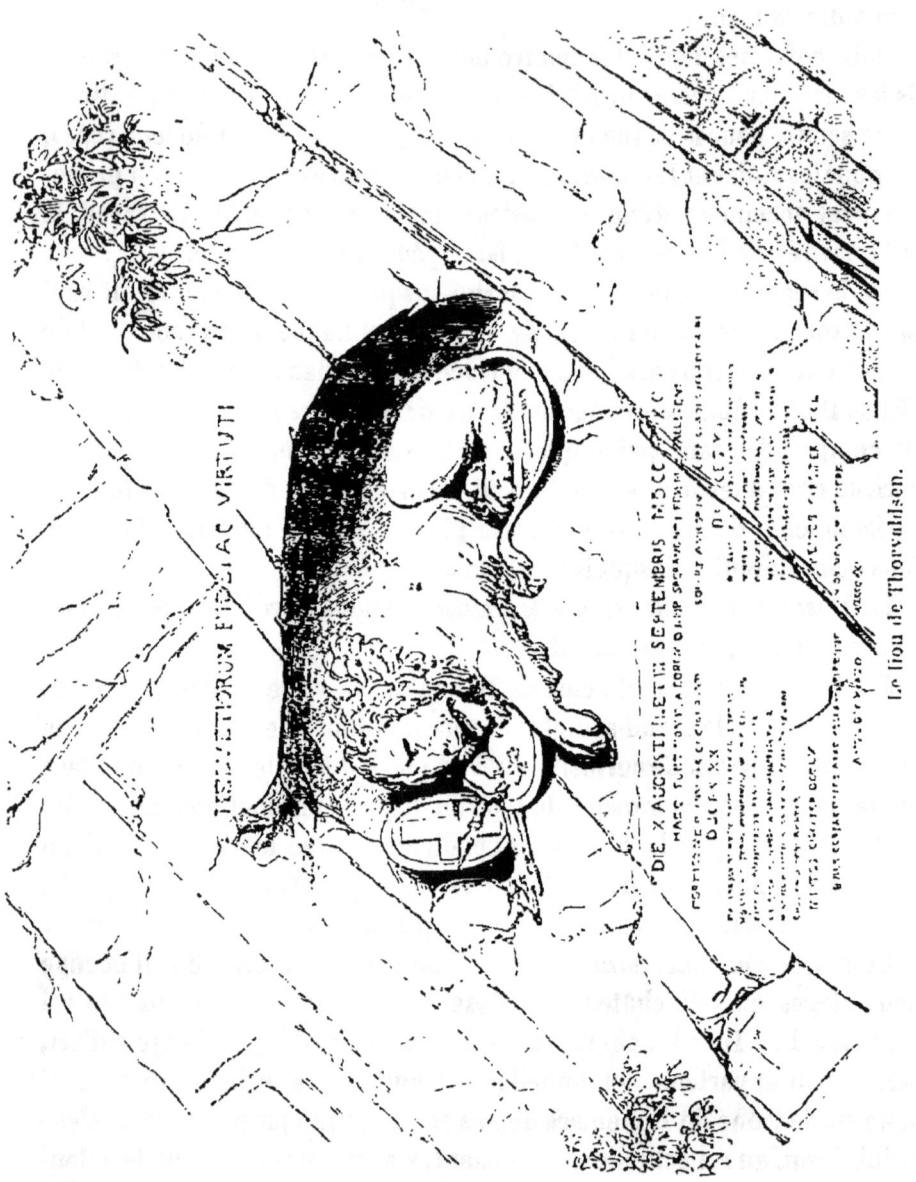

Le lion de Thorvaldsen.

l'avènement des dépôts, et suivant le style de l'époque à laquelle ces dépôts appartiennent. Ainsi, l'harmonie est partout. C'est l'illustration la plus exacte, la plus complète de plus de deux siècles et demi d'histoire. Voilà ce que j'appelle un musée des souverains.

J'arrive maintenant au *Musée des antiquités du Nord*. C'est là le musée par excellence du Danemark, et le plus riche, le plus merveilleux, dans sa spécialité, qui existe en Europe. Jusqu'à présent, les monuments, les souvenirs de tout genre qui ont passé sous nos yeux sont étrangers au pays, ou, s'ils expriment l'histoire et la vie nationales, ce n'est que dans leurs manifestations modernes. Le *Musée des antiquités* complète le système. Partant du moyen âge, dont il déroule les créations typiques, il remonte, en traversant l'âge de fer, l'âge de bronze, l'âge de pierre, jusqu'à cette période de la culture humaine dont le point fixe se perd et se perdra longtemps encore dans la région des problèmes. Quelle richesse, quelle variété, quelle magnificence de matériaux! Et tout cela a été exhumé du sol du Danemark. Les antiquités similaires ou analogues d'autre provenance n'y sont associées qu'à titre d'éléments comparatifs.

Grâce à ce musée, le Danemark se possède tout entier. De même qu'avec les autres collections, il assiste aux divers phénomènes de son histoire moderne ou contemporaine, il peut écouter ici, dans ses vibrations successives, la grande voix de ses ancêtres, et s'élever jusqu'à la sphère nébuleuse qui environne son berceau.

Aussi, quoi de plus solennellement instructif! Les Danois se pressent autour de ces vitrines comme à un enseignement patriotique; et les directeurs s'y trouvent toujours, les jours d'entrée publique, prêts à donner des explications aux visiteurs, même les plus humbles, sur les trésors qu'il renferme. J'aime beaucoup cet usage, qui, du reste, existe dans presque tous les grands musées de Copenhague. Il y a autrement d'intérêt et de profit à écouter des hommes compétents qu'à être guidé par un laquais galonné, qui vous débite son boniment monotone comme un montreur de lanterne magique. Ainsi, d'ailleurs, la simple et stérile curiosité est supprimée, et l'on ne vient plus au musée pour en parcourir rapidement les collections, mais pour y prendre une leçon sérieuse et pratique. Je sais bien que, dans la plupart des grandes capitales de l'Europe, l'usage dont il s'agit serait d'une application difficile. Cependant il n'est pas rare qu'au musée de Copenhague l'affluence soit considérable, sans que pour cela les instructeurs officiels s'abstiennent. Seulement, en pareil cas, les visiteurs les plus rapprochés d'eux transmettent leurs explications aux autres. C'est une sorte d'enseignement mutuel.

L'Empereur de Russie Alexandre III.

X

J'ai dit, au début de ce travail, que la plupart des familles opulentes ou aisées, de Copenhague, prolongeaient singulièrement leur séjour à la campagne. La ville n'en est pas pour cela plus triste. C'est le moment, au contraire, où la joie y prend son plus vif essor. Seulement cette joie a une physionomie plus populaire. Les lieux de plaisance environnent de toutes parts la belle capitale du Danemark ; la foule y abonde. Voitures, omnibus, bateaux à vapeur, sont sans cesse en mouvement. C'est une fête perpétuelle.

Parmi ces lieux de plaisance je ne citerai que le Tivoli. Nous n'avons rien de comparable à cet établissement. Comme nature, il se rapproche peut-être de nos Champs-Élysées et de notre bois de Boulogne ; mais la verdure y est autrement luxuriante, l'éclat des fleurs autrement vif, et, au lieu d'un lac, d'une cascade ou de jets d'eau, il y a la mer. Le Tivoli réunit dans son enceinte tout ce qui peut s'imaginer pour charmer et divertir : restaurants, cafés, sources, parterres, allées grandioses, frais bocages, massifs de fleurs, belvédères, champs de course, bateaux, concerts, bals, théâtres, carrousels, cirques, montagnes russes, jeux de toutes sortes, feux d'artifice, etc. Et pour jouir de tant d'enchantements on ne paye qu'un marc (cinquante centimes). Il y a même des abonnements de familles à prix réduit. Les omnibus vous conduisent au Tivoli, distant du centre de la ville d'environ deux kilomètres, pour quatre-vingt-cinq centimes.

Grâce à cet extrême bon marché, le Tivoli est assidûment fréquenté et fait d'excellentes affaires. Tout le monde s'y donne rendez-vous ; on y va en famille ; et la mère peut sans appréhension y conduire sa fille, car rien n'y choque jamais les convenances.

Je dirigeais souvent ma promenade de l'après-dîner vers le Tivoli. J'aimais à y saisir, dans son expansion spontanée, la joie toujours calme, quoique vivement sentie, de ces bons et aimables Danois. Il y avait là beaucoup de jolies femmes, car naturellement la bourgeoisie y dominait, et l'on sait qu'en Danemark, à Copenhague du moins, les bourgeoises seules, à très peu d'exceptions près, ont le privilège d'être jolies. Mais pas de luxe ; des toilettes simples et modestes. Le luxe, du reste, effleure encore à peine les salons danois même les plus riches et les plus aristocratiques. Il est convenu, toutefois, que l'on suit les modes de Paris, mais on les porte comme à Copenhague.

La simplicité des vêtements se reproduit dans les habitations où l'on se contente, en général, d'un confort très ordinaire. Ceci tient, sans doute, à l'état d'infériorité dans lequel languit l'industrie danoise. Le peuple danois, grand agriculteur, grand navigateur et commerçant raisonnable, n'est nullement un peuple industriel. Il lui manque pour

La princesse de Galles et Maria Pia, reine de Portugal.

cela les capitaux, l'esprit de spéculation et d'entreprise, et une foule de matières premières. Puis, il a vécu pendant plusieurs siècles sous ce régime absurde de l'exclusivisme des métiers, qui, parquant chacun dans une spécialité infranchissable, étouffait toute initiative. Ce régime, légalement aboli depuis une vingtaine d'années, n'en persiste pas moins encore à beaucoup d'égards dans les habitudes et dans les mœurs, tant est forte en Danemarck surtout la routine traditionnelle.

Rien n'était à la fois plus bizarre et plus gênant que la condition à laquelle le citoyen danois était condamné par le régime dont il s'agit. Ainsi, il y avait à Copenhague des magasins de comestibles où l'on ne vendait que du froid, d'autres où l'on ne vendait que du chaud; des boutiques pour la bière, des boutiques pour le vin, des boutiques pour les liqueurs, etc. Et aucun de ces établissements n'avait le droit de tenir indifféremment l'une ou l'autre de ces denrées, à plus forte raison de les rassembler sous la même enseigne.

Montiez-vous votre maison, il vous fallait un tapissier pour les tentures, un ébéniste pour les meubles, un menuisier pour les boiseries, un serrurier pour les ferrures, etc. Que d'ennuis, que de lenteurs! Car, grâce au monopole, vous ne pouviez faire travailler chaque corps d'état qu'individuellement et tour à tour. Or, s'il arrivait, par exemple, que le serrurier fît attendre la pose d'une tringle ou l'ajustement d'une patère, le tapissier et, par suite, tous les autres chômaient fatalement, et vous étiez à vous morfondre au milieu de votre ameublement ébauché. Malheur à vous si, par distraction ou las d'en finir, vous vous hasardiez à confier à un ouvrier une besogne étrangère à ses attributions! Surveillé, épié par les parties intéressées, vous étiez dénoncé, traduit en justice et condamné sans merci à des dommages-intérêts. Telle était la loi.

XI

Le carnaval qui, dans les petites villes de province et les villages, devient l'occasion de farces assez grotesques, passe presque inaperçu à Copenhague. Trois ou quatre bals masqués sans entrain et sans caractère, voilà tout! Les étudiants se donnent entre eux, dans leur local particulier, des bals où une partie du sexe laid se pare des plumes du beau sexe et qui ne sont pas sans originalité. Sous Christian VIII, alors que *l'Aftonbladet*, journal suédois, était défendu à Copenhague, un jeune littérateur, plus tard un des publicistes les plus distingués du Nord, s'y présenta un jour, avec un costume formé entièrement de feuillets du journal proscrit. Il distribuait un petit poëme où il racontait ses malheurs, et disait à tous ceux qui le regardaient de trop près: « Éloi-

Le prince de Galles.

gnez-vous! je porte le venin! » C'était hardi. On raconta le fait au roi, qui d'abord fronça le sourcil, puis partit d'un éclat de rire; mais cet éclat de rire n'était point un signal d'amnistie; l'ostracisme qui pesait sur l'*Aftonbladet* fut maintenu.

Parlerai-je, maintenant, de la vie du monde proprement dit? des raouts, des soirées, des bals, des spectacles, des dîners, des soupers? Cette vie-là dure à Copenhague un mois ou deux tout au plus. Mais quelle fièvre, quel feu roulant, et comme les jours, sans compter les nuits, sont bien remplis! Voici une de mes semaines : lundi, concer vocal et instrumental chez la reine douairière ; mardi, bal chez le prince Christian ; mercredi, bal chez le landgrave de Hesse ; jeudi, grand dîner et soirée chez le ministre du Slésvig ; vendredi, grand bal chez le prince Frédérick de Hesse ; samedi, grand bal chez le prince Ferdinand, oncle du feu roi. Dans ces réunions, on arrive à neuf heures du soir, pour ne sortir qu'à trois ou quatre heures du matin. Elles se terminent toutes par un magnifique souper. Au bal, les personnes graves font leur whist ou causent, les jeunes gens dansent. Après le souper, qui a lieu vers minuit, l'animation devient générale ; les joueurs jettent là leurs cartes et viennent danser ou voir danser la *Tempête*. La *Tempête*, danse nationale danoise, est une sorte de bourrée orageuse, où danseurs et danseuses battent des mains, frappent des pieds, et se démènent d'une façon incroyable. C'est vraiment curieux. Le prince Ferdinand ne manquait jamais, malgré ses soixante douze ans, de faire sa partie dans la *Tempête*. Un jour, il se trémoussa tellement que sa perruque se décrocha. Tout le bal le suivit, en faisant la farandole et au son de la musique, qui jouait alors avec une verve affolée, jusqu'à son appartement, où on le laissa aux mains de son valet de chambre.

XII.

Un mot, en terminant, sur la situation que la Prusse et l'Autriche ont faite au Danemark. Jamais plus haute comédie n'a été jouée à la face de l'Europe. Pourquoi la Prusse et l'Autriche ont-elles déclaré la guerre au Danemark? Parce que le Danemark avait violé soi-disant ses engagements de 1851. Mais est-ce donc à la Prusse et à l'Autriche que le Danemark devait compte de ces prétendus engagements? Non, c'était à la Confédération germanique, puisqu'ils n'avaient été contractés par lui qu'envers et sous la pression de la Confédération germanique, dont la Prusse et l'Autriche étaient alors les simples mandataires. Ainsi, à ce premier point de vue, l'intervention armée de la Prusse et de l'Autriche dans le conflit dano-allemand, en dehors de la Confédération germanique, était absolument injustifiable.

Mais, ajoute-t-on, le roi Frédéric VII mort, la succession du Slesvig et du Holstein, ou, comme disent arbitrairement les Allemands, du Schleswig-Holstein, se trouvait ouverte. Tel pouvait être, en effet, l'avis de la Confédération germanique, puisque le traité de Londres, destiné à assurer l'intégrité de la monarchie danoise, en plaçant éventuellement les diverses couronnes sur la tête du prince Christian de Glücksbourg, n'avait jamais été officiellement reconnu par elle. Mais la Prusse et l'Autriche ! La Prusse et l'Autriche n'avaient-elles pas collaboré à la rédaction de ce traité ? ne l'avaient-elles pas signé ? Se flatteraient-elles par exemple, de faire croire à l'Europe, comme elles l'ont pompeusement déclaré, qu'il leur a suffi de tirer un premier coup de canon pour dégager leur signature ?

Enfin, troisième motif, et c'est ce motif que l'on invoquait surtout vis-à-vis de la France, les Allemands du Slesvig étaient indignement persécutés par le Danemark ; la Prusse et l'Autriche ont dû s'armer pour leur délivrance. Alors, c'est une guerre de nationalité. Mais, s'il en est ainsi, pourquoi, après avoir soustrait au joug du Danemark les 160,000 Allemands du Slesvig, avez-vous enlevé, vous, à ce même Danemark, pour vous les approprier, plus de 200,000 Danois ? Le principe des nationalités n'a-t-il donc pas la même valeur pour les Danois que pour les Allemands ?

Tels sont les faits ; je les constate, je ne les discute pas. Voyons les conséquences.

La guerre a réussi aux agresseurs ; la paix s'élabore. De la Confédération germanique nulle trace ; la Prusse et l'Autriche sont là seules, et, en face d'elles, le Danemark vaincu. Chose étrange, et qui montre bien que la logique n'est pas la reine de ce monde ! le roi Christian, attaqué, battu, dépouillé des duchés parce que, au dire des Allemands, il n'y avait aucun droit, le roi Christian, de par la Prusse et l'Autriche, est réintégré, après sa défaite, dans ces mêmes droits. Seulement, il n'en jouit pas, il les cède à ses deux vainqueurs. Les préliminaires de l'armistice sont formels. Et le successeur légitime ? On le cherche. Augustenbourg, Oldenbourg, il en viendra d'autres, sont sur la sellette. En attendant, la Prusse et l'Autriche gardent le dépôt. Mais le roi Christian, qui le tenait déjà, n'aurait-il pas pu le garder tout aussi bien ; et était-il absolument nécessaire de verser tant de sang et d'accumuler tant de ruines pour poser, quoi ? Un problème.

Tout cela s'est passé avant Sadowa et la guerre de France (1866-1870). Depuis, l'empire allemand s'est empressé de faire table rase de tous les traités. C'est ainsi que l'article 5 du traité de Prague assurant au Danemark la rétrocession du Slesvig du Nord est demeuré lettre morte. Par suite, le Danemark a perdu, au profit de l'Allemagne un tiers de sa population, 1 million sur 2 millions 800,000.

En revanche, et c'est là une compensation dont les Danois, très attachés à leur dynastie, sont fiers, la famille royale du Danemark s'est rehaussée par l'action de ses alliances. Le prince Frédéric, héritier présomptif, a épousé la fille du roi de Suède, Charles XV ; la princesse Alexandra, mariée au prince de Galles quelques mois après la princesse Maria-Pia, aujourd'hui reine de Portugal, sera un jour reine d'Angleterre et impératrice des Indes ; la princesse Dagmar est impératrice de toute la Russie ; le prince Georges, roi de Grèce ; la princesse Thyra a épousé l'héritier du Hanovre, le duc de Cumberland ; enfin le prince Valdemar vient de se rapprocher de la France par son union avec une princesse d'Orléans.

LA DÉCOUVERTE DE L'AMÉRIQUE PAR LES SCANDINAVES

AVANT CHRISTOPHE COLOMB

La découverte de l'Amérique est un fait si prodigieux qu'il prête naturellement à la légende. Une sorte de mystère l'environne, et l'on sera longtemps encore avant d'avoir pu lui assigner la place qu'il doit occuper dans les réalités de l'histoire. Christophe Colomb a été le point de mire des sentiments les plus divers. Les uns l'ont couronné d'une fantastique auréole, les autres lui ont disputé jusqu'à l'initiative de sa conquête. Cette dernière supposition porterait évidemment une très vive atteinte à sa gloire si jamais elle passait à l'état de fait démontré. Prouver que Christophe Colomb a emprunté à un autre foyer qu'à sa propre intelligence la lumière qui l'a dirigé dans sa route, ne serait-ce pas obscurcir le prestige qui s'attache à son génie? Car, alors, que deviendrait cette faculté de seconde vue dont on lui a fait si universellement honneur? Colomb n'apparaîtrait plus que comme le metteur en œuvre, et non comme le créateur d'une idée; il aurait profité d'une confidence, il n'aurait point résolu un problème. Son courage même, son sublime courage ne perdrait-il pas de sa valeur? L'homme que l'on voit avec admiration marcher bravement, appuyé sur la science, vers un but que nul autre n'a atteint, cesse d'étonner quand on apprend que ce but lui a été marqué par des devanciers plus heureux, et qu'ils l'y ont conduit en quelque sorte par la main.

Ces conséquences ont déconcerté bien des savants que séduisait d'ailleurs l'appât d'approfondir le mystère de la découverte de l'Amérique. Les Suédois et les Danois les ont affrontées avec audace. Dût la gloire de Christophe Colomb y périr, ils ont poussé leurs recherches avec une infatigable ténacité. Des dissertations sans nombre, des mémoires, de gros volumes ont surgi de ce labeur fécond ; nous essayerons d'en résumer impartialement la substance.

Écoutons d'abord Holmberg, un des érudits les plus profonds de la Suède moderne :

« Nous avons tous entendu, depuis notre enfance, attribuer exclusivement à Christophe Colomb la découverte du Nouveau Monde. Sa gloire a bravé les préjugés et a triomphé des difficultés et des obstacles qui se sont élevés contre une entreprise qu'aucun peuple, qu'aucun temps ne pourrait amoindrir. Mais cette découverte n'est point *sienne* ; l'honneur en appartient aux habitants du Nord seuls: *äran deraf tillhör nordbon'ensaml.*

« On sait avec certitude qu'à la fin du quinzième siècle, probablement en 1477, Colomb visita l'Islande [1], envoyé par les Anglais, dont le génie industriel avait dès lors fixé son attention sur les pêcheries de cette île. Il y trouva, sans aucun doute, des descendants de ceux qui avaient déjà découvert l'Amérique. Il y recueillit des relations écrites, de même que des renseignements oraux sur ce grand pays situé à l'ouest, qu'on appelait la bonne Vinlande : *Vinland det Goda.* L'histoire parle, en effet, d'une expédition tentée en Amérique cent trente ans avant l'arrivée de Colomb en Islande. Le Génois était trop prudent pour révéler ces données à qui que ce fût, ce qui diminue peut-être sa grandeur. Ainsi, l'anecdote si connue de l'œuf se tourne contre lui-même, et n'est-ce pas une vengeance du ciel que le pays qu'il prétendait avoir découvert ait été appelé non de son nom, mais de celui d'un autre explorateur qui n'avait fait que suivre le sillage de son navire [2]. »

Christophe Colomb hors de cause. Nous aimons cette rude franchise. Mais est-elle suffisamment justifiée ? En définitive, l'assertion du savant scandinave ne repose que sur une conjecture. Et si les Islandais n'ont rien dit de l'Amérique à Christophe Colomb ? Si Christophe Colomb ne s'est abouché, en Islande, avec aucun des fils de ceux qui avaient visité le grand pays de l'ouest, cent trente ans auparavant ? Il est permis de soulever de pareils doutes. Dans ce cas, la gloire de Cristophe Colomb reste entière. Mais alors, et ceci forme la seconde partie de la thèse de Holm-

1. Robertson, *History of America*, t. I, p. 84.
2. *Nordbon under hednatiden*, t. I, p. 180.

berg, alors des rivaux se dressent en face de lui, sinon pour lui disputer cette gloire, du moins pour en réclamer leur part. Il est, en effet, hors de toute contestation que, bien longtemps avant l'envoyé d'Espagne, les habitants du Nord avaient déjà découvert l'Amérique. Question capitale,

Amérique du Nord.

dont il importe de faire ressortir le caractère sérieux et l'éminent intérêt.

Les anciens habitants du Nord se distinguaient par leur génie aventureux. Montés sur leurs vaisseaux à forme de dragon, ils s'élançaient chaque année, après le sacrifice du printemps, sur la vaste route des mers. Conquérants et pirates, ils semaient autour d'eux le pillage et l'incendie, rançonnaient les vaincus et souvent fondaient des colonies dans les lieux où ils avaient planté leur pique de combat. C'est ainsi que le midi de l'Europe porte encore aujourd'hui, en plus d'un endroit, des traces vivantes de leur antique occupation. Les expéditions des septentrionaux dans les régions de l'ouest commencèrent vers le milieu du neuvième siècle. Dès l'année 861, un viking suédois, nommé Gardar Svafarson, découvre l'Islande, l'Islande peuplée plus tard par les Norvégiens que le règne tyrannique de Harald Hůrfager avait chassés de leur patrie.

De l'Islande, les Norvégiens eurent bientôt poussé jusqu'au Groënland, qui fut colonisé en 985 par Erik Röde, leur compatriote. Cet Erik avait dû émigrer pour se soustraire à une condamnation capitale. Un homme vaillant, Herjulf Bårdsson, s'attacha à sa destinée, et avec lui, mais un peu plus tard, son fils Bjarne, fameux aventurier et infatigable navigateur.

Or, en 986, tandis que ce dernier se dirigeait vers la nouvelle demeure de son père, il fut chassé par le vent du nord en vue d'une terre dont le sol lui parut beaucoup trop plat pour être le Groënland. Son équipage, qui manquait de bois et d'eau, insista néanmoins pour y descendre, mais Bjarne résista, et, laissant à bâbord la terre signalée, il reprit sa course et arriva au bout d'une semaine et demie à sa destination.

Cette terre que Bjarne avait vue était la côte de l'Amérique du Nord. Le bruit d'une telle découverte se répandit bientôt en Norvège et dans ses colonies, chacun blâmant, en termes amers, le peu de curiosité du hardi navigateur.

Enflammé par ces récits, Leif, fils d'Erik Röde, forma le projet de compléter la découverte de son père. Il se mit en route vers l'an 1001. La première région qui s'offrit à sa vue fut Terre-Neuve, la même probablement que Bjarne avait aperçue. Leif la nomma *Helloland*, pays des roches. Il parvint ensuite à un rivage plat et boisé, dont le sol était couvert d'un sable fin ; il l'appela *Markland*, c'est-à-dire pays de bois. C'est la Nouvelle-Écosse d'aujourd'hui. De là, après deux jours de navigation, poussé par un vent du nord-est, Leif arriva à l'île actuelle de *Nantuket*, où il vit avec admiration le gazon humecté d'une rosée de miel, phénomène confirmé depuis par toutes les relations des voyageurs.

Leif ne s'arrêta pas en si beau chemin. Cinglant au midi, il parvint à une île qu'il nomma *Strömsö* (île du torrent), et le détroit qui en baignait les bords, *Strömsfjord* (détroit du torrent). Il doubla ensuite un cap, vraisemblablement le *Seaconnet-Point*, puis tourna à l'ouest, où le reflux soudain de la marée laissa son navire sur le sable. Alors, Leif,

Vue d'Islande

se joignant à ses hommes, le hâla jusqu'à un fleuve qui s'échappait d'un grand lac, le *Taunton-Cohannet* sans doute, lequel se jette, comme on sait, dans le *Mount-Hope-Bay*. Sur les rives de ce fleuve, les voyageurs construisirent une vaste maison, ainsi que plusieurs baraques en bois ; et ayant reconnu que le pays était riche en saumon, en maïs et en grappes sauvages, sorte de grosses baies vineuses, ils résolurent d'y passer l'hiver.

Au printemps de 1001, Leif revint avec sa troupe au Groënland, où le succès de son voyage lui valut un magnifique accueil et le surnom de Fortuné, *Den Lycklige*. Quant au pays qu'il avait découvert et où il avait hiverné, on le désigna sous le nom de *Bonne Vinlande*, *Vinland det Goda*, nom bien trouvé assurément, car la partie de l'Amérique à laquelle il s'applique, c'est-à-dire le *Massachusets*, est encore regardée aujourd'hui comme le paradis du Nouveau Monde. Telle est aussi, d'ailleurs, l'idée qu'en donnent les *sagas* : « L'hiver, disent-elles, s'y passe sans gelée et l'herbe ne s'y flétrit point, en sorte que les animaux y jouissent de pâturages éternellement verts. »

Une sorte d'observation astronomique faite par Leif pendant son séjour en Vinlande, sur le lever et le coucher du soleil, à l'époque du solstice d'hiver, pourrait servir, à défaut d'autres documents historiques, à fixer la région d'Amérique où s'est effectuée la première colonisation. En effet, selon Leif, le soleil se levait en Vinlande, à l'époque susdite, à sept heures et demie du matin et se couchait à quatre heures et demie du soir. Or, n'est-ce pas là précisément ce qui se produit sous le 41° 24' 10" de latitude nord, par conséquent sous la latitude même du *Massachusets* ?

Un an après le retour de Leif, un autre de ses frères, nommé Thorvald, voulut tenter la même fortune et se rendit aussi en *Vinlande*, où il trouva encore debout les baraques que les compagnons de Leif y avaient laissées. Il resta absent près de deux ans, pendant lesquels il explora les côtes méridionales de la *Vinlande*, du côté de *New-Jersey*, de *Delaware* et du *Maryland*. Toutes ces régions étaient inhabitées, aucune trace de main d'homme n'y apparaissait, si ce n'est dans une île une construction en bois qui semblait destinée à servir de grange. Poussé vers le nord par un vent furieux, Thorvald heurta contre un cap, sans doute le cap *Code*, et y perdit un navire. Ce navire, retiré de l'eau, fut fixé dans le roc, au sommet du cap, en souvenir de l'événement, et le cap lui-même appelé *Kölnäset* ou *Kjalarnès* (cap de la quille). Étant arrivé près du lieu actuellement nommé *Gurnet-Point*, le frère de Leif songeait à s'y établir, quand tout à coup il se vit attaqué par les naturels du pays, lesquels se précipitèrent en troupe innombrable de leurs barques de peau ou *kajaks*, sur lui et sur ses compagnons. Le combat fut sanglant. Thorvald y perdit la vie. En mourant, il ordonna qu'on enterrât son corps à la pointe du cap, et qu'aux quatre côtés de sa fosse

Terre Neuve.

on plantât une croix ; car Thorvald était chrétien. C'est ce qui fit nommer ce cap, par les habitants du Nord. *Korsnæset* (cap de la croix), aujourd'hui, comme nous l'avons déjà dit, *Gurnet-Point*, ou, comme on l'appelle encore, *Point-Alderson*. Les compagnons de Thorvald retournèrent au Groënland.

Mais la race de Röde n'était point éteinte. Comme si l'Amérique lui fût échue en patrimoine, il en surgit un quatrième fils, qui, à l'exemple des précédents, entreprit d'explorer ses bords. Cette entreprise, toutefois, n'aboutit point. Thorstein revint sur ses pas et mourut au Groënland. Il était réservé à sa veuve, la belle Gudrid, de reprendre son œuvre et de la conduire à bonne fin.

Ce que nous avons dit jusqu'à présent des pérégrinations des Islandais aux côtes américaines est fondé sur les sagas historiques, principalement les sagas des rois *(Kaunigasagor)*, écrites au douzième siècle par Snorre Sturleson, jarl de Norvège et lagman d'Islande. On ne saurait trouver de sources plus authentiques ; tous les savants du Nord le reconnaissent. Parmi ces derniers, nous avons déjà cité Holmberg, nous citerons encore Rafn, son devancier et son maître. Rafn a publié, sous ce titre : *Antiquitates americanæ, sive scriptores septentrionales rerum ante Columbianarum in America*, le recueil complet de tous les rapports contenus dans les anciennes sagas, annales et ouvrages géographiques du Nord sur les voyages de découverte entrepris par les anciens Scandinaves en Amérique pendant les dixième, onzième, douzième, treizième et quatorzième siècles ; ouvrage colossal où les savants de toute nation ont largement puisé, et qui, dans la spécialité qu'il traite, contient certainement le dernier mot de la science. Nous citerons, pour justifier cette affirmation, le compte rendu qu'en fait le bulletin de la *Société royale des antiquaires du Nord*.

Revenons à la veuve de Thorstein, à la belle Gudrid. Elle épousa, peu après la mort de son premier mari, l'Islandais Thorfinn Karlsefne, riche marchand et viking fameux. C'est avec lui qu'elle conçut le projet de coloniser sérieusement les régions de l'Amérique déjà découvertes.

Ici deux sagas se présentent dont les détails diffèrent entre eux sans doute, mais dont le fond, bien que souvent poétisé, est absolument identique. Holmberg a pris soin d'en dégager les faits intéressants pour l'histoire ; nous ne saurions choisir un meilleur guide.

Donc, à l'instigation de Gudrid, Thorfinn Karlsefne se mit en route vers l'année 1007 pour la *Vinlande*, emportant avec lui tout ce qui était nécessaire pour y fonder une colonie. Il avait trois vaisseaux montés par un équipage de soixante hommes, auxquels s'étaient jointes Gudrid et quelques autres femmes. Le point de départ fut, comme toujours, le Groënland. Après quelques jours de navigation, Thorfinn se trouva en vue du Labrador, qu'il nomma, eu égard à la nature de son sol, Grande-Helloland, *Stora Helloland*, pour le distinguer de Terre-Neuve, qui fut nommée par lui Petite-Helloland, *Lilla Helolland*. De là, en deux jours, il toucha au *Markland*, qu'il aborda par une petite île détachée au sud, où il tua un ours, ce qui le porta à nommer cette île *Björnö* (île de l'ours). C'est le *cap Sable* d'aujourd'hui. Poursuivant sa marche, Thorfinn se trouva, le jour d'après, au pied d'un promontoire au sommet duquel une quille de navire lui apparut. Nous avons déjà vu que cette quille avait été élevée là par Thorvald. L'époux de Gudrid respecta ce souvenir, mais il nomma le rivage de l'île qu'il cononnait *Furdurstrandir*, c'est-à-dire rivage merveilleux, sans doute à cause de l'extraordinaire blancheur des vagues qui en baignent les rochers ; puis il poussa jusqu'à *Strömsö*.

Là, neuf hommes de l'équipage de Thorfinn se séparèrent de lui dans le but d'aller à la découverte pour leur propre compte, mais ils ne revinrent pas. On crut qu'un vent contraire les avait chassés vers l'Islande et qu'ils y avaient été réduits en esclavage. Thorfinn et ceux des compagnons qui lui restaient continuèrent leur route jusqu'à *Mount-Hope-Bay*.

C'est dans ce lieu que la colonie résolut de se fixer. Elle se dispersa sur un assez vaste espace, abattit des arbres pour se construire des habitations, et chercha sa vie dans la chasse et dans la pêche. Peu de temps après, elle se transporta ailleurs, mais sans beaucoup s'éloigner. Alors elle se vit en butte aux attaques des indigènes Qu'était-ce que ces peuples ? Holmberg les croit Esquimaux. En effet, la description qu'en font les sagas ne permet guère d'autre conjecture. Ce corps frêle, cette chevelure noire, ce visage informe, ces mœurs sauvages, ces trous de rocher pour demeures, ces barques de peau mues par une seule rame, tous ces traits répondent évidemment à l'idée que les Esquimaux actuels du Groënland nous donnent de leur race. Les Esquimaux seraient-ils les aborigènes de l'Amérique?

Les deux premiers hivers se passèrent pour la colonie islandaise sans aventure notable. Au printemps de 1009, les naturels vinrent la visiter en grand nombre ; mais cette fois leur visite était pacifique. Ils voulaient trafiquer. Ils offrirent des pelleteries contre lesquelles on leur donna des lambeaux d'étoffe rouge dont ils se parèrent aussitôt. Une autre denrée qu'ils appréciaient singulièrement, c'était le lait. Toutes les vaches que les gens de Thorfinn avaient amenées avec eux n'eussent pu suffire à leurs demandes ; ils regardaient ce lait comme un puissant remède. Un jour qu'on se livrait à ces échanges, un taureau attaché dans l'étable de Thorfinn, ayant brisé ses chaînes, se précipita tout à coup avec fureur au milieu des trafiquants ; les Esquimaux effrayés cherchèrent un refuge dans l'enceinte de la colonie ; mais n'ayant pu y pénétrer, ils se sauvèrent en tumulte vers leurs barques. Peut-être les Scandinaves ne furent-ils pas fâchés de ce nouveau moyen d'intimidation qui venait de se révéler à eux. La saga qui raconte le fait ajoute que les parties ne se comprenant pas réciproquement, leur commerce se faisait par signes ; les Esquimaux déposaient aux pieds de Thorfinn les marchandises qu'ils avaient apportées, et acceptaient en échange tous les objets que celui-ci voulait bien leur abandonner.

Cependant les Esquimaux prenaient de jour en jour une attitude moins pacifique. Pour échapper à une surprise, Thorfinn éleva autour de la colonie une forte palissade. Le prétexte des hostilités fut donné par un de ses gens, qui tua sans le vouloir un Esquimau qui cherchait à lui voler ses armes. Bientôt toute la peuplade accourut poussant des cris de vengeance. Un grand combat eut lieu, et si les Islandais remportèrent enfin la victoire, ce ne fut pas sans avoir cruellement souffert. Le taureau dont on avait déjà fait l'épreuve fut lâché dans la mêlée et s'acquitta glorieusement de sa tâche. De leur côté, les Esquimaux se servirent contre leurs adversaires d'une sorte de machine de guerre, de cette même catapulte peut-être dont les sauvages habitants du haut nord de l'Amérique se servent encore aujourd'hui. Ils lançaient dans les rangs des Islandais un objet ressemblant à une vessie qui, éclatant au milieu d'eux avec fracas, y produisait un extrême désordre.

Des hostilités aussi acharnées de la part des Esquimaux inspirèrent de sérieuses réflexions au sage Thorfinn. Il comprit qu'il lui serait impossible de se maintenir dans un pays où tant d'ennemis l'environnaient, car, bien qu'il eût vaincu jusqu'alors par les armes, rien ne lui répondait qu'ils ne l'accableraient pas eux-mêmes tôt ou tard par le nombre. Il se remit donc en mer, au printemps de 1010, avec ses compagnons, sa femme Gudrid et le jeune Snorre, auquel elle avait donné le jour en arrivant en Vinlande. Il aborda au Groënland, puis enfin en Islande, où il devint le père d'une race célèbre dont cette île, aussi bien que le Danemark, compte encore aujourd'hui des descendants.

Ainsi donc, la route entre le nord européen et l'Amérique était désormais tracée. Des hommes audacieux continuèrent de s'y aventurer à des intervalles plus ou moins rapprochés. La dernière expédition que mentionne l'histoire remonte à l'an 1347; mais tout porte à croire, dit Holmberg, que les voyages des habitants du Nord en Amérique se prolongèrent jusque dans le quinzième siècle. Cependant, nulle autre tentative de colonisation n'apparut, après celle de Thorfinn Karlsefne. On ne va plus en Amérique que fugitivement et dans le but unique d'y chercher ces denrées précieuses que le sol y produit abondamment.

Mais ce passage des Européens dans le Nouveau Monde paraît avoir laissé des traces.

D'abord dans le langage il est resté quelque chose de ce que les Islandais avaient apporté. L'embouchure du fleuve Taunton s'appelle *Hope-Bay*. Or nous retrouvons là ce nom de *Hop* que Leif avait donné lui-même à ce lieu et qui, dans la vieille langue norrène, veut dire large embouchure. Il est vraisemblable que les naturels du pays, l'ayant appris des Islandais, l'auront transmis aux colons européens arrivés parmi eux au XVIIe siècle.

De plus il existe encore des constructions qui paraissent provenir d'une colonie d'hommes du Nord établie dans les parages de *Hope-Bay*, à Rhode-Island, près de Newport.

On peut voir là aujourd'hui une tour ronde soutenue par huit piliers. Les piliers forment quatre portes cintrées ouvrant sur une aire formée de dalles de granit. Ces blocs sont liés par un ciment dont les années ne peuvent entamer la solidité ; on retrouve des constructions pareilles au Groënland, en Angleterre et en Scandinavie, comme en Islande. Cette tour a été probablement bâtie au XII° siècle par des hommes du Nord de l'Europe pour servir de baptistère.

Une autre trace des mêmes faits c'est la trouvaille faite dans le voisinage de Boston de tombeaux murés où, à côté de squelettes humains, gisent des armes de fer telles qu'en portaient les guerriers du Nord.

Nous arrivons aux vestiges les plus remarquables de cette antique colonie.

Au lieu même où Thorfinn Karlsefne et ses hommes se fixèrent, dans le *Massachusets* sur la rive du *Cohannet*, se dresse un énorme bloc de granit gris appelé la pierre d'*Assonet*, du nom du village où elle est située. Aucune main d'homme ne l'a dérangée de la place qu'elle a occupée dès l'origine.

Sur le côté plat de cette pierre on voit une inscription, mêlée à des figures gravées que le temps a déjà fort endommagées.

Or on peut, ce semble, prouver que ces figures et les caractères ont été gravés sur la pierre d'*Assonet* en l'an 1010 par Thorfinn Karlsefne lui-même ou par quelqu'un de ses compagnons. Si cela est, il n'y a plus moyen de douter du passage des Scandinaves en Vinlande.

Voici ce qu'on lit sur la pierre d'Assonet :

CXXXI NAM

(*Th*) ORFINS

A l'exception de la rune [1] *Th*. les lettres sont des majuscules. Rappelons-nous que Thorfinn était chrétien. Il avait pu apprendre les caractères romains des prêtres et moines qui évangélisaient le Nord de l'Europe.

---

1. On appelle *runes* les signes graphiques qui composaient l'alphabet primitif des Scandinaves.

Nous reconnaissons le nom du nombre, cent trente-et-un [1]. La rune *th* doit se réunir aux lettres dont elle est séparée dans l'inscription pour former le nom du héros scandinave. Enfin *nam* doit être l'imparfait de verbe norrène *nema* qui veut dire prendre, conquérir un domaine, et l'ensemble peut se traduire : *Les cent trente et un hommes de Thorfinn ont pris possession de ce pays.*

Entre la rune *th* et le reste du nom de notre héros, on voit grossièrement dessinée une figure de femme vêtue d'un jupon et une d'enfant surmontée de la *rune* S. Près de la femme est une clef [2]. Ne serait-ce pas Snorre le fils de Thorfinn, né en Vinlande et sa femme Gudrid, enclavés dans le nom du père et de l'époux ?

En dressant sur le sol cet ouvrage qui a bravé les siècles, Thorfinn aura voulu laisser à la postérité un monument sensible de son passage en Vinlande et surtout consacrer par un titre irrécusable son droit de propriété sur une terre où il s'était établi avant tout autre.

Le voyage et le séjour des anciens Scandinaves en Amérique n'a plus, semble-t-il, besoin d'être prouvé. Ajoutons pourtant qu'on découvrit, il y a quelques années, dans la province de Bahia (Amérique du Sud), au milieu des ruines d'une vieille ville des caractères gravés, tout semblables aux runes du Nord, et une statue en pierre avec les attributs du dieu Thor, c'est-à-dire le manteau, la ceinture, les gants. Debout, sur une colonne, montrant le nord, ce dieu n'aurait-il pas été posé là par des Scandinaves, que la tempête aurait poussés vers les côtes américaines ?

---

1. En réalité la première lettre de l'inscription est F, forme de C habituelle au moyen âge. — D'autre part nous inclinons à lire le nombre *cent cinqaaunte et un*. Les anciens habitants du Nord avaient comme leurs descendants d'aujourd'hui l'habitude de compter six vingts 120 pour cent. On appelait cela le *grand cent* (*storhundrade*). C'est un grand cent que désignerait le F ou C. Rappelons-nous que vers la fin de sa navigation, Thorfinn d'après la saga qui parle de 3 navires portant ensemble 160 hommes fut abandonné par 9 compagnons qui voulurent aller à la découverte pour leur propre compte. (p. 187). Restaient donc dans la troupe fidèle à Thorfinn *cent cinquante et un* hommes.

2. On trouve souvent une clef dans les anciens tertres funéraires des pays du Nord. La clef était l'attribut distinctif de l'épouse scandinave, le signe de son pouvoir domestique ; elle la suivait dans la tombe comme le glaive y suivait l'homme.

On voit encore sur les côtés deux hommes portant une massue et ayant à leurs pieds un pot, peut-être les Esquimaux à qui on vendait du lait quand on n'avait pas à les combattre. Enfin, en face de ces hommes un taureau.

Enfin cette expédition de 1347 que les hommes du Nord firent en Amérique est consignée dans les *Annales* de Skalholt de 1356. De plus sur une mappemonde dressée en 1300 par des Scandinaves qui fait partie du manuscrit de Rymbegla, le Nouveau Monde figure sous le nom de *Synribygd*, région du midi.

Tel est donc l'état de l'opinion chez les savants du Nord sur la découverte de l'Amérique. On voit qu'elle est assez solidement appuyée. Nous eussions pu développer beaucoup plus le travail que nous lui avons consacré. Les documents abondent. Nous nous sommes contentés d'en exprimer la substance ; cela suffit. Quelle conclusion tirer d'un pareil exposé ? Prendrons-nous violemment parti avec Holmberg contre Christophe Colomb ? tel n'est point notre avis. Les découvertes des anciens Scandinaves ne sauraient, selon nous, infirmer d'aucune manière le mérite de ce grand homme. En supposant même qu'il ait pris chez eux l'idée première de son projet, n'est-ce donc rien que de l'avoir réalisé ? Que d'efforts, que de courage, que de génie n'a-t-il pas fallu pour l'élever aux proportions merveilleuses qu'il lui a données, pour le défendre devant les cours de Portugal et de Castille, devant l'imposant et ingrat congrès de Salamanque ! Qu'on relise la *Vie de Christophe Colomb*, on verra l'énorme différence qu'il y a entre les pirates aventuriers du Nord et l'amiral inspiré du Midi. Ceux-là, portés sur les ailes du hasard, ont découvert, il est vrai, le magnifique continent, mais ils n'y ont rien fondé ; ce qui reste de leur découverte, ce sont des légendes, quelques monuments curieux, butin de la science sans doute, mais sans utilité pratique pour le monde. Christophe Colomb a vivifié le géant ; il en a arraché des trésors dont l'humanité tout entière profite aujourd'hui. Il est beau d'inventer, il est plus beau de populariser l'invention. Honneur à celui qui tisse la toile ! mais honneur bien plus encore à celui dont la palette magique s'en empare, pour lui donner ces formes glorieuses qui provoquent l'admiration des hommes.

LE BUDGET D'UN KALMOUK

Voilà, certes, un sujet dont les économistes ne se sont guère préoccupés. Quel peut être le budget d'un Kalmouk, de cet être nomade qui s'habille à peine, qui plante sa tente où il veut, sous le ciel libre, au bord des lacs salés et au milieu des troupeaux plus ou moins nombreux dont il mange la chair et dont il boit le sang? A-t-il un budget? Ne semble-t-il pas, au contraire, qu'il n'ait qu'à tendre la main pour cueillir le fruit qu'il n'a pas semé, et, qu'étranger aux bienfaits de la civilisation il soit par là même affranchi de ses charges et de ses rigueurs?

Cependant, si nous en croyons un économiste russe qui a eu la curiosité d'étudier sous le rapport budgétaire la vie particulière du Kalmouk, nous trouvons que, malgré sa condition aventureuse, il est astreint à des dépenses normales, et que la monnaie ne lui est pas moins indispensable qu'à tout autre citoyen sédentaire. Voici les faits tels qu'ils sont constatés; il est entendu que, pour notre part, nous les présentons à nos lecteurs plutôt comme une étude de mœurs que comme une étude de finances proprement dite.

On suppose une famille Kalmouke, composée du mari, de la femme et d'un enfant mâle ou femelle, *barantchouk*.

La première dépense qui incombe à cette famille est le tribut payé à l'État (*Alban*), soit : 8 fr. 60 c.; puis le tribut payé au chef (*Zaïsang*) : 2 fr. 40 c.; vient ensuite le tribut sacré perçu au profit du temple *Kouroul*, des idoles et de leurs prêtres (*Bourkhanes*). Ce tribut est facultatif quant à l'objet à offrir : celui-ci offre un mouton, celui-là du lait caillé, un autre une simple fleur. Admettons, ce qui arrive généralement, que la famille dont nous parlons ne puisse offrir qu'un quart de mouton, quart qu'elle doit acheter, elle paiera 2 fr.

Maintenant, nous arrivons aux employés, aux employés russes si fins, si rusés qu'ils dépisteraient un lièvre dans sa mystérieuse retraite. Le nomade ne leur échappe pas, et comme tout habitant qui relève d'eux, il en est rançonné. Notre économiste estime cette rançon à 36 fr. 20 c.

Passons aux frais de ménage.

Chaque famille de Kalmouk doit acheter tous les ans un cheval et un chariot, ce qui coûte environ 11 fr. 20 c.

Pour sa nourriture, son entretien, etc., il lui faut; 1° quatre sacs de blé, à 20 fr. le sac, soit 80 fr. ; 2° vingt-quatre briques de thé, à 4 fr. 20 c. la brique, 103 fr. 60 c.; 3° dix livres de savon à 72 c. la livre, 3 fr. 20 c.; 4° cinq livres de craie pour le nettoyage des fourrures, à 20 c. la livre, 1 fr. ; 5° deux chaudrons coûtant ensemble 6 fr., et servant pendant deux ans, soit par an 3 fr. ; 6° un chenet servant deux ans, 1 fr. 60 c. ; 7° quatre pièces de feutre pour garnir la tente, 8 fr. ; 8° pour les repas de famille ou d'amis, que les Kalmouks ont l'habitude de se donner aux grandes fêtes, six moutons au moins pour l'année, à 8 fr. pièce, soit 48 fr.; 9° tabac à fumer, nécessité impérieuse pour le Kalmouk et sa femme, 6 fr. ; 10° eau-de-vie de grains (passion favorite du Kalmouk), un vedro au moins par an, 18 fr.; 11°, réparation ou achat des divers ustensiles du ménage, tels que tasse, cuiller, broc, puisoir, couvertures, coussins, autel d'idoles, permis de circulation, etc., ensemble 40 fr.; 12° habillement du mari : un surtout ou pourpoint de nankin doublé, 4 fr. ; trois paires de caleçons de coton, 4 fr. 80 c.; trois bandes d'étoffes pour envelopper les pieds, 2 fr. 40 c. ; trois paires de bottes, 24 fr. ; deux pantalons de nankin, 16 fr. ; *béckinet* (autre pourpoint de nankin) 6 fr. ; veste, 1 fr. 60 c. ; *Tschipan* (surtout en tissu de poil de chameau), 12 fr. ; pelisse durant deux années, 12 fr. ; deux bonnets dont un d'été et un autre d'hiver, 4 fr. ; une ceinture de nankin, 1 fr. 20 c. ; pantalon en tissu de poil de chameau, 4 fr. ; 13° habillement de la femme : deux chemises, 9 fr. 60 c. ; deux pantalons 4 fr. 80 c. ; deux paires de chaussettes, 1 fr. 60 c ; deux paires de bottes, 8 fr. ; deux robes, 12 fr. ; deux bonnets servant deux années, 4 fr. ; deux paires d'étuis en peluche pour enserrer les cheveux, 2 fr. 80 c. ; deux mouchoirs ou fichus, 2 fr. 40 c. ; pelisse de mou-

Une famille Kalmouke.

ton ordinaire du prix de 12 fr., et une autre en peau d'agneau, à 32 fr., servant deux années, ensemble, 22 fr.

Quant à l'enfant ou *barantchouk*, on estime qu'il coûte 16 fr. 30 c. C'est donc, tous frais compris, à la somme de 550 fr. 30 c. que s'élève le budget d'une famille kalmouke pour toute la durée d'une année. Cette somme est minime assurément eu égard à notre façon de comprendre la vie ; mais, pour un kalmouk, pour un nomade, ne semblera-t-elle pas exhorbitante ?

Maintenant, comment le Kalmouk y subvient-il ? En d'autres termes quel est son budget de recettes ? Sur ce point, notre économiste est fort peu explicite. La femme kalmouke est absorbée par les soins du ménage ; elle entretient, elle conserve, elle ne gagne pas. Que fait donc le mari ? Ah ! il vague çà et là, travaillant tantôt comme pêcheur, tantôt comme manœuvre ; mais toujours fugitivement. Si on lui donne quelques sous, il les garde. Il lui arrive aussi de rencontrer, de temps en temps, un cheval, un mouton que l'œil du maître néglige trop ; alors, il confisque et vend. Voilà, ce nous semble, le plus clair de ses recettes. Hâtons-nous de dire que tous les Kalmouks soumis au sceptre russe sont loin de se trouver dans un état aussi précaire ; il en est un grand nombre qui ont déjà presque renoncé à la vie nomade, qui, même, ont embrassé le christianisme. Avec le temps, toute la peuplade suivra infailliblement cet exemple, et se fondra dans la grande unité de l'Empire.

LE TOMBEAU DE NAPOLÉON Iᵉʳ

ET LA RUSSIE

I

Le tombeau de l'empereur Napoléon Iᵉʳ, érigé sous le dôme des Invalides, a été inauguré le 7 avril 1861.

Je désire que mes cendres reposent sur les bords de la Seine, au milieu de ce peuple français que j'ai tant aimé.

Ces paroles, expression de la dernière volonté de l'empereur mourant à Sainte-Hélène, ont été gravées sur une table de marbre noir, au fronton de la porte en bronze qui s'ouvre sur le vaste escalier en marbre blanc conduisant à la crypte souterraine. C'est la première inscription qui frappe les yeux ; on ne pouvait assurément indiquer la destination du tombeau en termes plus précis.

De chaque côté de la porte, adossées au soubassement du maître autel du dôme, veillent, ainsi que deux sentinelles, immobiles comme la mort, deux colossales statues persiques en bronze, exécutées par Duret, tenant entre leurs mains, sur un coussin, l'une le globe, l'autre le sceptre impérial, complément grandiose de l'éloquente inscription du fronton.

Le tombeau de l'Empereur occupe en grande partie, entre les tombeaux de Turenne et de Vauban, le périmètre souterrain du dôme des Invalides. Il est creusé au niveau des fondations, mais ouvert par le haut, que garde une balustrade circulaire en marbre blanc; de sorte qu'après avoir contemplé, en plongeant les regards dans la crypte, les glorieux souvenirs de Napoléon, on est saisi, en les relevant vers le ciel, du spectacle de l'œuvre splendide de Louis XIV.

II

Pénétrons, par l'escalier de marbre, dans l'intérieur de la crypte.

Douze cariatides de grandeur colossale, en marbre blanc, signées du nom de Pradier, rappellent les douze principales victoires dont les noms sont gravés, en outre, sur la balustrade de la galerie, entre les couronnes sculptées qui en ornent le fond d'un poli mat. Ces cariatides occupent le pourtour de la crypte et font face au sarcophage.

Le sarcophage, qui n'a pas moins de quatre mètres de longueur sur deux mètres de largeur, et quatre mètres cinquante centimètres de hauteur, est en porphyre ou grès rouge antique. Il s'élève, dans sa majesté sévère, sur un piédestal de granit vert des Vosges, au centre de la crypte, dont le sol, pavé de marbre, figure une immense auréole d'un jaune d'or, à travers les rayons de laquelle serpente une couronne de lauriers en mosaïque incrustée.

Tel est, dans son ensemble imposant, le tombeau de l'Empereur. Il faut y joindre encore le reliquaire. L'architecte a donné ce nom à un asile sombre et mystérieux creusé vis-à-vis de l'entrée.

Au fond de cette retraite apparaît la statue de l'Empereur en costume du sacre, tenant dans sa main droite le sceptre orné d'un aigle et dans sa main gauche le globe surmonté d'une couronne. Cette statue, œuvre de Simart, est en marbre blanc et a deux mètres dix-huit centimètres de hauteur; elle ressort vigoureusement sur le fond du reliquaire, dont les parois sont plaquées de marbre noir. Une grille en fer clôt cet espace réservé qu'éclaire une lampe funéraire d'un magnifique travail.

III

La partie capitale du tombeau est évidemment le sarcophage, car c'est dans son sein que repose le corps du grand capitaine; il se distingue en outre par sa masse gigantesque et par les circonstances

extraordinaires qui se rattachent à son importation en France.
La matière dont est formé le sarcophage vient d'un endroit appelé Chok-

cha, situé dans le gouvernement d'Olonetz, sur les bords du lac Onéga.

Le gouvernement d'Olonetz, borné à l'ouest par le lac Ladoga et la Finlande, au nord et au nord-est par le gouvernement d'Arkhangel, au sud-est par celui de Vologda, et au sud par ceux de Novgorod et de Saint-Pétersbourg, couvre un territoire d'environ trois mille milles carrés géographiques, et renferme une population de près de quatre cent mille âmes. Ainsi, ce gouvernement, qui appartenait originairement à la Finlande, constitue aujourd'hui une des divisions administratives de la Russie.

Par suite de circonstances qu'il serait trop long de rapporter ici, je fus appelé à coopérer à l'exécution de cette grande idée. Dans le plan soumis par lui au gouvernement, l'architecte du monument impérial avait suggéré, pour la construction du sarcophage, l'emploi du porphyre rouge antique, c'est-à-dire de la même pierre qui recouvrait jadis la cendre des empereurs romains.

Mais où trouver ce porphyre? Les carrières d'où Rome le tirait sont perdues. On tenta d'y suppléer en faisant des recherches en Grèce, en Corse et dans plusieurs localités de la France où l'existence de la précieuse matière était signalée. Toutes ces recherches n'aboutirent à aucun résultat. Déjà l'on songeait à modifier le plan de l'architecte, quand tout à coup on apprit que, parmi les minerais si variés qui couvrent leur sol, la Russie et la Finlande comptaient aussi le porphyre désiré ; des échantillons furent même envoyés de Saint-Pétersbourg à Paris.

Dès lors le problème était résolu. Toutefois, pour arriver au but que l'on se proposait, il ne suffisait pas d'être fixé sur l'existence du porphyre, il fallait encore savoir à quoi s'en tenir sur ses gisements, sur la dimension des blocs, sur les moyens de procéder à leur extraction et à leur transport. Or, eu égard à ces divers points, on ne possédait aucun renseignement de quelque valeur.

J'étais sur le point de partir chargé d'une mission scientifique pour les pays du nord de l'Europe où j'avais longtemps séjourné. Le ministère de l'intérieur résolut de profiter de mon voyage pour me confier la solution définitive de la question du porphyre.

C'était en 1846. La commission m'était donnée par le ministre de Louis-Philippe. On sait comment le gouvernement de Juillet crut de-

Alexandre I*er* et Nariscakine

voir célébrer la gloire militaire de Napoléon et on verra plus loin le dessin d'un char, souvenir de la rentrée à Paris des cendres impériales.

Je ne devais rendre compte, après avoir tout achevé, qu'au ministère du gouvernement suivant.

IV

Arrivé à Saint-Pétersbourg vers la fin d'août, je m'occupai sans retard de l'objet de ma mission. Il s'agissait, comme je le disais tout à l'heure, de trouver un porphyre ou grès reproduisant exactement le ton du rouge antique, et pouvant donner des masses suffisantes pour former le gigantesque sarcophage. Une exploration préalable était par la même indiquée ; je l'entrepris.

Ma première démarche fut une visite au corps impérial des mines. Cet établissement, miroir géologique de tout l'empire, est sans contredit le plus riche, le plus complet de ce genre qui soit en Europe. Les montagnes de la Laponie et de la Finlande, les monts Valdaï et les Krapacks, les montagnes de la Tauride et du Caucase, le vaste Oural avec les monts Altaï, Nerschinski et Baïkals, la Sibérie et le Kamtchatka, toutes les parties de la Russie ont payé et payent encore chaque jour au corps des mines de Saint-Pétersbourg un généreux tribut. Topazes de toute nuance, rubis, béryls, améthystes, émeraudes, aventurines, agates, onyx, lapis-lazuli, turquoises, aigues-marines, grenats, pierres de Labrador, malachites, marbres, porphyres ; quelles richesses de la terre ne s'y trouvent pas représentées ? Magnifique damier dont chaque case est une pure et scintillante étoile. Et, au milieu de tout cela, une énorme masse d'or brut gisant à terre comme la fortune d'un empire fondue dans un jour d'incendie et solidifiée au souffle de l'orage.

Mais le corps des mines n'est pas seulement une exposition des produits géologiques et minéralogiques de la Russie, c'est encore une école destinée à former des ingénieurs. On y a disposé pour cela, dans un vaste musée, tous les instruments et appareils servant à exploiter le minerai et à le mettre en œuvre. Ces instruments et appareils sont fabriqués avec tant d'art, ils fonctionnent avec tant de netteté, qu'à travers ces miniatures on se figure sans peine en quoi consiste le travail des ouvriers mineurs et quels en sont les résultats. Je sortis du corps des mines parfaitement édifié sur les procédés qu'il m'importait de connaître pour l'extraction du porphyre.

Du corps des mines, je me rendis à Péterhoff pour y étudier, dans des ateliers spéciaux appartenant à la couronne, les ateliers de taille et de polissage.

Iles de Péterhoff.

Péterhoff est situé à environ dix lieues de Saint-Pétersbourg. C'est le Versailles de la Russie. Tous les voyageurs ont célébré les fêtes populaires et les splendides illuminations qui s'y renouvellent chaque année en l'honneur de l'impératrice. Oh! que j'aimais à parcourir la route qui conduit à cette région enchantée! Chaque verste y est marquée par un obélisque de granit, et de chaque côté, semblables aux ailes diaprées d'un superbe papillon, des centaines de châteaux et de villas y déploient leur grâce élégante ou leur somptueuse magnificence. Cette route me charmait d'autant plus qu'elle formait un contraste frappant avec ces autres routes de la Russie, dont j'étais déjà si coutumier, et où je n'avais rencontré, hélas ! que la nudité et la désolation du désert.

C'est aux environs de Péterhoff que s'élève ce château de luxueuse mémoire, où le fameux Narischkine se ruinait à fêter l'empereur Alexandre. On raconte qu'au milieu d'une soirée dont rien n'avait encore égalé la somptuosité, l'empereur, stupéfait, interpella brusquement son favori. — « Combien cela t'a-t-il coûté ? — Une bagatelle ! — Comment, une bagatelle ? — Oui, Votre Majesté ! — Mais encore ? — Trente roubles tout au plus. — Tu plaisantes ? — Non, Sire, c'est la vérité ; juste l'argent nécessaire pour le papier timbré. » — En effet, l'opulent seigneur ne payait guère ses créanciers qu'avec des lettres de change et des hypothèques, sans se soucier plus de l'échéance des unes que du remboursement des autres, laissant à ses héritiers le soin d'aviser plus tard à la liquidation de sa fortune.

Cependant, il arrivait des circonstances où les espèces sonnantes devenaient pour Narischkine une indispensable nécessité. Alexandre s'en aperçut un jour à son air soucieux, et lui envoya un livre dans les feuillets duquel il avait glissé un billet de cent mille roubles. — Narischkine reçut le livre et ne dit mot. — Quelque temps après, Alexandre le rencontrant : « Eh bien, lui dit-il, que penses-tu du livre que je t'ai envoyé ? — Excellent ! votre Majesté, mais j'attends la suite, pour l'apprécier plus sûrement ! » — Le lendemain, l'empereur fit remettre au spirituel boyard un second volume renfermant encore un billet de cent mille roubles. Mais, sur le dos de ce volume, on lisait ces mots : « Tome second et dernier ».

En face de Péterhoff, au milieu du golfe de Finlande, s'élève la ville et le port de Kronstadt. J'y fis plusieurs voyages, afin d'y étudier les questions relatives au transport de mon porphyre. Si les limites imposées à ce volume ne me forçaient à me restreindre, j'aurais plaisir à dérouler ici le tableau gigantesque des grandeurs et des prospérités de Kronstadt.

Ses docks, ses arsenaux, son hôpital militaire et maritime, ses forts de granit, sa belle statue de Pierre le Grand, ses vastes casernes, ses prodigieuses usines, son double port, sa flotte dont l'importance grandit chaque jour, sa douane, ses entrepôts, ses rues, ses boulevards ; que de merveilles à admirer !

V

Tandis que je visitais ainsi successivement les diverses localités voisines de Saint-Pétersbourg, où j'avais la certitude de recueillir des renseignements utiles à l'objet de ma mission, je ne négligeais pas les ressources que m'offrait sous ce rapport la capitale elle-même. Que de sujets intéressants presque à chaque pas ! Ici, la colonne érigée à la mémoire de l'empereur Alexandre Ier, monolithe de granit de Finlande dont la hauteur dépasse celle de la colonne de Pompée et de tous les obélisques du monde ; là, la cathédrale d'Isaac, si riche de granit, de marbre et de porphyre : partout des statues, des colonnes, des vases de toutes formes. Mais, ce qui excita surtout mon attention, ce sont les dix cariatides, qui ornent aujourd'hui le péristyle du musée impérial. Les cariatides, toutes d'une seule pièce et hautes de dix-huit pieds, sont sorties de carrières de siénite ou granit de Serdapol, sur les bords du lac de Ladoga [1]. Chaque bloc brut, à son entrée dans le chantier, ne pesait pas moins de deux mille pouds, environ trente-trois mille kilos. Mais quelle curieuse opération que celle de la taille et du polissage de ces énormes pierres ! Après que chaque bloc a été dégrossi par les manœuvres, et que l'artiste y a buriné les principaux délinéaments, trente ouvriers de *première main* [2] (*préraia rouka*) s'en emparent ; puis, se dispersant sur l'étendue du colosse, ils le dépouillent peu à peu des restes de son enveloppe grossière, tantôt le déchirant à l'aide d'instruments aigus

---

1. Le siénite de Serdapol est une pierre grise tachetée de noir, qui égale presque le porphyre en magnificence et en dureté.

2. Les tailleurs de pierre se divisent en Russie en trois mains ou classes, suivant leur degré d'habileté. Cette division sert de base pour la fixation de leurs salaires.

et tranchants, tantôt le frappant en cadence avec de petits marteaux d'acier, tantôt enfin le frottant mollement avec des fers polis, du sable fin humidifié et de l'émeri. Le travail est long : long par le procédé lui-même, long surtout par le caractère de l'ouvrier moscovite, lequel est doué, comme on sait, d'une incroyable paresse et d'une patience à toute épreuve.

VI

Il ne s'agissait plus que de me rendre aux carrières, afin d'en étudier les gisements et d'en organiser l'exploitation. Ici, de graves complications se présentaient. Le porphyre révélé par les échantillons envoyés à Paris, et dont on m'avait montré les similaires ou les analogues dans les divers établissements minéralogiques que j'avais visités, ce porphyre n'existait que dans le gouvernement d'Olonetz, c'est-à-dire dans l'ancienne Finlande ou Karélie russe. Mais les difficultés d'entreprendre une exploitation dans un pareil pays étaient prodigieuses. Pour en donner une idée, je ne citerai qu'un seul fait. Il existe à Saint-Pétersbourg une magnifique collection de manuscrits français enlevés à la Bastille en 1789. Les Russes tiennent très fort à ce dépôt. Or, en 1812, craignant de le voir repris par Napoléon lui-même s'il parvenait jusqu'à leur capitale, ils disposèrent tout pour qu'il fût expédié dans le gouvernement d'Olonetz, persuadés que personne au monde ne songerait à aller le chercher dans une contrée aussi sauvage.

Si les difficultés matérielles qui m'attendaient dans ce gouvernement étaient de nature à m'émouvoir, les obstacles moraux que je devais y rencontrer et qu'il serait trop long de raconter, me préoccupaient encore plus.

Je songeai donc à diriger mon exploration vers l'île de Hogland. Cette île, située entre l'Esthonie et la Finlande, sur laquelle j'avais été jeté quelques années auparavant par une tempête, avait laissé dans mon esprit comme un souvenir d'immenses richesses minéralogiques. Ce souvenir me fut confirmé par plusieurs personnes com-

pétentes, entre autres par le savant M. Nordenskjöld, directeur général des mines de Finlande, lequel m'assura positivement que je trouverais à Hogland le porphyre rouge que je cherchais.

Nous étions en plein automne. Ce n'était pas chose facile que de se rendre à l'île de Hogland, à une époque où le golfe de Finlande est presque toujours soulevé par les orages, et où il ne reste d'autres moyens de transport que de misérables barques pontées, dont la location ne s'obtient encore qu'à grand'peine. Mais ce voyage m'offrait tant d'heureuses éventualités, soit pour la liberté et la rapidité de mes opérations, soit pour une économie considérable dans les frais, que je résolus de tout braver pour l'entreprendre.

On se figurerait difficilement ce qu'était en 1846 (date de ma mission) la route qui sépare la ville de Pétersbourg de la frontière de Finlande. Nos chemins de traverse les plus ingrats sont de belles chaussées comparativement. Peut-être s'en fera-t-on une idée si on essaye une promenade à travers ces carrières déblayées, où le sol, diversement accidenté, est jonché de débris aigus, et où de gros moellons jetés çà et là abritent une boue impure ou de putrides flaques d'eau. Il va sans dire que, sur de pareilles routes, les accidents sont fréquents. Les meilleures voitures y succombent. Aussi, à peine avais-je atteint la trentième verste, que déjà ma pauvre calèche était aux abois. Arrivé à la frontière, je la remis mutilée aux mains d'un charron ; et pour ne pas retarder mon voyage, en attendant qu'elle fût réparée, je montai sur un chariot de poste du pays, c'est-à-dire sur un tombereau, un véritable tombereau. Par une sorte de raffinement que certes j'étais loin de prévoir, on trouva moyen à quelques lieues de là de me servir un véhicule encore plus élémentaire et plus primitif. C'était un cadre en bois fixé sur double essieu auquel on avait adapté une vieille natte d'écorce de bouleau. J'étais dans la natte pêle-mêle avec mon cocher et mon bagage. La pluie tombait à torrents. J'arrivai à Viborg, capitale de la Karélie, harassé, couvert de boue, mouillé jusqu'aux os.

Le mauvais temps, qui m'avait assailli sur la route de Viborg, me suivit jusqu'à Frédrikshamn, et de là, à travers les milliers d'îlots et de récifs qui dans ces parages hérissent le golfe de Finlande jusqu'à Hogland. Je mis quatre jours et quatre nuits pour faire quinze lieues de mer ; et sur quel équipage ? Sur une petite barque pontée, où je n'avais d'autre abri que la cabine du capitaine, grande tout au plus comme la loge d'un bouledogue, cabine qu'un poêle de fonte allumé et éteint cinq ou six fois par jour transformait tour à tour en étuve ou en glacière. Aussi, indépendamment du mal de mer, j'étais encore tourmenté d'un rhume atroce et d'une fièvre incessante. Enfin, Hogland se dressa à l'horizon.

A la voir de loin, on dirait un amas de ces tertres funéraires dans lesquels les anciens Scandinaves ensevelissaient leurs rois et leurs guerriers. L'un des plus hauts est l'*Haukawor* (montagne du Vautour), dont le double pic est couronné de noirs sapins sans cesse battus par les orages. Autour de l'île, une grève morne et dévastée, et, à ses deux extrémités, deux petits villages. On compte à Hogland six cent quarante habitants ; inaccessibles aux révolutions qui agitent le monde, ils vivent calmes et paisibles au milieu de leurs flots, pêchant le veau marin et le *stromming* (sorte de petit hareng), dont ils font à la fois leur nourriture et un objet de commerce. Un pasteur, résidant à Pohja-Kulla, leur prêche l'Évangile, les baptise, les marie et les enterre ; un *länsman* (maire) juge leurs différends et les administre au nom du gouvernement impérial de Russie, dont ils relèvent depuis 1700.

Il serait difficile de rencontrer un pays plus richement doué, sous le rapport minéralogique, que l'île de Hogland. Le porphyre y règne du nord au sud, sur une longueur de près de deux lieues, et une largeur d'une demi-lieue. Le reste du sol est composé de granit, de gheiss, de spath calcaire, de diorit, et des affinités combinées de ces divers éléments. Les tons du porphyre varient du jaune au vert et du vert brun au rouge. On le trouve en couches horizontales et profondes, ou en blocs épars sur le rivage. Les Hoglandais s'en servent pour faire les fondations de leurs maisons.

Malheureusement le résultat ne répondit point à mon attente : je ne pus trouver dans le gisement de l'île ni les dimensions ni l'homogénéité de couleur réclamées par mes instructions.

VII

Me voilà maintenant dans le gouvernement d'Olonetz, c'est-à-dire à environ trois cents lieues de l'île de Hogland. De nouvelles informations m'avaient appris que je trouverais encore dans cette contrée des carrières de porphyre libres et vierges.

Il serait long de raconter toutes les péripéties de ce nouveau voyage. Ce que j'ai dit de la route qui sépare Saint-Pétersbourg de la frontière de Finlande ne caractériserait que bien faiblement celle que j'eus à parcourir. Mais peut-on donner le nom de routes à ces lignes d'une largeur indéfinie, couvertes le plus souvent d'un sable profond ou d'une boue épaisse, sillonnées de forêts à peine défrichées, et coupées en mille endroits par d'abominables rondins ou par des ponts de bois mobiles et grossièrement travaillés? Or, si l'on excepte trois ou quatre grandes chaussées, véritables merveilles de construction, tel était, en 1846, l'état de toutes les routes intérieures de la Russie.

VIII

Arrivé dans le gouvernement d'Olonetz, je m'établis chez un paysan, dans un petit village appelé Ignatewskoï. De là, j'explorai tous les bords du lac Onéga et du fleuve du Svir, marchant à travers les marais et les déserts, les rochers et les bois; tantôt à pied, tantôt à cheval, en bateau, en voiture, en traîneau; couchant sur la dure, mangeant le pain noir du moujik, tourmenté par toutes les incommodités d'une vie misérable et sauvage. Enfin, mes travaux furent couronnés d'un plein succès. A une lieue environ de carrières déjà effleurées, dans un endroit nommé Chokcha, je trouvai une mine de porphyre rouge inexploitée dont l'homogénéité de ton et les masses colossales répondaient en tous points aux conditions de mon programme.

Le gouvernement d'Olonetz confinant à la Finlande, dont il faisait autrefois partie, offre dans son climat et dans son sol à peu près les mêmes phénomènes que ce dernier pays. Partout granit et porphyre, sapins et bouleaux; nuit éternelle pendant l'hiver, soleil sans fin pendant l'été. Mais les habitants d'Olonetz n'ont plus rien de cette probité inviolable, de cette nature candide qui caractérisent les Finlandais. Tailleurs de pierre, artistes même, pour la plupart, ils colportent leur industrie dans les villes, d'où ils rapportent le plus souvent une astucieuse cupidité et d'autres vices plus odieux encore. Parmi ceux qui échappent à la contagion, on rencontre des prodiges de naïveté et de superstition. Ainsi, il en est qui s'abstiennent de tabac, parce que, disent-ils, le Christ n'a jamais ni prisé ni fumé ; d'autres, à l'aspect des rocs amoncelés et tourmentés par les torrents, vous affirment, de l'air le plus sérieux, que cela remonte au tremblement de terre du vendredi saint. Certains paysans que le travail a enrichis se plaisent à orner les autels des dons les plus magnifiques ; j'en ai même vu qui poussaient le zèle jusqu'à bâtir à leurs propres frais de véritables basiliques. L'idiome en usage dans le gouvernement d'Olonetz est un russe corrompu mêlé de karélien ou vieux finnois. Les hommes y sont encore assez beaux, mais les femmes excessivement laides ; je n'y ai pas rencontré une seule jeune fille d'une physionomie avenante.

Un jour Pierre le Grand, voyageant incognito dans ces contrées, où il faisait exécuter des travaux maritimes, rencontra un gros individu qui se rendait à Saint-Pétersbourg.

« Qu'allez-vous donc faire à Saint-Pétersbourg ? lui dit tout à coup le tzar.

— J'y vais pour me faire traiter.

— Et de quoi, s'il vous plaît ?

— De cet embonpoint qui me fatigue, et dont j'ai tenté vainement de me débarrasser.

— Connaissez-vous quelque médecin à qui vous puissiez confier cette cure intéressante ? demanda Pierre en souriant.

— Non, aucun.

— Eh bien, je vais vous donner un mot pour mon ami, le prince Mentschikoff, il vous adressera à un des médecins de l'empereur. »

A peine arrivé à Saint-Pétersbourg, notre voyageur n'a rien de plus pressé que de se rendre chez Mentschikoff pour lui remettre le billet de son officieux inconnu. La réponse fut prompte. Le lendemain, une charrette de poste traversait avec fracas les rues de la capitale, et, sur cette

Paysans russes.

charrette, on voyait un gros homme, pieds et poings liés, se débattre entre deux argousins.

« Qu'est-ce donc que cela ? » demanda un passant.

— Oh ! rien ; un méchant diable que nous menons aux mines.

Deux ans s'écoulèrent. Pierre le Grand eut la fantaisie d'aller visiter les mines ; mais depuis longtemps l'aventure de l'homme à l'embonpoint était sortie de sa mémoire ; et certes, la physionomie des gens qui travaillaient sous ses yeux n'était guère propre à la lui rappeler. Tout à coup un individu, jetant au loin sa pioche, s'élance vers lui et tombe à ses genoux.

« Grâce ! grâce ! » s'écrie-t-il.

Pierre le regarde étonné. Puis, le reconnaissant :

« Ah ! c'est vous ? Eh bien, j'espère que vous êtes content de moi. Vous voilà débarrassé de votre embonpoint, maintenant. Quelle taille mince et fluette ! Excellente cure, en vérité ! Allez et souvenez-vous que le travail est le meilleur antidote contre votre maladie. »

Le *forçat libéré* quitta sans regret cette mine qui lui avait servi d'hôpital, jurant de se traiter désormais, fût-il *in extremis*, sans le secours des médecins de l'empereur.

Ce sont là jeux de princes. Il faut avouer que Pierre le Grand poussa beaucoup trop loin la plaisanterie avec son infortuné sujet. Il eût pu lui rendre le même service, en lui enjoignant de voyager pendant quelques semaines dans l'intérieur de son empire, sans autre provisions de bouche que celles qu'il trouverait sur sa route. Littéralement, on n'y trouve rien, rien que puisse aborder un estomac tant soit peu civilisé. C'est là ce qui rend si dispendieux les voyages en Russie, car il faut tout emporter avec soi, et ceux qui ont vécu à Saint-Pétersbourg savent à quel prix y sont cotés les objets de consommation. Les seigneurs russes voyagent toujours avec maison entière. Aussi les aridités de la steppe leur sont-elles peu sensibles ; ils retrouvent là, comme dans leurs somptueux palais, leur maître d'hôtel et leur cuisinier.

Rappelons que tous ces souvenirs remontent à 1846. Bien des changements se sont opérés depuis.

IX

La carrière de porphyre étant trouvée, il ne restait plus qu'à la mettre en exploitation. Pour cela, deux choses étaient à faire ; d'abord, obtenir du gouvernement russe les autorisations nécessaires, le porphyre étant situé dans un terrain appartenant à la Couronne ; puis traiter avec un

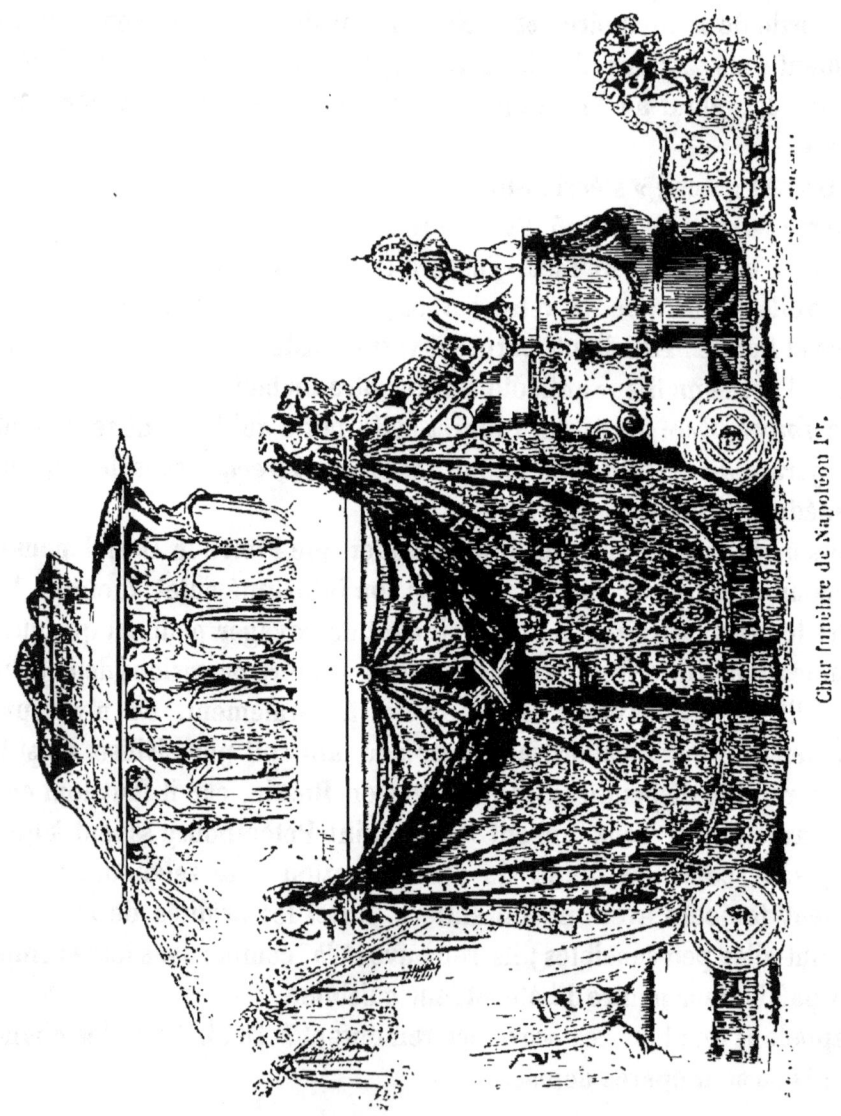

Char funèbre de Napoléon Ier.

homme compétent pour son extraction et son transport en France. La première tâche n'était pas la plus facile. Sans parler d'autres obstacles qui tenaient à des compétitions de personnes, je me trouvais en présence d'un conflit d'attributions entre deux centres administratifs desquels dépendait la solution que je réclamais. Je dus consacrer beaucoup de temps et d'efforts à les concilier.

Enfin, l'affaire du porphyre arriva jusqu'aux régions suprêmes. Grand admirateur de Napoléon, l'empereur Nicolas, satisfait de ce qu'on vint lui demander une pierre pour son tombeau, l'accorda généreusement, et m'en fit donner notification officielle.

Il se passa ici une scène émouvante. C'était en plein conseil des ministres. Le prince Wolkonsky, ministre de la maison impériale, présenta à l'empereur la requête que je lui avais adressée.

L'empereur s'en fit donner lecture.

« Quelle destinée ! dit-il alors d'une voix grave ; cet homme, nous lui avons donné le premier coup de la mort par l'incendie de notre antique et sainte capitale, et c'est à nous qu'on vient demander sa tombe ! Qu'on accorde à l'envoyé du gouvernement français tout ce qu'il désire et qu'on ne perçoive point de droit ! »

Mon ingénieur se mit donc à l'œuvre et il le fit avec un courage, une énergie que je ne saurais assez louer. Tombé moi-même malade par suite des fatigues d'une mission aussi compliquée, je fus obligé de rentrer temporairement en France. Un attaché de l'ambassade, se rendit à ma place à la carrière pour constater les résultats de l'exploitation. Ils avaient dépassé tout ce qu'on pouvait en attendre. Non seulement on avait réussi à extraire en état de parfaite homogénéité les blocs nécessaires pour la caisse et les compartiments inférieurs du sarcophage, mais encore la masse gigantesque qui devait en former à elle seule le couvercle et la corniche[1].

Que d'efforts n'avait-il pas fallu pour arriver à ces résultats ! Comme tous les blocs devaient présenter dans leur ensemble un ton rouge, uni, homogène, on détachait de chaque bloc nouvellement extrait un morceau que l'on faisait polir pour le comparer aux précédents. Quand le ton concordait, le nouveau bloc était mis en

---

1. Ces blocs, au nombre de quinze, devaient former ensemble sept cent vingt-six pieds cubes. L'un d'eux, qu'on a pu voir sur le quai d'Orsay ou aux Invalides, porte à lui seul treize pieds de long sur six pieds et demi de large, et pèse 200,000 kilos. C'est une des pièces les plus colossales qui aient jamais été tirées d'une carrière.

réserve et livré aux équarrisseurs. Mais combien de fois le polissage et l'équarrissage ne révélaient-ils pas des vices cachés qui obligeaient de le mettre de côté ! Pour fournir les quinze blocs demandés, on a dû en extraire près de deux cents. Aujourd'hui les bords du lac Onéga, dévastés par la mine, n'offrent plus que l'image d'un lugubre cataclysme, digne souvenir de l'illustre mort auquel ils ont donné une tombe.

Les journaux n'ont pas manqué de s'occuper du porphyre impérial. Les uns en ont parlé avec enthousiasme, le plus grand nombre avec hostilité : ceux-ci lui reprochant son origine russe, ceux-là le traitant de matière bonne tout au plus à faire des escaliers et à paver des antichambres ; d'autres le déclaraient friable, impolissable, que sais-je ? On prétendait que le rouge antique abondait dans une foule de localités de la France, et que par conséquent il était parfaitement inutile d'aller le chercher aussi loin. L'architecte du monument n'a pas même hésité à invoquer, pour réfuter ces critiques, le concours des tribunaux, et à provoquer les déclarations des hommes spéciaux les plus compétents. Je ne citerai qu'une note émanée de feu M. Cordier, membre de l'Académie des sciences, inspecteur général des mines et professeur au Muséum d'histoire naturelle.

« La matière apportée de Russie pour le tombeau de Napoléon est un grès monumental de la plus belle et de la plus rare espèce, qui, pour les qualités recherchées dans les arts, n'a d'analogie qu'avec le porphyre monumental de l'Égypte, quoiqu'il appartienne à une époque géologique infiniment plus ancienne. Il offre la riche couleur du marbre rouge antique, dont les carrières n'ont pas encore été retrouvées. Il est extrêmement dur et formé de grains tellement fins et tellement égaux, que, lorsqu'il a été travaillé, il présente l'aspect d'une pâte homogène et un peu translucide, circonstance qui ajoute aux effets de la lumière. Sa finesse et sa dureté permettent de lui donner les arêtes les plus vives et le poli le plus parfait et le plus durable. Dans les carrières d'où il provient, il forme des assises puissantes et régulières qui sont transversalement divisées en blocs de la plus grande dimension, parfaitement sains et d'une égalité de teinte irréprochable, d'où il suit qu'on peut en faire la matière des plus grands monolithes[1]. » Le nom de M. Cordier tranchera la question, j'espère.

X

L'extraction du porphyre étant terminée, on s'occupa de son transport en France. Longue était la route ; il fallait traverser le lac Onéga, le fleuve du Svir, le Wolkoff, le canal Ladoga, la Néva, le golfe de Finlande, puis, après le transbordement à Cronstadt, la mer Baltique, la mer du Nord, et du Hâvre remonter la Seine jusqu'à Paris. La saison d'ailleurs était peu propice, car l'automne avait déjà déchaîné ses pluies et ses tempêtes ; et le lac Onéga, qui le premier devait recevoir la cargaison, paraissait menaçant. Un sinistre événement faillit en effet, tout compromettre. A peine les blocs étaient-ils chargés sur une barque spécialement appropriée à cet usage, et le vapeur chargé de la remorquer agitait-il ses roues, qu'un ouragan terrible s'élevant tout à coup les poussa violemment contre les rochers. La barque eut un de ses flancs déchiré, et plusieurs blocs roulèrent au fond de l'abîme. Cependant on fut assez heureux pour sauver la partie la plus précieuse de la cargaison. Mais le retard causé par cet accident fit ajourner le transport du porphyre à l'année suivante. Enfin, après trois mois de pénible traversée, il arriva au quai d'Orsay, où tout Paris accourut le voir et l'admirer. Transporté du quai aux Invalides, il resta là sur les chantiers, près de deux ans encore, recevant, sous l'habile direction de M. Séguin et à l'aide d'une puissante machine à vapeur, la forme définitive du sarcophage. Aujourd'hui, comme nous l'avons dit, il se dresse au milieu de la crypte funéraire, et renferme dans sa couche monumentale les cendres du grand capitaine.

[1]. Le même porphyre dont est composé le sarcophage de l'empereur Napoléon a été employé en Russie pour les colonnes de l'iconostase de la cathédrale d'Isaac. C'est de la part des Russes un témoignage bien éclatant en faveur de cette pierre, que de l'avoir préférée, pour la partie la plus sainte de leur temple national, aux splendides matériaux tirés des carrières les plus renommées de l'Europe, qui y brillent d'ailleurs de toutes parts.

TABLE

	Pages
Note de l'Éditeur	V
Préface	VII

SUÈDE

Stockholm. La vie suédoise	1
Les fêtes de Noël dans les pays du Nord	35
Les fêtes du jour de l'an dans les pays du Nord	49
Fêtes du printemps et de l'été dans les pays du Nord	55
Nordenskjöld, le héros du pôle nord, et ses ancêtres	75
Les premières formes de la monnaie en Suède	83
L'*Esclave*, drame scandinave traduit du Suédois	91

FINLANDE

Voyage d'hiver de Suède en Finlande par les îles d'Aland et Bomarsund	117

DANEMARK

Copenhague. La vie danoise	141
La découverte de l'Amérique avant Christophe Colomb par les Scandinaves	179

RUSSIE

Le budget d'un Kalmouk	193
Le tombeau de Napoléon et la Russie	199

SOCIÉTÉ ANONYME D'IMPRIMERIE DE VILLEFRANCHE-DE-ROUERGUE
Jules Bardoux, Directeur.

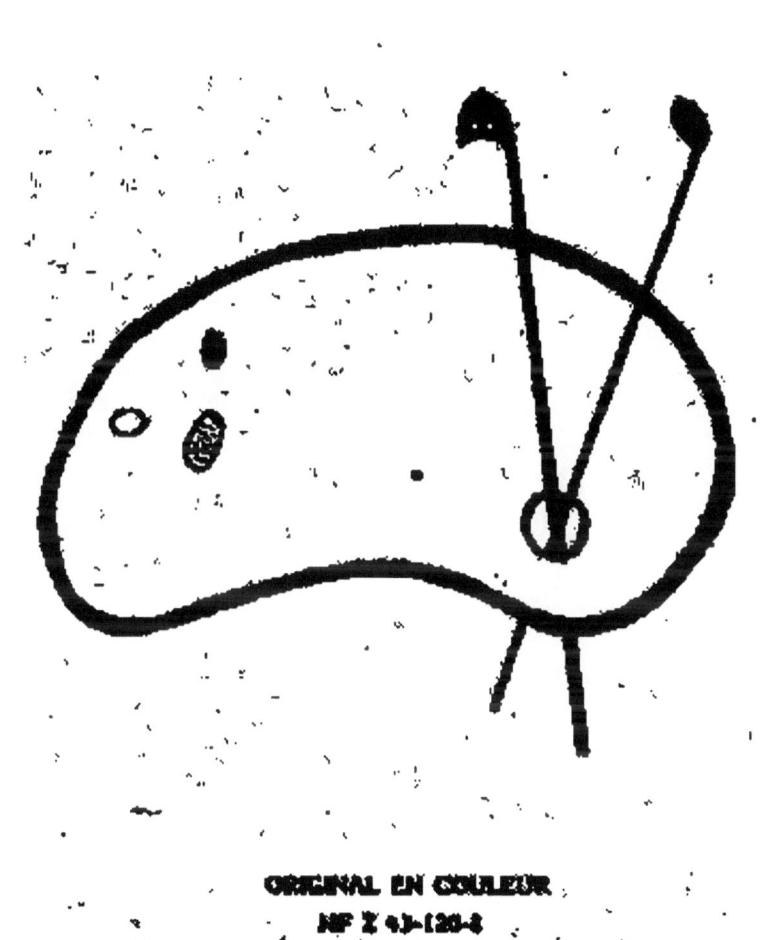

www.ingramcontent.com/pod-product-compliance
Lightning Source LLC
Chambersburg PA
CBHW051859160426
43198CB00012B/1674